#1 VIBRAN...

O	M	X	B	T	L	M	N	H	K	F	R	M	R	P	J	D	Z	C	D
G	T	D	M	D	M	L	A	E	T	J	E	A	X	Z	T	N	V	N	C
I	C	K	E	A	A	M	K	R	B	L	B	G	J	A	D	E	V	K	N
D	G	Y	R	V	N	I	B	K	K	B	L	E	K	T	B	W	Q	T	J
N	D	O	C	B	I	F	S	N	L	M	V	N	M	Z	L	F	M	Y	X
I	O	Y	Y	N	C	L	I	H	Z	A	Q	T	H	Y	N	G	K	M	C
N	A	Q	R	Q	R	W	O	K	C	S	V	A	M	C	G	R	D	K	V
N	K	Z	L	C	I	K	J	L	L	U	C	E	K	F	O	T	K	N	F
O	B	N	W	R	M	E	Z	T	R	R	F	A	N	Q	F	R	M	D	R
I	Q	T	E	K	S	Z	S	K	N	H	C	C	R	D	C	P	A	C	N
L	K	P	C	J	O	T	E	I	E	V	U	A	M	L	E	L	T	L	Q
I	S	M	C	Y	N	R	L	Z	O	F	Y	N	O	B	E	R	L	N	K
M	I	D	X	P	U	G	N	F	L	U	C	Q	L	X	Y	T	H	R	R
R	E	T	T	Z	L	L	L	P	Y	T	Q	H	V	Y	L	T	C	E	Z
E	N	N	A	M	Q	P	H	Q	V	L	K	R	R	U	B	Y	A	B	N
V	N	J	M	K	T	K	M	B	H	K	R	O	U	D	R	M	E	M	T
R	A	T	L	L	Y	T	M	Y	H	V	Q	N	T	R	V	P	A	F
C	H	A	R	T	R	E	U	S	E	I	R	Z	D	C	K	J	U	X	W
M	B	Q	N	P	D	L	H	L	J	K	M	J	X	M	J	P	R	W	H
Y	N	N	N	M	M	G	X	C	N	W	N	R	Z	B	E	B	L	N	T

AMBER	JADE	SIENNA
AZURE	LAVENDER	TAUPE
CHARTREUSE	MAGENTA	TEAL
CORAL	MAROON	TURQUOISE
CRIMSON	MAUVE	VERMILION
CYAN	OLIVE	
EBONY	PEACH	
FUCHSIA	PERIWINKLE	
INDIGO	RUBY	
IVORY	SCARLET	

#2 STEAK SAVVY

```
G  N  I  L  B  R  A  M  T  L  F  L  R  I  B  E  Y  E  L  H
E  T  N  R  K  H  B  G  E  D  T  B  O  N  E  Y  W  R  L  P
T  R  R  H  Y  B  Q  R  L  W  N  R  X  J  N  R  U  P  R  M
N  L  A  N  M  T  N  L  I  H  Q  K  X  P  R  M  G  N  R  V
M  I  T  R  Y  M  T  I  F  S  N  Q  I  N  P  Y  C  J  V  H
D  X  O  R  M  P  N  Z  O  K  K  R  K  K  F  H  B  D  W  M
L  E  R  L  I  U  T  Q  W  L  T  E  D  T  I  K  C  U  H  C
K  C  G  O  R  T  I  Y  C  S  R  X  T  M  G  M  B  Q  X  Z
B  Z  C  A  U  E  I  D  Z  N  M  I  I  M  M  R  R  K  R  L
R  V  C  K  Y  N  D  P  E  G  L  C  S  Y  Y  W  I  J  C  E
V  Q  F  J  R  R  D  N  R  M  H  X  Y  E  E  E  N  L  L  S
R  A  E  S  U  L  D  R  E  U  N  C  M  T  Z  C  K  Z  L  U
L  Z  N  H  B  P  P  Y  R  T  K  I  S  R  T  U  X  L  Q  O
Y  V  T  A  R  N  R  R  J  N  R  A  T  M  M  A  P  K  J  H
M  K  R  N  L  L  I  F  A  P  B  B  K  W  L  S  B  F  N  R
F  R  I  G  G  L  D  L  J  X  T  R  M  A  T  1  K  X  T  E
R  L  K  E  R  L  F  C  M  K  R  O  L  G  V  A  K  G  K  T
M  Y  S  R  B  L  A  D  E  F  R  I  N  Y  Y  J  W  O  R  R
L  M  D  T  T  N  K  J  L  Y  V  L  Z  U  T  R  B  D  R  O
G  R  A  S  S  F  E  D  X  X  D  C  V  B  V  E  D  F  J  P
```

A1 SAUCE	GRASS-FED	RUB
BASTE	GRILL	RUMP
BLADE	HANGER	SEAR
BRISKET	KOBE	SIRLOIN
BROIL	MARBLING	SKIRT
CHIMICHURRI	MEDIUM-RARE	STRIP
CHUCK	PORTERHOUSE	T-BONE
DRY-AGED	PRIME	TENDERLOIN
FILET	RIBEYE	TRI-TIP
FLANK	ROUND	WAGYU

#3 "DRESSING" UP

```
R  P  R  E  G  N  I  G  E  M  A  S  E  S  D  R  X  J  C  K
A  O  D  N  W  Z  T  K  G  R  E  E  K  T  R  O  L  K  I  R
S  Q  S  N  O  H  Y  M  Q  C  B  P  K  Q  A  A  H  D  T  R
P  L  M  I  C  J  Q  H  H  G  K  D  D  N  T  S  N  D  A  Q
B  L  Z  L  M  V  I  A  J  H  J  L  Y  T  S  T  A  N  L  T
E  B  Q  L  T  E  M  D  C  K  E  E  L  Y  U  E  I  A  I  T
R  H  U  T  F  P  G  N  L  M  Q  M  G  Q  M  D  L  L  A  V
R  K  D  T  A  O  E  N  O  P  C  I  Z  G  Y  G  A  S  N  C
Y  T  D  G  T  R  N  N  A  I  M  L  R  R  E  A  T  I  H  A
V  X  N  S  F  E  G  Z  M  R  T  O  N  P  N  R  I  D  E  E
I  E  E  T  N  A  R  A  B  N  O  D  Q  J  O  L  Y  N  R  S
N  P  X  K  R  R  S  M  J  K  N  A  D  W  H  I  M  A  B  A
A  D  H  L  Z  L  A  W  I  W  K  C  I  W  B  C  A  S  J  R
I  Y  I  N  A  T  J  N  Q  L  N  O  T  T  J  L  E  U  L  T
G  C  K  B  M  N  J  C  C  T  K  V  V  R  A  J  R  O  A  T
R  T  Z  Y  C  L  N  T  K  H  C  A  V  T  V  L  C  H  M  V
E  W  H  C  N  A  R  E  L  T  O  P  I  H  C  T  I  T  T  B
T  L  J  Q  P  O  P  P  Y  S  E  E  D  J  Q  N  W  A  Q  G
T  M  R  B  L  U  E  C  H  E  E  S  E  W  I  F  M  N  N  Q
E  X  X  O  R  E  N  A  B  A  H  O  G  N  A  M  F  L  L  C
```

AVOCADO LIME
BALSAMIC
BLUE CHEESE
BUTTERMILK
CAESAR
CHAMPAGNE
CHIPOTLE RANCH
CREAMY ITALIAN
DIJON
FRENCH

GREEK
HONEY MUSTARD
ITALIAN
ITALIAN HERB
LEMON GARLIC
MANGO HABANERO
ORANGE MISO
PESTO
POPPYSEED
RANCH

RASPBERRY
VINAIGRETTE
ROASTED GARLIC
SESAME GINGER
TAHINI
THOUSAND
ISLAND

#4 Uncommon Critters

```
M  M  Y  E  L  L  O  W  M  O  N  G  O  O  S  E  K  S  L  V
F  L  Z  B  P  D  E  E  T  A  N  A  M  M  Z  C  R  A  Y  K
N  J  T  D  P  P  D  V  G  N  B  O  N  O  B  O  A  I  K  R
W  M  X  A  X  X  M  M  A  N  D  I  H  C  E  L  V  G  R  J
N  H  I  P  P  O  P  O  T  A  M  U  S  H  N  V  D  A  T  M
C  D  Q  V  S  I  Y  G  O  D  N  O  O  C  C  A  R  A  R  C
M  R  V  L  O  M  R  C  V  N  B  W  L  R  F  K  A  N  K  T
K  M  F  L  G  T  Z  H  R  R  R  A  T  J  L  N  A  T  T  H
A  R  M  A  A  Q  N  I  V  B  I  T  I  T  T  K  T  E  W  M
K  V  P  T  P  T  P  N  X  R  X  B  O  G  D  R  X  L  N  J
A  B  P  I  A  C  C  C  A  K  T  L  J  M  U  N  T  O  L  C
P  R  X  U  L  M  J  H  J  N  O  S  F  A  I  A  R  P  D  Q
O  V  R  Q  A  M  G  I  C  X  U  G  U  L  S  M  N  E  M  F
Y  K  K  A  G  R  C  L  A  A  R  L  O  R  F  S  S  A  L  K
M  L  I  V  Z  N  L  L  K  D  P  G  A  L  L  U  O  E  X  D
Z  P  P  Z  J  M  K  A  I  N  N  Y  N  H  P  A  M  F  C  T
N  Y  A  R  R  T  R  K  R  A  Z  F  B  O  W  M  W  J  D  B
H  H  K  Q  J  I  D  K  P  H  F  K  N  A  I  R  M  Y  G  Y
V  L  O  Y  D  I  J  M  Z  N  D  E  D  N  R  Y  A  W  M  T
Q  U  O  K  K  A  D  Z  R  Q  X  W  G  L  L  A  M  N  T  V
```

AARDVARK	HIPPOPOTAMUS	SAIGA ANTELOPE
AXOLOTL	IGUANA	TAPIR
BONOBO	KAKAPO	UAKARI
CAPYBARA	LEMMING	VAQUITA
CHINCHILLA	MANATEE	WALRUS
DIK-DIK	NARWHAL	XENOPUS
ECHIDNA	OKAPI	YELLOW
FOSSA	PANGOLIN	MONGOOSE
GALAPAGOS	QUOKKA	
GHARIAL	RACCOON DOG	

#5 Fruit Frenzy

```
K  V  Y  R  R  E  B  W  A  R  T  S  M  B  Z  L  Y  X  N  T
C  L  G  R  A  P  E  R  E  P  K  P  L  Z  B  T  F  O  O  M
Y  R  R  E  H  C  P  G  T  N  L  U  G  G  T  T  L  C  Q  C
Z  R  M  T  M  G  N  E  K  T  E  Y  M  R  B  E  I  N  X  Y
V  P  D  G  I  A  J  Q  A  B  Y  R  L  K  M  R  B  T  R  R
X  A  M  F  R  R  Y  Q  E  C  M  T  K  R  P  R  L  A  T  R
H  S  X  O  D  R  K  R  B  J  H  U  E  A  R  E  A  N  F  E
Z  S  T  R  B  B  R  T  L  P  P  T  L  T  C  L  C  G  V  B
V  I  K  U  M  Y  L  T  R  R  A  K  R  P  C  P  K  E  J  N
E  O  I  R  N  M  W  R  K  W  A  G  L  W  M  P  B  R  Y  A
T  N  W  M  G  O  E  M  I  L  W  S  U  N  Y  A  E  I  M  R
A  F  I  L  L  B  C  M  V  Y  K  Q  P  A  P  B  R  N  Q  C
N  R  P  T  F  P  M  O  K  W  D  X  X  B  V  B  R  E  N  N
A  U  B  K  Y  T  N  D  C  T  M  R  R  K  E  A  Y  D  O  L
R  I  R  A  B  P  V  R  L  K  H  O  C  V  N  R  J  K  L  D
G  T  M  R  N  P  A  P  A  Y  A  T  G  R  W  L  R  E  E  M
E  X  R  Y  K  A  T  T  M  P  J  N  G  N  J  R  M  Y  M  L
M  N  M  R  Y  Y  N  L  E  B  P  T  K  V  A  O  L  N  M  T
O  K  M  K  M  M  G  A  V  O  C  A  D  O  N  M  Y  N  J  F
P  L  F  Y  H  D  R  Y  J  E  L  P  P  A  E  N  I  P  H  P
```

APPLE	GRAPE	PEACH
APRICOT	GUAVA	PEAR
AVOCADO	KIWI	PINEAPPLE
BANANA	LEMON	PLUM
BLACKBERRY	LIME	POMEGRANATE
BLUEBERRY	MANGO	RASPBERRY
CHERRY	MELON	STRAWBERRY
COCONUT	ORANGE	TANGERINE
CRANBERRY	PAPAYA	WATERMELON
FIG	PASSIONFRUIT	

#6 Around the World

```
L  F  T  R  Q  P  U  N  I  T  E  D  K  I  N  G  D  O  M  M  K
V  D  W  N  Z  L  T  Z  L  P  H  E  R  V  G  E  R  M  A  N  Y
X  N  A  T  Z  V  H  N  T  L  C  T  M  A  K  K  B  J  K  V  N
T  W  P  C  P  F  R  G  Z  N  L  T  I  A  I  B  M  O  L  O  C
C  T  K  P  I  Y  L  T  A  N  X  L  P  A  K  I  S  T  A  N  Q
V  T  Q  K  K  R  G  R  M  L  A  M  W  Y  L  P  K  X  D  M  B
N  F  C  L  K  J  F  E  F  R  R  P  L  R  M  G  K  K  Q  T  A
P  K  Z  A  H  T  W  A  T  D  J  Q  M  A  M  D  A  P  B  F  I
U  E  R  L  N  T  N  S  H  Z  D  P  M  N  I  N  E  O  L  R  P
N  H  R  N  T  A  U  Y  C  T  M  G  G  I  R  A  R  R  G  H  O
I  H  F  U  M  A  D  T  H  R  U  P  M  T  A  L  O  T  K  J  I
T  Z  B  J  T  I  R  A  I  V  Q  O  N  N  N  A  K  U  R  C  H
E  J  L  W  T  H  N  H  L  M  R  F  S  E  C  E  H  G  L  D  T
D  X  Q  A  N  I  C  R  E  Q  D  Z  M  G  L  Z  T  A  F  R  E
S  O  L  L  A  N  A  P  A  J  K  G  F  R  T  W  U  L  U  R  C
T  Y  C  P  T  I  G  X  K  L  M  Z  M  A  I  E  O  S  B  N  T
A  C  S  I  R  W  B  R  A  Z  I  L  C  K  H  N  S  H  Y  W  M
T  D  H  E  X  Z  N  N  Y  R  V  H  C  W  R  I  D  M  H  F  B
E  K  G  N  Q  E  G  P  Z  M  I  B  L  L  A  Q  V  I  R  N  J
S  I  G  L  W  Y  M  D  G  N  T  D  N  T  N  R  N  F  A  C  Y
N  Z  N  F  C  Z  R  K  A  A  I  B  A  R  A  I  D  U  A  S  D
```

Argentina	Germany	Portugal
Australia	India	Russia
Brazil	Iran	Saudi Arabia
Canada	Italy	South Africa
Chile	Japan	South Korea
China	Mexico	Spain
Colombia	New Zealand	United
Egypt	Nigeria	Kingdom
Ethiopia	Pakistan	United States
France	Peru	

#7 World Wonders

G	E	H	A	R	G	C	B	P	R	E	W	O	T	L	E	F	F	I	E
R	G	X	N	E	N	H	M	O	U	N	T	E	V	E	R	E	S	T	C
E	D	E	I	M	I	I	D	A	V	P	R	R	Y	Q	L	K	A	N	C
A	I	R	H	E	D	C	W	Y	S	D	V	J	P	Z	Z	J	Z	O	M
T	R	O	C	E	L	H	F	S	K	I	J	K	V	R	M	N	L	H	T
P	B	M	F	D	I	E	U	H	T	L	P	M	Z	A	Y	O	N	Z	N
Y	E	H	O	E	U	N	V	H	K	O	Y	F	H	L	S	P	G	C	I
R	T	S	L	R	B	I	T	N	C	F	N	A	O	S	K	H	F	T	A
A	A	U	L	E	E	T	M	B	J	C	L	E	E	R	F	K	A	L	G
M	G	R	A	H	T	Z	W	S	U	C	I	U	H	X	E	W	G	T	A
I	N	T	W	T	A	A	V	I	M	R	M	P	K	E	R	W	D	T	R
D	E	N	T	T	T	M	L	L	B	R	J	Y	U	O	N	X	O	H	A
O	D	U	A	S	S	W	P	O	M	R	R	K	K	H	N	G	G	T	F
F	L	O	E	I	E	T	K	P	L	M	K	G	H	I	C	X	E	H	A
G	O	M	R	R	R	X	O	C	L	N	Q	H	A	R	A	T	K	L
I	G	F	G	H	I	R	Y	R	L	A	V	P	F	N	L	W	M	M	L
Z	K	H	F	C	P	P	D	C	Z	T	S	V	T	D	W	I	J	Z	S
A	A	I	L	I	M	A	F	A	D	A	R	G	A	S	L	V	F	C	L
B	R	A	N	D	E	N	B	U	R	G	G	A	T	E	J	R	X	A	R
K	D	Y	Z	V	R	L	T	B	I	G	B	E	N	K	C	K	V	X	T

Acropolis
Angkor Wat
Big Ben
Brandenburg Gate
Burj Khalifa
Chichen Itza
Christ the Redeemer
Colosseum
Eiffel Tower

Empire State Building
Golden Gate Bridge
Great Pyramid of Giza
Great Wall of China
Machu Picchu
Mount Everest
Mount Rushmore
Niagara Falls
Sagrada Familia

Sphinx
Stonehenge
Taj Mahal
Tower of Pisa

#8 Mythical Marvels

```
W T N V K M W R S D T D C E N T A U R F
C N J T V K N P N G I H L X R Q N Q L V
C Y S N J D H U D R T A Q H W T P L G R
X V A Y Q I K Q A X O Y M K L N N F C K
M H T D N L J J L F P C P R B N G C N T
Y H Y X R M W N J I T I I X E T B I M C
K K R Z V N V Q Y H T C Y N F M F K C P
A S U D E M Z N M E W C H C U F L E O L
F R W F N Y U G Y J K Q K I I T M L C R
K N E L V B M H H M N R W R M T Y P K U
O O E C L K Y N C Y A B G H Z E K I A A
G G H G H N N Y Z K D P B N B N R E T T
I R S Z J B C P E L C R T P M X N A R O
D O N P M L Q N M W J W A V H P T Y I N
N G A R O M R K D X C N L N R O L T C I
E N B P H M W K N O G A R D N C E M E M
W K S L B G Q J L H G H M Q D L K N J G
W Z Y H A R P Y Q A Q H K H N N R L I T
F T K T Y D Z N N W K P E G A S U S D X
K P M L C L B Y R D R I B R E D N U H T
```

BANSHEE	HARPY	SATYR
BUNYIP	HYDRA	SPHINX
CENTAUR	KELPIE	THUNDERBIRD
CHIMERA	KRAKEN	UNICORN
COCKATRICE	MEDUSA	WENDIGO
CYCLOPS	MERMAID	YETI
DRAGON	MINOTAUR	
FAUN	NAGA	
GORGON	PEGASUS	
GRIFFIN	PHOENIX	

#9 Garden Quest

```
Q  X  R  B  R  B  L  E  E  D  I  N  G  H  E  A  R  T  P  B
U  Y  C  H  P  R  E  D  N  E  V  A  L  V  S  N  K  M  Z  M
E  C  H  Z  G  L  A  D  I  O  L  U  S  A  I  H  X  G  B  N
E  K  O  K  O  R  C  H  I  D  B  N  I  M  D  J  B  K  P  P
N  B  C  A  I  R  E  T  S  I  W  S  U  N  A  Z  N  R  M  T
A  N  O  T  Q  H  L  W  G  F  H  I  R  N  R  T  L  M  H  N
N  T  L  A  A  T  R  T  P  C  T  O  D  T  A  K  L  L  A  L
N  O  A  I  I  R  W  Q  U  R  S  F  V  M  P  B  R  S  W  R
E  N  T  L  N  T  Y  F  U  E  K  H  X  X  F  E  U  P  P  R
S  E  E  O  N  G  Q  T  A  D  M  V  R  Y  O  S  O  L  X  X
L  M  C  N  I  B  S  R  A  E  F  M  L  Q  D  F  K  N  P  J
A  T  O  G  Z  A  L  F  E  L  C  I  H  E  R  J  M  M  Y  W
C  E  S  A  N  K  F  U  A  W  L  A  Y  I  I  C  H  M  L  F
E  G  M  M  M  O  J  N  E  R  O  E  N  L  B  N  W  X  R  I
N  R  O  C  D  K  T  K  E  P  K  L  R  I  S  I  J  D  F  R
P  O  S  I  W  A  G  G  G  C  O  K  F  Q  H  U  S  V  L  I
N  F  L  M  N  M  I  R  A  T  G  P  B  N  V  C  T  C  C  S
T  K  R  A  T  T  P  L  Z  C  V  D  P  N  U  N  E  O  U  L
M  D  N  Z  G  F  B  C  H  L  M  J  F  Y  G  S  R  Y  L  S
L  G  A  I  L  H  A  D  N  S  N  O  G  A  R  D  P  A  N  S
```

BIRD OF PARADISE	FUCHSIA	ORCHID
BLACK EYED SUSAN	GLADIOLUS	PEONY
BLEEDING HEART	HIBISCUS	QUEEN ANNE'S LACE
BLUE POPPY	IRIS	ROSE
CHOCOLATE COSMOS	LANTANA	SNAPDRAGONS
DAFFODIL	LAVENDER	SUNFLOWER
DAHLIA	LOTUS	TIGER LILY
ECHINACEA	MAGNOLIA	WISTERIA
FORGET-ME-NOT	NASTURTIUM	ZINNIA

#10 Human Anatomy

```
P  H  A  L  A  N  G  E  S  C  T  X  R  B  S  J  D  H  N  R
F  R  S  L  A  S  R  A  T  A  T  E  M  M  A  R  F  S  J  C
G  A  L  U  P  A  C  S  L  Y  J  W  E  V  L  N  U  C  K  X
D  P  W  V  R  G  T  U  H  C  P  T  S  L  T  L  L  E  K  T
M  M  W  M  P  Y  B  V  L  K  A  I  X  W  A  L  U  R  N  H
U  V  U  F  Z  I  M  A  N  C  V  J  K  T  N  T  M  V  K  O
N  M  M  N  F  Z  V  C  A  L  C  A  N  E  U  S  B  I  G  R
R  W  C  N  R  I  B  R  E  S  T  G  B  L  P  S  A  C  K  A
E  B  A  A  C  E  P  P  I  K  K  X  V  V  A  Q  R  A  Q  C
T  R  N  L  R  A  T  X  N  X  X  Y  C  C  O  C  V  L  H  I
S  E  E  H  L  P  A  S  N  L  T  B  R  G  J  C  E  V  H  C
N  L  R  S  Y  E  A  T  L  Y  J  U  T  K  X  R  R  E  K  V
R  B  Q  L  N  O  T  L  R  V  M  K  M  F  V  N  T  R  R  E
U  I  N  X  M  M  I  A  S  H  U  M  E  R  U  S  E  T  M  R
M  D  K  B  K  T  U  D  P  P  T  Q  R  M  H  U  B  E  N  T
E  N  K  R  L  P  R  I  B  V  J  I  Z  A  L  V  R  B  B  E
F  A  K  I  P  X  J  C  N  O  Y  F  B  N  D  D  A  R  G  B
T  M  K  B  W  R  H  J  B  A  N  M  A  I  L  I  E  A  Y  R
R  T  L  S  H  P  K  R  W  Q  R  E  R  X  A  M  U  E  L  A
Y  B  T  A  R  S  A  L  S  H  K  C  Z  D  P  Z  L  S  L  E
```

ATLAS	HUMERUS	RIBS
AXIS	HYOID BONE	SACRUM
CALCANEUS	LUMBAR	SCAPULA
CARPALS	VERTEBRAE	STERNUM
CERVICAL	MANDIBLE	STERNUM
VERTEBRAE	METACARPALS	TALUS
CLAVICLE	METATARSALS	TARSALS
COCCYX	PATELLA	THORACIC
CRANIUM	PELVIS	VERTEBRAE
FEMUR	PHALANGES	TIBIA
FIBULA	RADIUS	ULNA

#11 Emotional Rollercoaster

```
S  T  L  R  V  K  F  E  D  U  T  I  T  A  R  G  E  J  N  M
S  X  K  F  M  F  J  E  A  L  O  U  S  Y  B  P  X  K  H  G
E  T  N  E  M  T  N  E  T  N  O  C  R  X  O  N  X  W  B  M
N  T  H  A  V  W  T  J  Y  M  X  B  Y  H  L  G  W  K  T  H
I  T  J  R  H  R  Y  T  E  B  A  I  G  L  A  T  S  O  N  T
P  L  J  H  U  N  E  L  S  U  R  P  R  I  S  E  D  S  R  E
P  B  B  S  G  I  A  Y  R  B  R  K  G  H  N  R  F  S  X  N
A  L  T  T  X  N  S  M  E  M  P  A  T  H  Y  R  L  E  X  S
H  R  M  N  C  A  R  M  L  G  K  N  C  B  U  W  D  N  N  I
D  H  A  H  T  Y  Q  M  K  N  A  A  W  S  L  W  Z  D  R  O
F  R  O  S  C  N  M  N  R  K  L  R  T  L  V  I  M  A  B  N
T  L  C  H  X  M  S  X  O  M  J  R  X  O  M  K  S  S  O  H
Y  E  K  Y  J  V  R  Y  P  I  A  K  V  V  V  J  C  S  R  P
M  T  L  C  L  O  M  K  M  T  S  P  Q  E  Q  C  B  B  E  L
F  S  E  L  F  K  Y  N  I  P  R  S  T  V  L  N  L  Z  D  W
R  U  G  N  N  Y  K  O  F  T  A  Y  E  C  Q  X  D  E  O  G
E  G  R  M  V  T  N  Z  L  E  G  T  P  R  N  F  M  K  M  Q
G  S  M  V  M  Y  W  M  Y  J  I  T  H  A  P  A  T  H  Y  X
N  I  L  T  M  R  J  L  M  L  L  R  W  Y  H  E  H  X  R  X
A  D  R  R  M  Z  K  L  N  N  M  G  G  S  X  L  D  Z  M  N
```

Anger	Empathy	Love
Anxiety	Envy	Melancholy
Apathy	Fear	Nostalgia
Bliss	Frustration	Rage
Boredom	Gratitude	Sadness
Calm	Grief	Shame
Contentment	Happiness	Surprised
Depression	Hope	Sympathy
Disgust	Jealousy	Tension
Ecstasy	Joy	Trust

#12 Kitchen Essentials

```
S  T  R  A  I  N  E  R  K  D  N  K  R  N  M  L  A  D  L  E
R  G  M  Y  T  C  T  S  L  O  T  T  E  D  S  P  O  O  N  V
N  M  C  R  E  F  R  T  J  A  L  U  T  A  P  S  N  Y  R  T
N  Y  E  M  E  J  C  H  I  M  N  S  A  D  T  C  S  H  O  N
R  A  K  A  H  L  G  A  R  M  G  N  R  L  F  O  T  D  A  O
E  K  P  M  S  D  T  D  S  N  N  N  G  L  C  L  O  M  S  O
L  R  K  G  G  U  B  R  O  S  I  E  M  P  G  A  C  E  T  P
E  N  Z  T  N  R  R  T  G  P  E  I  V  W  N  N  K  A  I  S
E  R  Z  L  I  I  F  I  G  S  X  R  E  O  C  D  P  S  N  G
P  N  L  R  K  Y  Y  N  N  I  A  F  O  U  H  E  O  U  G  N
F  N  M  N  A  N  I  R  N  G  I  U  T  L  Z  R  T  R  P  I
N  T  O  G  B  L  J  G  F  N  C  T  C  J  E  H  G  I  A  V
F  L  Q  O  L  B  B  N  K  S  I  U  W  E  V  D  Z  N  N  R
Z  T  T  O  P  O  Q  B  K  N  R  G  P  H  P  W  I  G  Q  E
C  R  R  C  W  S  D  I  G  E  B  G  D  R  I  A  T  S  V  S
W  Y  X  L  D  M  L  B  D  H  Y  T  K  N  W  S  N  P  H  G
K  K  Q  R  B  L  O  N  E  V  O  H  C  T  U  D  K  O  L  Q
R  Z  M  Z  E  A  E  C  A  N  O  P  E  N  E  R  P  O  W  J
P  R  Q  T  R  L  N  O  O  P  S  G  N  I  X  I  M  N  H  K
X  M  Z  D  B  L  K  P  S  A  L  A  D  S  P  I  N  N  E  R
```

BAKING SHEET	LADLE	SAUCEPAN
BLENDER	MEASURING CUP	SERVING SPOON
CAN OPENER	MEASURING SPOON	SKILLET
CASSEROLE DISH	MIXING BOWL	SLOTTED SPOON
COLANDER	MIXING SPOON	SPATULA
CUTTING BOARD	OVEN MITT	SPOON
DUTCH OVEN	PEELER	STOCKPOT
FRYING PAN	ROASTING PAN	STRAINER
GRATER	ROLLING PIN	TONGS
KNIFE	SALAD SPINNER	WHISK

#13 Sweet Scoops

```
G  K  R  A  I  C  R  A  G  Y  R  R  E  H  C  L  Z  P  B  B
J  D  A  O  R  Y  K  C  O  R  C  L  L  M  F  E  S  U  J  Y
B  M  N  C  X  R  H  T  M  H  L  E  T  N  J  M  A  C  W  S
B  U  C  W  L  G  X  N  O  R  K  T  U  A  S  O  L  R  N  K
G  M  B  X  D  N  B  C  T  A  X  I  N  T  T  N  T  E  B  C
N  R  T  B  L  H  O  H  C  J  L  L  O  I  R  S  E  T  U  A
G  R  E  T  L  L  K  Y  K  W  H  P  C  L  A  O  D  T  T  R
V  A  N  E  A  E  A  N  P  C  G  S  O  O  W  R  C  U  T  T
M  R  L  T  N  D  G  I  O  T  Z  A  C  P  B  B  A  B  E  E
X  Q  E  L  H  T  S  U  E  M  M  N  P  A  E  E  R  T  R  S
L  R  L  T  I  T  E  E  M  A  A  A  R  E  R  T  A  U  P  O
Q  V  R  Q  A  N  F  A  N  R  X  N  C  N  R  R  M  N  E  O
Q  I  V  C  L  F  A  G  H  L  X  A  N  C  Y  M  E  A  C  M
B  Q  H  L  O  N  O  V  Y  H  C  B  N  I  Z  L  L  E  A  K
B  I  H  C  Z  R  U  M  R  A  I  S  I  N  C  M  L  P  N  N
O  E  K  A  C  E  S  E  E  H  C  Y  R  R  E  B  E  U  L  B
J  R  P  B  C  O  T  T  O  N  C  A  N  D  Y  G  C  M  Q  V
W  W  P  C  O  O  K  I  E  S  A  N  D  C  R  E  A  M  J  R
M  D  C  L  B  L  A  C  K  R  A  S  P  B  E  R  R  Y  D  Y
R  K  P  I  H  C  E  T  A  L  O  C  O  H  C  T  N  I  M  K
```

BANANA SPLIT	COCONUT	NEAPOLITAN
BIRTHDAY CAKE	COFFEE	PEANUT BUTTER CUP
BLACK RASPBERRY	COOKIES AND CREAM	PISTACHIO
BLUEBERRY CHEESECAKE	COTTON CANDY	ROCKY ROAD
BUBBLEGUM	GREEN TEA	RUM RAISIN
BUTTER PECAN	LEMON SORBET	SALTED CARAMEL
CHERRY GARCIA	MANGO	STRAWBERRY
CHOCOLATE	MINT CHOCOLATE CHIP	VANILLA
CINNAMON	MOOSE TRACKS	

#14 Toon Time

```
C D R R K L M J T M I C K E Y M O U S E
L L C P E K J D J P T W E E T Y B I R D
I R P B E N C D N D G E Y E P O P Q Q J
F U X E U T N U M T O M A N D J E R R Y
F H Z K P G E U D R X B E T T Y B O O P
O T R T R P S R R D R E T X E D G N J H
R R I H W B A B G D L Z D J K J R A K N
D A C E W T T P U R A A F N V C R M S I
T W K J X G M B I N I O N Z C H T T N F
H Y S E L K Z M C G N F R O K A Q R O F
E B A T M V Q P P Q Z Y F D D R O A S I
B T N S N B T R P T H D L I Y L O C P R
I T C O K C D I K R A E D P N I D C M G
G X H N Q X K F E F I M O X D E Y I I E
R Y E S B A M D F F Q O Q J M B B R S I
E J Z N C C N Y R T N M R Y W R O E E W
D R G H T E D A M S L Y V Q D O O X H E
D R U K B U G R P Y N Y Y X B W C W T T
O D N C C T T R D B R C W C H N S Z K S
G M G K Q V P O W E R P U F F G I R L S
```

ARTHUR
BENDER
BETTY BOOP
BUGS BUNNY
CHARLIE BROWN
CLIFFORD THE BIG RED DOG
DAFFY DUCK
DEXTER
DONALD DUCK
ERIC CARTMAN

GARFIELD
MICKEY MOUSE
PEPPA PIG
PETER GRIFFIN
PIKACHU
POPEYE
POWERPUFF GIRLS
RICK SANCHEZ
ROAD RUNNER
SCOOBY-DOO

SNOOPY
STEWIE GRIFFIN
THE JETSONS
THE SIMPSONS
TOM AND JERRY
WOODY
WOODPECKER

#15 Game Night Galore

```
M  S  C  A  T  T  E  R  G  O  R  I  E  S  T  Y  P  H  W  P
X  U  N  O  N  O  I  T  A  R  E  P  O  T  F  Z  R  K  N  M
L  L  V  X  H  P  S  K  T  P  E  L  B  B  A  R  C  S  J  H
K  N  H  B  R  H  E  P  N  M  D  O  M  I  N  I  O  N  T  R
M  S  L  D  J  P  L  M  K  M  S  R  E  K  C  E  H  C  E  C
E  S  I  M  H  T  P  B  A  T  T  L  E  S  H  I  P  T  A  M
F  E  T  R  Y  C  P  D  N  N  R  X  U  N  R  S  S  R  K  M
I  T  I  X  Y  A  A  R  H  N  R  C  L  N  T  I  C  F  K  N
L  T  U  M  R  N  O  M  N  Q  S  S  C  R  W  A  X  R  K  Y
F  L  S  M  A  D  T  R  R  B  O  S  A  T  S  K  U  N  P  K
O  E  R  O  N  Y  S  T  R  R  O  T  E  S  V  O  Y  H  K  R
E  R  U  N  O  L  E  C  R  C  E  G  O  H  F  R  S  T  M  F
M  S  P  O  I  A  L  Y  Q  G  S  N  G  T  C  A  J  O  F  B
A  O  L  P  T  N  P  Y  O  J  N  E  C  L  D  T  U  X  U  T
G  F  A  O  C  D  P  P  A  E  E  E  Q  R  E  S  F  K  T  F
E  C  I  L  I  H  A  V  L  H  N  N  E  U  E  O  I  L  X  L
H  A  V  Y  P  M  G  R  V  N  T  D  G  T  E  M  O  M  B  M
T  T  I  R  Y  N  Z  W  O  J  L  Z  R  A  M  N  T  B  G  V
K  A  R  H  X  G  Z  C  T  A  P  A  E  U  R  L  C  L  A  V
K  N  T  Z  T  G  R  B  B  K  P  J  R  E  L  C  L  E  L  T
```

Apples to Apples
Balderdash
Battleship
Boggle
Candy Land
Carcassonne
Checkers
Chess
Clue
Connect Four

Dominion
Jenga
Monopoly
Mousetrap
Operation
Pictionary
Risk
Rummikub
Scattergories
Scrabble

Sequence
Settlers of Catan
Sorry
Stratego
Taboo
The Game of Life
Trivial Pursuit
Twister
Uno
Yahtzee

#16 Movie Magic

```
Z  K  L  D  B  U  L  C  T  H  G  I  F  G  K  L  X  V  N  L
K  L  H  X  I  K  X  Z  O  F  O  D  R  A  Z  I  W  E  H  T
Z  R  A  I  D  E  R  S  O  F  T  H  E  L  O  S  T  A  R  K
T  G  L  P  D  G  H  N  N  I  J  N  A  M  U  J  L  H  E  N
Y  R  N  F  T  T  N  A  N  D  X  J  H  Y  Q  Z  G  P  H  F
N  T  V  I  L  I  M  I  R  N  F  P  R  N  K  J  O  L  R  R
Y  F  H  Y  K  V  T  O  N  D  L  O  K  R  D  H  R  K  O  S
T  R  H  E  N  N  H  A  Q  I  T  N  A  F  W  M  H  C  G  R
H  O  N  K  G  C  O  H  N  S  H  P  J  E  B  F  K  P  V  E
E  T  T  W  Y  O  P  I  Y  I  C  S  N  G  O  Y  U  D  N  T
M  A  B  S  K  Y  D  O  L  I  C  A  E  R  M  L  R  B  K  S
A  N  P  C  X  M  T  F  S  E  S  C  R  H  P  S  R  M  P  U
T  I  G  Q  H  X  A  S  A  R  H  E  Z  F  T  W  Y  Q  R  B
R  M  R  L  D  P  A  E  A  T  S  T  I  R  M  A  N  T  X  T
I  R  E  Y  C  R  F  W  R  T  H  C  M  H  L  J  G  X  T  S
X  E  A  M  U  L  R  N  G  C  T  E  M  Q  J  W  M  K  C  O
D  T  S  J  L  A  R  U  K  I  S  H  R  F  B  N  C  C  G  H
L  E  E  N  T  T  M  L  O  C  A  S  A  B  L  A  N  C  A  G
H  H  J  S  K  P  N  N  C  O  M  E  N  G  N  I  D  N  I  F
T  T  N  B  W  B  A  C  K  T  O  T  H  E  F  U  T  U  R  E
```

Back to the Future	Jumanji	The Lion King
Casablanca	Jurassic Park	The Matrix
Die Hard	Psycho	The Shining
Fight Club	Pulp Fiction	The Terminator
Finding Nemo	Raiders of the Lost Ark	The Wizard of
Forrest Gump	Rocky	Oz
Ghostbusters	Scream	Titanic
Grease	Star Wars: A New Hope	Toy Story
Jaws	The Godfather	

#17 Leisure Pursuits

```
N  L  G  G  N  I  L  E  V  A  R  T  G  G  T  T  B  Y  T  L
T  L  K  A  F  M  N  R  J  K  J  Q  N  N  Y  X  H  B  K  K
R  M  H  T  R  C  G  A  R  T  M  I  L  H  I  P  L  Z  J  Z
P  Y  I  C  Q  D  G  N  Y  N  K  L  Q  R  A  W  T  M  W  M
N  G  K  X  O  O  E  V  I  A  N  S  R  R  E  K  A  K  N  W
Y  N  I  Z  Y  L  M  N  B  K  S  O  G  Y  T  A  S  R  W  B
G  I  N  F  H  X  L  N  I  E  R  O  I  N  C  I  D  R  D  H
T  T  G  B  J  G  G  E  N  N  T  O  R  T  N  N  K  I  U  P
G  N  I  C  N  A  D  T  C  O  G  W  W  G  A  N  N  N  N  L
M  I  N  P  M  W  I  K  H  T  M  B  I  D  L  T  T  M  B  G
C  A  M  W  R  F  Q  P  V  X  I  N  K  C  O  I  I  Y  F  W
O  P  M  L  C  A  M  P  I  N  G  N  R  T  N  O  P  D  W  D
O  K  Q  U  I  L  T  I  N  G  K  O  G  G  G  T  W  L  E  X
K  G  P  N  X  Y  T  K  N  M  C  Z  N  M  N  R  S  Z  D  M
I  N  L  G  P  F  G  F  P  H  M  M  Q  B  I  M  E  N  C  R
N  I  C  N  F  Z  N  M  E  L  G  J  J  J  H  D  W  K  K  D
G  T  K  I  B  B  Z  T  N  W  N  F  J  X  S  N  I  V  T  J
R  I  M  T  P  N  I  R  K  M  L  P  L  Z  I  N  N  G  R  G
F  R  B  C  C  N  D  H  K  F  P  K  V  V  F  M  G  F  C  R
V  W  T  A  G  N  I  T  T  I  N  K  Y  G  A  M  I  N  G  L
```

Acting	Gaming	Sewing
Baking	Gardening	Singing
Camping	Hiking	Traveling
Collecting	Hunting	Woodworking
Cooking	Knitting	Writing
Crocheting	Meditation	Yoga
Dancing	Painting	
Drawing	Photography	
Fishing	Quilting	
Fitness	Reading	

#18 Genre Jumble

```
O  T  Y  K  H  F  O  F  F  V  J  L  B  G  H  J  P  M  Y  S
F  C  J  T  Z  E  W  P  L  P  A  Q  D  T  H  N  J  N  L  E
X  L  E  G  K  W  L  Z  E  N  T  H  V  K  C  G  P  X  R  U
N  P  Q  D  J  D  Z  E  O  R  C  H  T  P  G  Q  V  K  R  L
K  X  T  K  Y  A  N  I  C  R  A  L  K  J  N  P  K  R  L  B
J  Q  K  F  J  Z  T  D  Q  T  S  L  H  B  C  M  L  P  P  P
P  R  V  R  L  I  R  N  V  L  R  O  T  G  N  V  U  D  Z  T
K  O  W  T  D  Y  E  I  W  J  C  O  U  R  C  N  X  Z  J  E
G  T  H  A  Y  K  A  Q  N  J  M  L  N  L  K  V  N  L  G  C
T  Q  R  P  H  G  G  F  M  P  K  F  X  I  F  D  J  B  N  H
Q  T  L  G  I  T  G  O  C  R  U  L  D  M  C  J  B  W  K  N
H  T  R  F  H  H  E  L  L  N  R  L  G  R  D  M  D  C  F  O
T  S  A  L  S  A  R  K  K  N  A  H  B  G  R  P  M  H  H  Z
T  M  C  K  D  G  T  B  K  C  L  E  P  S  O  G  A  K  C  L
H  R  L  T  L  T  R  C  I  S  U  M  D  L  R  O  W  R  C  F
R  C  V  K  R  N  K  S  V  L  P  K  J  H  L  W  R  P  R  N
M  J  N  A  T  C  S  C  J  R  O  Q  F  F  T  G  V  D  D  J
H  Q  N  D  O  A  F  M  R  K  P  R  K  D  B  &  R  R  N  K
R  C  F  R  L  Q  L  Z  D  T  H  H  K  N  N  M  E  T  A  L
E  C  M  C  D  K  N  L  L  C  O  U  N  T  R  Y  Y  J  K  M
```

BLUES	METAL	TECHNO
CLASSICAL	OPERA	TRADITIONAL
COUNTRY	POP	TRANCE
ELECTRONIC	PUNK	WORLD MUSIC
FOLK	R AND B	ZYDECO
FUNK	RAP	
GOSPEL	REGGAE	
HIP HOP	ROCK	
INDIE	SALSA	
JAZZ	SOUL	

#19 Digital Discovery

T	K	M	F	T	Z	K	R	E	L	L	O	R	T	N	O	C	N	A	F
I	L	T	N	N	L	M	Y	S	D	R	A	O	B	R	E	H	T	O	M
N	J	N	J	F	E	L	B	A	C	A	G	V	R	F	F	C	M	Q	B
U	D	B	S	O	U	N	D	C	A	R	D	K	L	P	J	W	O	Z	J
Y	T	I	G	N	E	T	W	O	R	K	C	A	R	D	M	K	N	W	N
L	N	S	S	E	T	S	A	P	L	A	M	R	E	H	T	M	I	F	L
P	E	K	P	P	C	P	U	C	O	O	L	E	R	R	N	K	T	K	D
P	T	J	V	E	L	T	L	S	A	T	A	C	A	B	L	E	O	J	R
U	H	E	V	T	A	A	I	D	E	C	A	B	L	E	X	N	R	L	A
S	E	K	V	Y	E	K	Y	N	E	R	W	Q	R	P	N	N	K	E	C
R	R	L	Q	I	T	V	E	P	V	V	R	N	A	N	A	N	E	L	S
E	N	P	N	K	R	N	I	R	O	O	I	N	X	F	C	L	P	B	C
W	E	K	Z	A	R	D	K	R	S	R	S	R	G	G	B	F	H	A	I
O	T	Q	E	Z	F	V	L	S	D	I	T	N	D	A	Q	M	H	C	H
P	C	W	Y	Y	Q	M	E	A	O	D	I	C	C	B	O	G	R	R	P
B	A	K	Z	H	B	C	E	N	C	L	R	I	A	U	S	P	F	E	A
N	B	Z	B	T	O	O	C	T	O	I	M	A	S	B	X	U	B	W	R
W	L	C	G	R	Z	A	A	O	S	D	T	E	H	P	L	R	P	O	G
G	E	Q	P	K	R	D	C	R	H	Y	B	P	X	L	N	E	A	P	F
L	R	R	D	D	X	L	C	C	D	M	S	P	O	L	D	T	G	M	K

CASE	IDE CABLE	RAM
COOLING FAN	KEYBOARD	SATA CABLE
CPU COOLER	MONITOR	SOUND CARD
DISPLAYPORT CABLE	MOTHERBOARD	SPEAKERS
ETHERNET CABLE	MOUSE	SYSTEM FAN
EXPANSION CARD	NETWORK CARD	THERMAL PASTE
FAN CONTROLLER	OPTICAL DRIVE	USB DRIVE
GRAPHICS CARD	POWER CABLE	VGA CABLE
HARD DRIVE	POWER SUPPLY UNIT	
HDMI CABLE	PROCESSOR	

#20 Fashionable Fun

```
T  W  K  K  Z  N  J  E  F  H  M  R  R  O  L  I  A  T  J  H
S  H  R  N  X  Z  H  Y  L  N  T  R  E  U  N  I  F  O  R  M
E  R  L  K  J  W  A  E  Z  I  L  M  N  I  P  L  N  N  R  Z
D  E  V  N  G  W  R  E  R  U  T  U  O  C  R  H  X  F  Y  C
O  N  J  D  N  A  K  Y  M  K  V  X  R  X  E  U  D  B  H  V
M  G  F  U  P  Y  N  W  Q  N  C  K  E  E  B  P  T  I  J  H
F  I  R  P  Q  C  C  M  T  G  L  M  L  T  V  U  C  U  K  L
G  S  A  L  I  K  K  G  V  I  N  T  A  G  E  H  T  D  O  C
M  E  M  N  G  R  L  N  K  N  K  J  M  V  H  A  Y  T  F  C
J  D  U  F  A  S  H  I  O  N  I  S  T  A  D  U  M  Y  O  K
K  T  J  Y  R  S  Z  B  O  U  T  I  Q  U  E  T  G  M  W  N
K  F  Q  R  G  E  I  I  G  S  E  W  I  N  G  E  L  L  A  B
C  T  W  O  M  M  H  L  P  A  R  R  K  P  T  C  A  D  R  L
A  L  V  S  C  B  Y  T  H  P  R  K  Y  L  Q  O  M  B  D  M
T  L  Y  S  N  T  N  F  A  O  E  M  G  J  C  U  O  B  R  Y
W  T  L  E  B  A  L  N  S  E  U  R  E  I  J  T  R  Q  O  D
A  Q  M  C  M  B  B  T  T  X  L  E  R  N  M  U  O  J  B  N
L  K  W  C  D  W  Y  K  R  G  P  B  T  R  T  R  U  L  E  E
K  M  L  A  T  L  W  J  J  M  A  M  M  T  Q  E  S  R  W  R
H  Y  K  N  E  V  M  T  T  F  L  M  L  X  E  G  H  L  C  T
```

ACCESSORY	FASHIONISTA	SILHOUETTE
APPAREL	GARMENT	STYLE
BOUTIQUE	GLAMOROUS	TAILOR
BUTTON	HAUTE COUTURE	TEXTILE
CATWALK	HEEL	TRENDY
CHIC	LABEL	TUNIC
COUTURE	LEATHER	UNIFORM
COUTURIER	MODEST	VINTAGE
DESIGNER	RUNWAY	WARDROBE
FABRIC	SEWING	ZIPPER

#21 Game On!

```
M  K  W  G  N  R  N  G  D  D  G  O  L  F  C  B  H  N  H  L
F  G  E  N  L  S  T  C  Y  R  C  S  D  R  N  P  W  N  A  J
Q  M  I  I  S  N  M  B  N  M  O  G  I  M  R  C  S  K  N  E
B  I  G  T  I  O  Z  X  A  C  N  C  N  K  L  I  N  G  D  S
M  X  H  A  N  W  L  F  C  S  K  A  M  I  N  N  K  M  B  S
Q  E  T  K  N  B  G  E  G  E  K  T  S  N  K  G  Q  G  A  O
N  D  L  S  E  O  R  N  T  N  R  E  E  T  G  A  N  L  L  R
C  M  I  E  T  A  D  Y  I  L  I  T  T  M  I  L  Y  T  L  C
W  A  F  R  E  R  K  R  T  C  J  F  R  B  L  C  N  A  L  A
C  R  T  U  L  D  X  E  H  N  N  C  R  A  A  L  S  W  K  L
N  T  I  G  B  I  L  H  F  J  K  E  B  U  H  L  R  W  N  N
B  I  N  I  A  N  N  C  L  W  G  T  F  R  S  E  L  K  O  X
O  A  G  F  T  G  J  R  R  H  O  C  L  S  S  W  P  T  T  F
X  L  M  M  W  V  C  A  L  O  L  T  L  T  K  Y  N  V  X  T
I  A  H  S  A  U  Q  S  F  N  F  F  L  M  B  I  P  K  H  P
N  R  R  Y  E  K  C  O  H  E  C  I  J  G  M  H  I  O  T  Q
G  T  V  S  A  I  L  I  N  G  N  N  U  D  Q  R  C  N  Q  M
H  S  Y  G  N  R  P  Y  Q  G  B  R  A  N  D  K  P  V  G  C
W  N  A  I  R  T  S  E  U  Q  E  B  B  N  E  G  B  R  L  R
B  A  S  E  B  A  L  L  V  O  L  L  E  Y  B  A  L  L  P  L
```

Archery	Golf	Skiing
Badminton	Gymnastics	Snowboarding
Baseball	Handball	Soccer
Basketball	Hockey	Squash
Boxing	Ice Hockey	Surfing
Cricket	Kayaking	Table Tennis
Equestrian	Lacrosse	Tennis
Fencing	Mixed Martial Arts	Volleyball
Figure Skating	Rugby	Weightlifting
Football	Sailing	Wrestling

#22 Botanical Buzz

```
R  P  Z  R  M  K  K  K  A  M  Y  H  C  N  E  R  A  P  F  F
D  M  Y  S  E  F  L  L  R  K  P  O  L  L  E  N  N  J  E  K
L  C  Q  L  I  W  N  V  F  Y  R  H  V  L  A  O  L  R  X  C
N  N  L  S  E  S  O  N  Y  S  T  E  M  N  I  T  T  W  T  R
O  P  M  C  S  A  E  L  K  N  F  D  K  T  R  I  E  L  T  T
I  P  R  L  T  R  F  H  F  C  L  N  A  X  L  P  K  P  N  C
T  C  J  E  Y  E  N  B  T  M  H  N  T  I  R  L  P  E  H  O
A  O  J  R  L  H  N  V  N  N  I  L  Z  G  R  O  M  N  V  R
N  T  D  E  E  T  P  M  Y  M  Y  A  O  K  N  A  O  A  F  K
I  Y  M  N  V  N  K  Z  R  S  T  S  Z  R  T  N  R  T  X  H
L  L  E  C  Y  A  K  E  M  I  T  L  O  S  O  Y  L  Y  J  X
L  E  O  H  M  L  G  C  O  M  P  I  W  T  Y  P  L  L  F  K
O  D  L  Y  R  W  M  N  T  E  K  D  G  Q  O  E  L  G  Y  P
P  O  H  M  Q  U  L  W  T  R  Z  M  L  M  M  H  L  A  T  B
N  N  P  A  I  I  K  T  I  I  F  Y  N  S  A  K  P  F  S  C
L  R  N  B  T  K  M  J  U  S  T  N  E  M  A  L  I  F  T  T
Z  Q  M  S  T  L  K  T  R  T  B  E  V  D  V  Y  L  M  T  J
L  A  I  P  X  Y  X  R  F  E  D  L  A  P  E  S  T  L  F  W
C  P  Q  Q  T  M  G  E  R  M  I  N  A  T  I  O  N  M  J  K
M  F  Y  K  C  H  L  O  R  O  P  H  Y  L  L  V  Z  H  Q  F
```

ANTHER	GERMINATION	POLLINATION
CAMBIUM	LEAF	ROOT
CHLOROPHYLL	MERISTEM	SCLERENCHYMA
CHLOROPLAST	OVARY	SEED
COTYLEDON	PARENCHYMA	SEPAL
FERTILIZATION	PETAL	STAMEN
FILAMENT	PHLOEM	STEM
FLOWER	PHOTOSYNTHESIS	STIGMA
FRUIT	PISTIL	STYLE
GERMINATION	POLLEN	XYLEM

#23 Crypto Craze

```
H  M  V  R  H  U  N  I  S  W  A  P  J  X  J  M  V  Y  W  K
H  H  G  L  W  R  A  P  P  E  D  B  I  T  C  O  I  N  N  F
Z  W  B  X  K  Y  N  M  B  N  E  T  H  S  O  M  S  O  C  T
N  N  R  I  P  P  L  E  A  I  O  H  B  T  C  F  D  K  J  R
E  Q  I  T  N  H  D  R  L  D  T  H  C  O  Y  O  Z  H  W  F
K  T  N  A  S  A  O  E  A  K  M  C  M  N  G  P  Q  F  F  N
O  K  V  A  H  G  N  K  C  U  N  P  O  E  A  M  X  K  J  I
T  H  D  X  L  C  L  C  E  R  O  K  C  I  V  L  J  N  G  O
T  B  R  A  N  O  E  R  E  U  E  O  P  N  N  D  A  R  M  C
N  C  V  J  P  Q  E  V  N  C  I  D  L  M  R  C  C  V  T  T
E  Z  G  P  D  H  Z  D  N  N  O  G  P  T  W  L  A  N  A  I
R  R  N  B  T  S  N  G  V  F  R  I  W  J  G  M  R  S  P  B
R  U  O  E  L  I  V  I  Y  F  A  G  N  N  Q  X  D  K  H  C
O  S  G  L  T  A  A  B  O  H  L  J  X  G  X  D  A  L  X  N
T  D  Y  J  K  C  S  A  L  C  L  B  W  B  F  K  N  T  N  M
T  C  L  H  F  O  H  P  V  G  E  N  H  B  J  X  O  H  L  A
I  O  O  S  L  I  G  L  D  E  T  T  K  G  T  D  C  N  T  K
B  I  P  A  K  N  D  Y  V  H  S  D  I  M  O  N  E  R  O  E
N  N  N  C  C  V  X  A  R  R  E  T  N  L  F  M  M  M  Q  R
N  A  N  Z  K  M  R  B  P  K  N  I  L  N  I  A  H  C  B  Y
```

Aave	Cosmos	Ripple
Algorand	Dash	Siacoin
Avalanche	Decred	Solana
Binance Coin	Dogecoin	Stellar
Bitcoin	Ethereum	Terra
Bitcoin Cash	Litecoin	Uniswap
BitTorrent Token	Maker	USD Coin
Cardano	Monero	VeChain
Chainlink	Polkadot	Wrapped Bitcoin
Compound	Polygon	Zcash

#24 Hidden Gems

```
K  B  Y  F  H  F  H  Z  L  Y  K  N  P  J  W  V  Z  R  K  W
T  A  L  K  E  T  I  H  C  A  L  A  M  K  J  I  U  B  C  R
N  N  Q  Q  Y  D  U  J  T  R  W  R  G  H  R  B  L  O  T  Z
G  W  E  U  G  T  L  R  A  T  M  W  T  C  Y  L  R  K  J  L
F  B  D  N  A  D  M  A  Q  S  M  T  O  F  F  A  R  H  F  Y
G  X  Q  W  O  M  R  N  R  U  P  N  M  K  L  X  M  N  N  T
T  O  P  A  Z  T  A  W  P  E  O  E  J  A  D  E  X  L  E  T
K  P  E  A  R  L  S  R  M  E  M  I  R  L  Z  L  A  N  N  O
X  R  K  W  F  J  K  N  I  J  R  E  S  P  F  P  R  C  T  U
Y  D  N  O  M  A  I  D  O  N  T  I  W  E  I  A  L  E  Q  R
N  Z  J  K  L  P  L  H  K  O  E  T  D  S  G  E  V  T  H  M
O  X  T  C  D  E  G  L  Z  L  M  D  L  O  Y  Q  D  I  E  A
K  X  X  I  D  Q  N  Y  R  J  Z  A  T  E  T  U  Y  N  T  L
U  Q  Z  T  T  J  M  I  R  L  Z  X  S  E  G  A  X  A  I  I
N  Y  K  R  M  K  L  E  P  U  P  R  G  T  W  R  Q  Z  R  N
Z  W  M  I  R  G  B  B  L  S  E  L  G  A  D  T  L  N  O  E
I  P  Z  N  P  M  X  I  P  G  A  H  Q  G  R  Z  K  A  U  B
T  N  N  E  A  Y  P  N  I  P  L  N  L  A  Q  N  V  T  L  Y
E  M  B  L  M  X  R  T  O  Y  X  Z  D  Q  K  W  T  D  F  J
L  B  N  A  M  E  T  H  Y  S  T  R  E  R  I  H  P  P  A  S
```

AGATE	JADE	QUARTZ
AMBER	JASPER	RUBY
AMETHYST	KUNZITE	SAPPHIRE
AQUAMARINE	LAPIS LAZULI	SPINEL
CITRINE	MALACHITE	TANZANITE
CORAL	MOONSTONE	TIGER'S EYE
DIAMOND	ONYX	TOPAZ
EMERALD	OPAL	TOURMALINE
FLUORITE	PEARL	TURQUOISE
GARNET	PERIDOT	ZIRCON

#25 Grape Escape

```
D  M  L  J  Z  X  L  T  O  L  O  I  B  B  E  N  H  M  L  R
G  Y  T  G  R  U  N  E  R  V  E  L  T  L  I  N  E  R  R  R
Z  C  A  B  E  R  N  E  T  F  R  A  N  C  R  R  K  M  I  L
H  Y  A  T  J  K  P  E  T  I  T  E  S  I  R  A  H  O  E  M
Z  A  A  B  R  C  N  A  L  B  N  I  N  E  H  C  N  D  O  X
B  T  R  M  E  V  E  R  M  E  N  T  I  N  O  T  N  S  O  H
Y  K  H  Y  A  R  R  W  H  A  R  L  Y  K  O  A  C  A  N  E
T  L  J  M  S  G  N  C  R  S  E  M  D  N  F  A  P  L  A  R
C  M  Q  C  K  X  A  E  A  X  N  Q  I  N  T  G  I  O  I  D
A  E  Y  Q  M  N  B  N  T  C  I  P  I  O  N  W  N  V  C  E
R  R  Z  N  E  R  G  C  H  S  M  Z  J  K  T  N  O  A  L  V
M  L  N  R  A  I  J  A  B  O  A  R  R  L  P  N  T  D  U  R
E  O  G  B  O  F  R  D  H  N  R  U  I  N  C  B  G  O  P  U
N  T  M  V  G  D  K  F  R  I  T  E  V  E  N  D  R  R  E  O
E  Y  E  A  O  D  T  Y  Y  R  Z  N  I  I  S  V  I  E  T  M
R  S  K  N  L  K  W  Z  T  A  R  R  T  N  G  L  G  N  N  R
E  G  N  R  L  B  F  Z  V  B  U  K  M  R  G  N  I  H  O  D
J  A  D  M  N  G  E  P  G  L  W  H  N  B  Y  O  O  N  M  H
Y  R  J  C  K  T  L  C  T  A  E  X  F  K  G  Y  I  N  G  Y
C  M  N  O  L  L  I  M  E  S  G  F  C  R  F  W  R  V  W  B
```

ALBARIÑO	GRÜNER VELTLINER	PINOT NOIR
BARBERA	MALBEC	RIESLING
CABERNET FRANC	MERLOT	SANGIOVESE
CABERNET SAUVIGNON	MONTEPULCIANO	SYRAH
CARMENÈRE	MOURVÈDRE	SÉMILLON
CHARDONNAY	MOSCATO	VERMENTINO
CHENIN BLANC	NEBBIOLO	VIOGNIER
GAMAY	NERO D'AVOLA	ZINFANDEL
GEWÜRZTRAMINER	PETITE SIRAH	
GRENACHE	PINOT GRIGIO	

#26 Garden Goodies

```
V  I  G  Y  Q  R  S  N  A  E  B  N  E  E  R  G  T  P  M  R
S  N  P  Q  F  C  S  E  H  S  I  D  A  R  F  B  D  W  L  G
E  I  T  C  U  C  U  M  B  E  R  S  K  L  J  R  H  K  M  J
O  H  Y  A  M  S  Q  C  S  T  O  R  R  A  C  R  L  J  P  K
T  C  J  T  G  C  A  L  Q  V  L  P  Y  O  N  I  O  N  S  M
A  C  H  D  T  B  F  A  M  B  V  N  E  B  E  E  T  S  T  C
T  U  M  W  B  R  R  F  T  R  T  N  J  A  H  P  X  L  S  C
O  Z  X  A  C  K  N  S  R  U  W  F  H  X  S  J  D  U  M  X
P  R  G  Y  O  K  V  E  P  S  Q  X  P  C  X  M  G  T  T  H
T  E  G  Z  N  C  N  K  R  S  Q  M  B  K  A  A  Z  G  J  S
E  P  B  J  K  T  N  O  X  E  T  F  N  R  R  N  A  F  T  A
E  P  Y  T  Z  H  V  H  T  L  W  R  E  A  O  R  I  T  Q  U
W  R  R  P  D  E  T  C  U  S  F  O  P  N  L  C  P  P  S  Q
S  G  E  E  K  G  E  I  R  S  B  S  L  I  N  O  C  E  S  S
T  V  L  P  P  G  C  T  N  P  A  T  C  F  T  E  O  O  Z  K
R  R  E  P  G  P  U  R  I  R  S  R  W  A  I  T  L  G  L  C
Y  C  C  E  X  L  T  A  P  O  K  K  T  D  A  L  H  H  N  I
V  G  G  R  B  A  T  V  S  U  G  O  E  M  Y  G  U  R  L  H
N  W  Q  S  K  N  E  M  H  T  E  M  O  E  Y  N  O  A  L  K
Y  T  P  V  Y  T  L  M  C  S  V  T  T  F  L  C  L  B  C  F
```

ARTICHOKES	CUCUMBERS	PEPPERS
ASPARAGUS	EGGPLANT	POTATOES
BEETS	FENNEL	RADISHES
BROCCOLI	GARLIC	SPINACH
BRUSSELS SPROUTS	GREEN BEANS	SQUASH
CABBAGE	LEEKS	SWEET POTATOES
CARROTS	LETTUCE	TOMATOES
CAULIFLOWER	OKRA	TURNIPS
CELERY	ONIONS	YAMS
CORN	PEAS	ZUCCHINI

#27 Rise and Dine

```
B  D  G  W  N  H  U  E  V  O  S  R  A  N  C  H  E  R  O  S
Z  R  M  G  T  K  P  A  N  C  A  K  E  X  J  N  N  S  T  R
V  B  E  B  Y  D  L  E  I  H  T  O  O  M  S  H  A  S  R  L
B  R  E  A  K  F  A  S  T  T  A  C  O  C  B  U  A  S  H  V
K  E  N  X  K  G  L  J  X  S  K  K  Z  R  S  O  N  M  T  B
N  A  K  S  C  F  N  L  E  W  G  J  E  A  T  I  F  V  U  L
W  K  O  T  T  P  A  L  Y  M  R  A  G  H  F  S  C  F  N  D
O  F  F  M  Z  N  F  S  R  T  K  E  C  F  L  W  R  N  H  C
R  A  R  N  E  F  A  G  T  F  Y  N  U  E  D  I  N  R  G  I
B  S  Q  I  A  L  M  S  A  B  E  M  G  M  T  V  R  L  U  N
H  T  U  W  E  M  E  S  S  R  U  A  W  T  A  F  N  L  O  N
S  P  I  M  Z  D  T  T  F  I  B  R  A  T  W  H  N  T  D  A
A  I  C  W  K  P  E  R  T  J  O  T  R  W  G  Y  O  Z  T  M
H  Z  H  J  O  W  Z  G  X  E  A  R  L  I  M  K  C  F  N  O
L  Z  E  T  C  N  Z  R  G  M  T  J  C  C  T  J  A  P  Y  N
L  A  A  X  X  P  B  N  W  S  L  Z  Y  R  C  O  B  G  P  R
L  T  V  B  I  S  C  U  I  T  S  A  N  D  G  R  A  V  Y  O
O  F  N  X  N  E  N  G  L  I  S  H  M  U  F  F  I  N  D  L
W  S  G  G  E  D  E  L  B  M  A  R  C  S  N  F  D  N  M  L
A  L  O  N  A  R  G  Z  Y  J  A  K  U  H  S  K  A  H  S  F
```

Bacon	Croissants	Huevos rancheros
Bagels	Doughnut	Muffins
Biscuits and gravy	English muffin	Omelette
Breakfast burrito	French toast	Pancake
Breakfast pizza	Fried eggs	Quiche
Breakfast potato	Frittata	Sausage
Smoothie	Granola	Scrambled eggs
Breakfast taco	Ham	Shakshuka
Cinnamon roll	Hash brown	Waffles

#28 Theatrical Treasures

```
G  N  I  N  E  K  A  W  A  G  N  I  R  P  S  V  M  P  N  L
F  B  T  Z  G  F  N  L  H  A  M  I  L  T  O  N  T  Y  E  A
R  R  J  E  R  S  E  Y  B  O  Y  S  N  K  Z  Y  H  T  N  R
A  V  M  X  W  F  W  M  B  Q  V  N  R  !  A  G  E  Y  I  E
D  T  X  L  B  C  N  A  W  T  I  F  A  R  O  N  C  I  L  P
R  B  I  C  V  G  A  W  I  D  G  I  P  K  S  I  O  N  S  O
M  Y  D  V  D  D  I  T  D  T  M  S  L  C  T  K  L  T  U  E
S  K  T  F  E  C  V  A  S  A  R  A  F  C  H  N  O  O  R  H
T  K  T  X  K  M  L  D  M  I  H  E  O  M  G  O  R  T  O  T
O  K  R  E  C  A  R  M  A  O  K  M  S  N  I  I  P  H  H  F
O  E  D  C  W  Q  A  H  M  V  E  Y  F  S  E  L  U  E  C  O
B  S  N  R  L  M  Z  A  W  F  C  M  K  Z  H  E  R  W  A  M
Y  A  V  E  N  U  E  Q  R  M  H  X  D  N  E  H  P  O  Y  O
K  E  P  R  W  K  M  O  L  K  I  M  N  M  H  T  L  O  W  T
N  R  R  L  K  S  M  K  T  N  C  Y  M  Z  T  J  E  D  N  N
I  G  M  T  H  A  I  M  G  Q  A  N  R  Z  N  T  J  S  Z  A
K  N  R  T  W  K  T  E  L  W  G  Q  B  V  I  J  N  L  J  H
V  Z  L  A  V  T  N  T  S  W  O  R  R  X  W  Y  K  E  G  P
L  C  Y  M  S  E  L  B  A  R  E  S  I  M  S  E  L  G  R  G
H  C  L  K  N  E  S  N  A  H  N  A  V  E  R  A  E  D  V  C
```

A Chorus Line	Hairspray	Oklahoma
Aladdin	Hamilton	Phantom of the Opera
Avenue Q	In the Heights	Rent
Cats	Into the Woods	Spring Awakening
Chicago	Jersey Boys	The Color Purple
Come From Away	Kinky Boots	The Lion King
Dear Evan Hansen	Les Misérables	Waitress
Evita	Mamma Mia!	Wicked
Grease	Newsies	

#29 Caped Crusaders

```
J  C  A  P  T  A  I  N  A  M  E  R  I  C  A  W  N  L  M  Q
M  N  I  G  H  T  C  R  A  W  L  E  R  D  L  F  E  W  K  X
Q  Z  B  N  M  M  T  Q  W  T  K  L  T  S  H  P  Y  O  T  M
D  K  H  L  E  V  R  A  M  N  I  A  T  P  A  C  E  L  M  G
O  M  S  F  S  H  A  Z  A  M  D  O  Z  N  F  Q  K  V  T  B
C  L  V  P  R  W  O  N  D  E  R  W  O  M  A  N  W  E  V  N
T  N  Y  B  O  Y  W  M  G  M  D  P  R  C  X  J  A  R  W  W
O  A  K  A  F  L  K  O  G  N  S  E  H  N  N  T  H  I  Y  K
R  M  K  T  M  T  C  L  D  A  N  S  A  R  O  H  T  N  M  S
S  R  H  G  C  M  R  Y  W  I  A  A  X  D  D  R  P  E  T  E
T  E  C  I  I  J  Y  E  C  L  W  G  M  A  P  K  H  H  M  N
R  P  Y  R  R  H  A  F  S  L  K  R  T  N  O  E  B  C  O
A  U  T  L  O  T  O  E  Q  X  P  E  C  N  N  H  O  F  Y  J
N  S  D  P  N  X  H  B  H  U  D  I  A  A  U  A  K  L  E  A
G  N  D  J  M  T  K  R  I  E  A  M  D  L  L  K  M  T  R  C
E  N  H  R  A  Z  Z  F  V  N  T  M  K  E  F  B  S  N  G  I
J  L  J  Q  N  K  F  I  N  A  T  N  A  V  R  A  C  N  N  S
M  T  N  Q  Q  M  L  N  B  L  M  V  Y  N  E  M  Q  G  A  S
M  N  R  E  T  N  A  L  N  E  E  R  G  B  M  N  A  R  E  E
P  L  K  J  K  R  D  V  Q  E  G  A  C  E  K  U  L  N  J  J
```

Ant-Man	Deadpool	Shazam
Aquaman	Doctor Strange	Spider-Man
Batgirl	Green Lantern	Storm
Batman	Hawkeye	Superman
Beast	Iron Man	The Flash
Black Widow	Jean Grey	The Hulk
Captain America	Jessica Jones	The Wasp
Captain Marvel	Luke Cage	Thor
Cyclops	Nightcrawler	Wolverine
Daredevil	Robin	Wonder Woman

#30 Cooking Up a Storm

```
V  F  Q  C  F  H  Q  K  Y  F  B  L  A  N  C  H  M  T  X  M
C  E  L  R  X  K  B  P  K  E  H  Y  H  G  T  D  S  T  Y  N
D  M  T  A  G  R  I  L  L  N  F  T  V  N  J  A  G  T  R  M
P  Q  R  A  M  M  Y  K  N  N  B  T  V  F  O  D  T  N  T  F
Y  M  K  N  R  B  W  M  E  E  Q  H  C  R  W  S  F  W  N  J
P  A  D  Q  E  G  E  N  E  I  G  X  H  R  E  E  Q  C  E  B
R  R  D  B  M  T  M  N  R  L  T  X  N  Z  N  C  P  V  M  R
K  I  E  K  R  I  U  N  U  U  N  Y  M  H  H  I  W  B  R  I
R  N  G  J  B  O  N  A  P  J  H  C  A  O  P  D  K  R  E  N
T  A  L  M  F  X  I  C  S  T  Y  K  M  F  V  F  N  G  F  E
T  T  A  C  J  J  P  L  E  L  F  B  T  T  D  R  E  T  G  M
K  E  Z  B  K  R  N  T  N  J  R  H  R  T  G  Z  A  B  T  V
F  F  E  B  O  L  K  O  L  A  P  S  L  N  I  J  D  K  N  T
K  Z  Y  O  S  T  S  J  I  M  E  Q  L  L  Q  C  H  O  P  C
J  M  F  M  P  A  F  S  H  A  Q  B  E  M  V  N  K  K  G  W
F  H  O  M  E  C  E  B  R  M  L  M  P  N  P  K  M  L  T  C
F  K  G  S  V  K  T  N  J  L  A  K  X  L  R  E  M  M  I  S
E  O  R  K  D  R  L  K  K  R  N  E  K  T  L  F  T  R  B  Z
F  Y  L  J  Z  P  W  R  A  R  V  L  T  L  K  E  R  A  P  M
T  V  L  D  H  W  K  C  D  Q  W  H  I  S  K  T  F  M  L  G
```

Blanch	Fold	Puree
Braise	Grate	Roast
Brine	Grill	Saute
Broil	Julienne	Sear
Caramelize	Knead	Season
Chop	Marinate	Simmer
Deglaze	Mince	Smoke
Dice	Pare	Steam
Ferment	Poach	Whisk
Flambé	Proof	Zest

#31 Nimbus Nonsense

```
R  K  E  L  V  I  N  H  E  L  M  H  O  L  T  Z  H  K  N  Z
Y  O  W  A  L  L  K  C  D  Q  K  N  Z  P  C  K  M  S  P  N
C  S  L  S  U  O  E  R  C  A  N  D  T  I  D  R  U  A  Y  N
R  I  U  L  W  R  R  Q  X  L  L  P  R  D  G  E  G  W  R  G
Z  A  R  B  K  V  C  F  J  W  M  R  J  O  L  R  W  B  O  C
T  F  L  R  M  P  D  A  R  C  U  S  F  I  I  M  P  M  C  R
N  C  H  U  O  I  C  K  K  S  R  L  P  V  J  K  Z  N  U  R
E  I  A  L  C  C  N  J  M  S  L  I  A  R  T  N  O  C  M  S
C  R  Z  S  S  I  U  O  P  F  Z  B  Y  M  Q  G  C  W  U  U
U  R  E  U  U  L  T  M  L  F  R  A  C  T  U  S  N  T  L  L
L  O  R  L  L  L  C  N  U  U  J  B  M  N  X  W  A  S  O  U
I  S  M  U  U  R  U  B  E  L  M  V  N  T  G  R  G  T  N  M
T  T  B  M  M  W  B  M  Y  L  U  U  H  R  T  R  M  R  I  U
C  R  N  U  U  M  H  Y  U  W  F  S  C  S  T  A  F  A  M  C
O  A  Z  C  C  K  L  I  L  C  K  U  O  T  M  Y  L  T  B  O
N  T  W  X  O  L  K  Q  R  R  O  T  N  M  V  Q  E  U  U  T
W  U  M  V  T  V  H  L  O  L  L  R  A  N  F  C  H  S  S  A
T  S  R  N  L  J  L  T  V  A  T  T  Y  Z  E  G  S  V  K  R
N  W  R  B  A  Q  O  B  M  W  U  N  Y  P  F  L  N  M  P  T
G  D  U  C  S  R  V  N  P  S  V  Z  B  L  G  L  Q  C  R  S
```

ALTOCUMULUS	FRACTUS	PYROCUMULUS
ALTOSTRATUS	FUNNEL	ROLL
ARCUS	HAZE	ROTOR
CIRROCUMULUS	KELVIN-HELMHOLTZ	SCUD
CIRROSTRATUS	LENTICULAR	SHELF
CIRRUS	MAMMATUS	STRATOCUMULUS
CONTRAILS	NACREOUS	STRATUS
CUMULONIMBUS	NOCTILUCENT	VIRGA
CUMULUS	PILEUS	WALL
FOG	PYROCUMULONIMBUS	WHIRL

#32 WINTER WONDERS

```
P P W I N T E R W O N D E R L A N D J H
C H M R K D H G T C L G S W E A T E R B
Y Z R W L W V C C O L D T R Q K L V K Z
E L C I C I O R P O L A R V O R T E X M
N N F X Q W N N N H K T S O R F M J R N
C M T E Z R S N S L T N P W L T N K O X
Y K A G B L H K Y G S S B I M A H I D T
Y R H N E R R O Y F A H C D M F T T M H
R H A D M R U Q T M W E O W V A F T W G
A N N U X K H A T C S I O V N H I T I I
E Q N X N M K S R K O N N R E F R S N F
Y N K W F A I M A Y S C E T R L E K T L
W M M Q K R J T S R K B O E E G P I E L
E P W C H D I K T L I S E A P R L I R A
N F L C Z N L Q O H N Z E D K C A N S B
T R R X G K K H O B E K L V F L C G P W
V R V W X Q K M B Q Z R R R O M E M O O
M H H O L I D A Y F B K A I N L R R R N
C G C L G H S U L S H C M C V K G W T S
H W K H N N W N W L S N M E W K G D S Q
```

BOOTS
CHRISTMAS
COLD
FEBRUARY
FIREPLACE
FREEZE
FROST
GLOVES
HAT
HIBERNATION

HOLIDAY
HOT COCOA
ICE
ICE SKATING
ICICLE
JANUARY
NEW YEAR
POLAR VORTEX
SCARF
SHOVEL

SKIING
SLED
SLUSH
SNOW
SNOWBALL FIGHT
SNOWMAN
SWEATER
WINTER
WINTER SPORTS
WINTER WONDERLAND

#33 RHYTHM RUSH

```
V  W  Q  G  L  T  F  A  R  P  E  G  G  I  O  W  R  L  N  G
T  T  Z  W  N  M  P  F  T  Q  Z  H  J  Y  K  Q  T  P  F  R
M  L  R  W  A  L  T  Z  L  K  N  Y  A  Z  Z  N  H  C  Y  L
M  P  N  E  C  N  A  N  O  S  N  O  C  R  Q  K  I  H  K  H
D  P  I  T  C  H  N  O  P  M  E  T  G  C  M  N  S  L  R  Y
P  C  Y  W  D  L  O  C  Z  M  R  Q  O  Z  O  O  X  M  M  L
F  O  R  T  E  M  I  O  A  O  X  D  K  T  L  W  N  E  Z  R
Y  N  J  L  G  P  T  B  T  D  A  K  A  O  W  B  L  Y  Y  E
R  J  D  T  F  L  A  A  Q  U  E  T  D  T  X  O  V  L  T  H
M  X  E  C  Y  B  R  L  C  T  N  N  R  Y  D  P  H  N  P  F
Q  N  C  T  T  B  T  R  M  E  L  E  C  Y  X  A  A  T  H  Y
S  Y  N  Y  I  T  S  E  P  O  Q  F  T  E  T  D  D  N  X  M
C  L  A  V  L  Z  E  O  V  N  D  W  B  A  N  T  W  L  N  R
A  R  N  B  A  L  H  R  C  A  B  N  M  A  N  W  M  C  G  L
L  T  O  M  N  E  C  G  R  L  T  R  E  K  P  T  N  H  T  J
E  M  S  K  O  G  R  E  J  H  E  C  D  C  F  X  K  O  K  N
P  H  S  L  T  A  O  L  L  F  Y  D  O  L  S  V  G  R  H  Q
V  T  I  C  M  T  Z  L  T  X  N  T  F  T  F  E  T  D  L  P
F  N  D  R  L  O  X  A  T  R  M  D  H  K  B  Z  R  R  D  Z
N  K  G  N  O  I  T  A  L  U  D  O  M  M  L  Q  Q  C  N  H
```

ALLEGRO	FERMATA	PITCH
ANDANTE	FORTE	RHYTHM
ARPEGGIO	HARMONY	SCALE
CADENCE	LEGATO	SOLO
CHORD	MELODY	TEMPO
CODA	MODULATION	TENUTO
CONSONANCE	OCTAVE	TONALITY
CRESCENDO	ORCHESTRATION	VIBRATO
DISSONANCE	PENTATONIC	WALTZ

#34 Wondrous Worlds

```
F  Z  H  T  I  R  I  T  S  A  N  I  M  T  R  D  Z  Z  S  V
M  W  W  D  Y  T  I  C  D  L  A  R  E  M  E  E  H  T  I  Q
N  W  O  T  N  E  E  W  O  L  L  A  H  Z  M  X  T  Z  T  Z
M  G  B  R  T  B  I  K  I  N  I  B  O  T  T  O  M  L  N  T
R  M  K  I  N  G  S  L  A  N  D  I  N  G  L  P  G  M  A  H
T  E  N  R  D  H  M  Q  M  R  W  J  A  N  B  S  G  N  L  E
T  T  C  S  W  I  K  R  W  E  D  K  F  I  S  Y  M  N  T  D
H  R  V  B  P  N  A  K  L  N  D  V  R  E  N  I  M  D  A  E
E  O  S  T  H  R  L  G  A  C  H  A  R  Y  D  R  G  X  D  A
U  P  T  T  Z  Z  I  L  O  N  K  P  E  D  P  O  A  H  N  T
P  O  R  T  D  F  R  N  J  N  X  B  L  M  T  T  N  N  A  H
S  L  A  N  J  E  N  K  G  E  A  E  X  H  S  R  O  F  L  S
I  I  W  G  D  K  C  E  S  F  E  L  A  X  T  G  B  N  R  T
D  S  G  N  K  O  R  T  G  A  I  M  L  T  Z  K  O  W  E  A
E  K  O  P  R  I  R  R  R  T  C  E  T  E  L  G  M  H  V  R
D  W  H  D  H  A  Z  T  B  I  B  K  L  R  Y  O  G  M  E  T
O  R  E  S  W  D  H  R  T  Z  M  R  J  D  P  N  Q  M  N  N
W  B  E  G  G  Q  D  Y  K  K  R  I  V  E  N  D  E  L  L  F
N  H  O  Q  E  L  L  I  V  O  H  W  H  K  Y  O  J  M  N  R
T  H  K  C  R  Y  D  W  E  S  T  E  R  O  S  R  L  Q  L  K
```

ATLANTIS	HOGWARTS EXPRESS	RIVENDELL
BEDROCK	KING'S LANDING	SPRINGFIELD
BIKINI BOTTOM	KRYPTON	THE DEATH STAR
DIAGON ALLEY	METROPOLIS	THE EMERALD CITY
GONDOR	MIDDLE-EARTH	THE SHIRE
GOTHAM CITY	MINAS TIRITH	THE UPSIDE DOWN
HALLOWEENTOWN	NARNIA	WESTEROS
HOGSMEADE	NEVERLAND	WHOVILLE
HOGWARTS	OZ	WONDERLAND

#35 Beneath the Blue

```
R  H  Q  L  B  L  U  E  T  A  N  G  Z  T  R  H  T  Q  Z  M
T  F  M  C  D  G  X  N  K  K  C  L  B  N  Y  A  Q  Q  M  X
M  Y  W  L  K  N  R  X  C  K  M  F  O  S  D  H  R  Z  W  M
Z  B  V  O  R  V  G  V  G  N  R  I  U  U  S  T  F  R  Y  R
F  M  M  W  A  R  B  F  Z  W  L  R  C  I  T  D  M  H  T  P
H  A  E  N  H  Y  G  R  L  A  L  A  F  M  X  L  N  M  Z  L
G  N  S  F  S  B  X  M  E  A  R  Y  P  N  I  H  P  L  O  D
H  T  R  I  D  V  L  S  W  R  L  N  P  B  Y  L  R  B  X  H
S  A  O  S  A  L  F  T  A  L  A  G  F  H  R  A  M  X  H  S
I  R  H  H  E  J  R  B  E  R  P  T  B  S  D  B  C  T  X  I
F  A  A  Y  H  M  D  J  W  Y  S  N  C  I  N  Q  Z  R  Q  F
D  Y  E  L  R  V  A  H  L  M  H  S  I  F  R  A  T  S  O  R
R  F  S  W  E  H  A  N  Q  C  A  N  M  L  C  C  Q  K  L  E
O  Q  L  Y  M  L  R  Y  A  S  R  Q  H  E  R  L  N  R  W  F
W  D  H  K  M  W  D  Q  Q  T  K  N  M  G  E  T  A  N  D  F
S  G  T  Q  A  X  F  U  J  N  E  T  J  N  P  L  J  M  C  U
M  E  G  T  H  C  I  F  P  X  R  E  K  A  D  B  A  R  J  P
X  L  A  L  N  D  Y  K  F  S  U  P  O  T  C  O  A  H  L  L
H  P  E  L  L  O  B  S  T  E  R  T  M  K  M  B  B  Q  W  R
L  F  B  E  S  E  A  T  U  R  T  L  E  F  Q  F  R  M  W  T
```

Angelfish	Jellyfish	Sea turtle
Barracuda	Lobster	Seahorse
Blue tang	Manatee	Seal
Clam	Manta ray	Shark
Clownfish	Narwhal	Squid
Crab	Octopus	Starfish
Dolphin	Orca	Swordfish
Eel	Pufferfish	Walrus
Hammerhead shark	Sea lion	Whale

#36 Legendary Beasts

```
G  Z  L  R  E  T  S  N  O  M  S  S  E  N  H  C  O  L  Q  V
M  N  J  Y  V  P  P  T  Y  C  Z  C  M  L  L  D  T  M  R  Z
Q  K  K  D  Z  N  C  K  C  M  C  Q  F  C  K  Z  L  B  M  J
P  E  G  A  S  U  S  R  L  N  K  C  M  H  R  O  X  D  Y  M
T  V  F  I  T  L  J  E  R  I  X  M  Y  U  A  G  K  I  G  D
T  R  T  B  S  F  V  R  B  F  L  Z  G  P  K  I  B  A  G  M
M  E  N  I  B  I  U  J  N  F  M  Y  S  A  E  D  H  M  E  W
Y  C  R  N  A  A  T  R  E  I  P  R  A  C  N  N  Y  R  E  N
G  E  F  T  T  N  T  C  B  R  Z  C  T  A  D  E  T  E  H  J
N  N  H  O  M  O  Y  T  A  G  S  W  Y  B  T  W  L  M  S  M
K  A  N  N  O  C  C  H  L  X  Y  E  R  R  N  D  N  K  N  K
N  I  T  F  L  C  N  H  R  N  L  N  Y  A  L  O  N  D  A  T
M  N  G  O  M  R  W  B  I  A  R  P  K  D  T  M  G  L  B  M
Q  I  P  Y  X  Q  N  D  Z  M  S  O  H  C  E  T  K  R  M  B
B  S  L  H  Y  D  R  A  K  N  E  U  C  O  M  V  X  T  O  H
L  L  P  X  N  I  H  P  S  L  J  R  D  I  E  X  I  R  J  G
T  H  U  N  D  E  R  B  I  R  D  N  A  E  N  N  K  L  V  F
T  H  T  G  L  N  K  K  G  G  D  C  D  L  M  U  I  X  H  K
H  R  N  O  G  A  R  D  R  L  W  N  N  D  K  M  F  X  T  T
V  R  N  W  H  J  N  J  C  C  E  N  T  A  U  R  T  D  K  P
```

BANSHEE	HARPY	PEGASUS
BIGFOOT	HYDRA	PHOENIX
CENTAUR	JERSEY DEVIL	SATYR
CHIMERA	KRAKEN	SIREN
CHUPACABRA	LEVIATHAN	SPHINX
CYCLOPS	LOCH NESS MONSTER	THUNDERBIRD
DRAGON	MEDUSA	UNICORN
GORGON	MERMAID	WENDIGO
GRIFFIN	MINOTAUR	YETI

#37 Killer Classics

```
M U S Q T T H E S H I N I N G P R T V S
M X K O O D A B A B E H T I T N K H Q B
C H I L D S P L A Y B L F G S K J E F M
L M Y G L Z W K K C T R K H I N C T D A
K T Z N R N L G R B I N T T C M T H M L
Q H Y N H M R M S D K S N M R R I I M E
Q E Z R B A R E A A I C W A O K S N G H
R M D G A T L Y S E W C C R X N G G T T
R I W K U T T L G I R Q T E E N N L H F
R S L O W H I R O M A C Q O E T I E E O
N T T R E M E D M W C R S N H R K H D E
F E Y 1 G T G O E A E N L E T C N T E C
G Z 3 R L N H F R R P E P L W Y E A S N
T T B O I C P R T H E U N M E L V E C E
H Z P R Y X I K T H R H D S T H E R E L
M C E S J E K L D G E M K T N G T B N I
T H P F K J G F E D Q O X R W C S T T S
T T S D R I B E H T N V M E C B K N L E
C N L X G N I R U J N O C E H T R O P H
M T H E G R U D G E L M D T N T Z D M T
```

Carrie
Child's Play
Don't Breathe
Friday the 13th
Get Out
Halloween
Hellraiser
Hereditary
Nightmare on Elm Street
Poltergeist

Psycho
Saw
Scream
Steven King's It
The Babadook
The Birds
The Conjuring
The Descent
The Exorcist
The Grudge

The Mist
The Omen
The Purge
The Ring
The Shining
The Silence of
the Lambs
The Thing
Us

#38 Fear Factor

```
A  M  R  Q  H  E  M  O  P  H  O  B  I  A  J  W  Y  C  F  J
I  R  W  N  R  O  P  H  I  D  I  O  P  H  O  B  I  A  X  J
B  X  K  R  V  Q  A  I  B  O  H  P  O  R  T  S  U  A  L  C
O  A  R  A  C  H  N  O  P  H  O  B  I  A  X  T  Q  L  A  D
H  D  B  L  A  A  Y  L  A  G  O  R  A  P  H  O  B  I  A  T
P  C  T  K  T  I  C  Q  A  I  Z  K  D  M  C  C  B  X  A  P
O  C  R  K  Y  B  T  N  I  N  B  L  G  B  F  O  X  A  I  Y
N  O  Y  A  C  O  O  E  B  A  D  O  Q  L  H  G  I  G  B  R
H  U  P  I  H  H  P  C  O  B  S  M  H  P  Y  B  X  A  O  O
C  L  O  B  I  P  H  R  H  P  P  T  O  P  O  K  U  K  H  P
E  R  P  O  P  O  O  O  P  D  E  S  R  H  O  T  M  L  P  H
T  O  H  H  R  B  P  O  L  Y  D  P  A  O  R  Q  H  I  O
B  P  O  P  O  D  I  H  R  M  P  O  I  P  P  T  L  L  N  B
T  H  B  O  B  Y  A  O  C  W  I  L  H  O  Z  H  P  U  M  I
H  O  I  N  I  H  T  B  A  L  L  O  T  W  P  T  O  M  O  A
Y  B  A  Y  A  X  K  I  G  N  B  X  P  N  H  H  L  B  S  C
L  I  R  C  G  C  Y  A  W  I  L  T  M  Y  V  R  O  X  I  L
B  A  M  R  L  Y  T  T  A  I  B  O  H  P  O  O  Z  B  V  A
B  K  E  N  T  O  M  O  P  H  O  B  I  A  T  X  R  C  I  Q
R  G  L  O  S  S  O  P  H  O  B  I  A  T  Y  Y  B  G  T  A
```

ACROPHOBIA
AGLIOPHOBIA
AGORAPHOBIA
ARACHNOPHOBIA
ASTRAPHOBIA
ATYCHIPHOBIA
AUTOPHOBIA
CLAUSTROPHOBIA
COULROPHOBIA

COULROPHOBIA
CYNOPHOBIA
ENTOMOPHOBIA
GLOSSOPHOBIA
HEMOPHOBIA
HYDROPHOBIA
MYSOPHOBIA
NECROPHOBIA
NYCTOPHOBIA

OPHIDIOPHOBIA
PEDIOPHOBIA
PYROPHOBIA
SOMNIPHOBIA
TECHNOPHOBIA
TRYPOPHOBIA
ZOOPHOBIA

#39 Hair Craze

```
T  A  P  E  R  F  A  D  E  N  S  G  N  A  B  P  L  B  K  W
T  N  K  Q  H  G  L  V  R  R  M  Z  L  H  B  O  B  G  Y  N
N  V  W  R  W  U  Z  B  T  M  N  K  M  F  W  K  F  K  M  K
V  T  F  M  T  N  P  O  B  R  C  W  X  T  L  Z  M  M  Y  P
K  N  B  L  N  M  P  D  P  E  N  A  C  Y  S  H  A  G  Y  D
R  L  H  M  J  K  C  H  O  P  M  H  G  W  M  T  B  G  X  R
G  D  R  D  N  S  L  T  L  K  Y  O  B  G  U  U  F  B  Z  M
F  B  J  O  D  E  G  W  A  V  Y  M  B  C  D  T  L  L  T  N
I  R  T  J  G  V  K  N  K  E  F  T  Z  D  Q  T  M  L  O  X
S  A  Z  K  Y  A  F  P  A  T  V  Z  R  K  F  T  W  N  E  B
H  I  L  C  M  W  T  R  J  B  U  I  C  A  U  B  G  M  P  T
T  D  A  O  L  R  M  T  E  B  T  Q  H  C  P  I  P  O  F  T
A  E  Y  R  M  E  C  T  O  N  R  P  E  E  H  E  N  D  U  X
I  D  E  N  R  G  X  K  R  G  C  I  E  C  E  Y  D  C  Q  F
L  B  R  R  F  N  R  V  F  L  X  H  M  W  T  B  L  I  L  V
B  U  E  O  J  I  B  L  A  I  K  M  B  A  S  W  K  A  S  K
R  N  D  W  J  F  V  K  P  G  T  R  I  R  O  E  T  F  J  T
A  C  C  S  M  N  J  P  L  L  V  L  N  B  A  T  D  P  N  N
I  F  U  G  S  K  C  O  L  D  A  E  R  D  O  I  M  I  C  Q
D  W  T  Q  L  E  D  A  F  H  G  I  H  P  X  G  D  B  S  X
```

Afro	Finger Waves	Ponytail
Bangs	Fishtail Braid	Shag
Beehive	Flat Top	Side Part
Bob	French Braid	Side Swept Bangs
Bowl Cut	High Fade	Taper Fade
Braided Bun	Layered Cut	Top Knot
Buzz Cut	Mohawk	Updo
Chignon	Mullet	Wavy
Cornrows	Perm	
Dreadlocks	Pixie Cut	

40 Footwear Favorites

```
T  T  K  R  X  Z  H  D  O  C  M  A  R  T  E  N  S  M  D  C
B  R  S  Y  L  E  N  O  E  N  O  A  K  O  H  K  N  F  Y  R
I  R  D  R  L  R  V  K  N  R  M  P  H  T  J  M  M  W  Q  T
R  E  N  S  E  K  T  B  A  L  E  N  C  I  A  G  A  L  B  K
K  S  A  A  R  H  F  B  B  U  N  D  E  R  A  R  M  O  U  R
E  R  L  D  R  N  C  R  J  F  L  N  O  M  O  L  A  S  D  M
N  E  R  I  E  R  O  E  K  N  J  M  L  R  V  Z  L  G  H  Y
S  V  E  D  M  O  D  Z  K  W  A  E  X  S  K  R  A  L  C  Y
T  N  B  A  K  M  H  R  W  S  C  A  T  Y  P  R  R  Z  R  K
O  O  M  S  H  T  T  K  S  N  J  S  H  R  E  M  H  W  M  V
C  C  I  Z  L  B  W  N  A  C  E  G  S  E  D  H  N  V  V  G
K  K  T  T  L  G  A  L  T  W  H  D  B  I  L  N  R  R  U  G
K  D  G  L  X  C  A  L  Y  V  L  O  D  B  W  O  M  C  G  L
M  M  Z  F  T  B  R  H  L  B  K  K  L  A  R  S  C  U  Y  F
T  P  T  C  W  D  M  L  N  Y  Z  S  Z  L  M  I  K  N  E  I
L  K  R  E  L  P  K  S  G  L  C  P  K  V  S  E  K  N  E  L
Q  C  N  A  T  Y  C  B  X  I  K  C  P  R  A  N  V  M  Z  A
L  T  P  J  D  O  V  R  S  Q  C  M  U  V  K  N  C  E  Y  Z
M  J  N  L  R  A  T  A  N  I  K  E  M  K  N  J  S  M  T  K
P  T  R  C  X  Z  Y  F  M  X  V  G  A  Q  N  G  R  T  N  S
```

ADIDAS	DOC MARTENS	PUMA
ASICS	DR. SCHOLL'S	REEBOK
BALENCIAGA	FILA	SALOMON
BALLY	GUCCI	SKECHERS
BIRKENSTOCK	HOKA ONE ONE	STEVE MADDEN
BROOKS	K-SWISS	TIMBERLAND
CLARKS	MERRELL	UGG
COLE HAAN	NEW BALANCE	UNDER ARMOUR
CONVERSE	NIKE	VANS
CROCS	PRADA	YEEZY

#41 Sweet Indulgence

```
L  T  Z  B  S  E  R  E  E  S  E  S  P  I  E  C  E  S  Y  N
I  Z  L  R  L  L  G  D  L  X  M  Y  W  Y  K  F  C  P  N  T
C  S  H  N  L  B  L  D  J  S  D  R  E  N  K  K  H  F  N  T
O  R  C  D  A  L  T  B  U  T  T  E  R  F  I  N  G  E  R  W
R  A  C  P  B  Z  Z  D  G  F  V  L  O  L  L  I  P  O  P  S
I  E  C  J  E  B  E  T  P  S  R  E  P  P  O  H  W  N  T  T
C  B  A  M  R  Y  Y  P  H  S  I  F  H  S  I  D  E  W  S  N
E  Y  N  S  I  W  P  S  D  I  K  H  C  T  A  P  R  U  O  S
K  M  D  N  F  K  J  O  L  L  Y  R  A  N  C  H  E  R  S  F
C  M  Y  I  C  S  N  I  O  C  E  T  A  L  O  C  O  H  C  R
S  U  C  C  I  D  K  B  C  S  D  K  C  C  V  M  T  S  Y  L
K  G  O  K  M  Y  N  I  N  A  Z  C  A  M  U  W  T  M  S  R
C  X  R  E  O  G  F  A  T  M  N  R  S  G  G  A  F  E  H  L
O  I  N  R  T  N  E  F  I  K  A  D  E  M  R  Z  L  P  R  N
R  W  M  S  A  B  C  L  A  M  A  L  Y  B  A  T  V  H  N  W
P  T  R  C  Y  N  K  K  E  T  B  T  U  C  T  R  W  J  R  V
O  F  V  L  P  D  X  L  C  B  B  R  S  I  A  H  T  X  X  X
P  X  L  K  U  B  N  X  U  L  S  C  K  M  B  N  T  I  Q  B
J  E  P  D  K  N  R  B  H  T  M  S  L  X  J  P  E  Q  E  C
J  J  S  H  T  J  P  D  S  T  R  A  T  T  E  E  W  S  V  S
```

ATOMIC FIREBALLS	JOLLY RANCHERS	SMARTIES
BUBBLE GUM	KIT KATS	SNICKERS
BUTTERFINGER	LICORICE	SOUR PATCH KIDS
CANDY CANES	LOLLIPOPS	STARBURST
CANDY CORN	MILK DUDS	SWEDISH FISH
CARAMEL	NERDS	SWEET TARTS
CHOCOLATE COINS	PEZ	TAFFY
FUDGE	POP ROCKS	TWIX
GUMMY BEARS	REESE'S PIECES	WHOPPERS
JELLY BEANS	SKITTLES	

#42 Frozen Favorites

```
R  T  B  E  N  A  N  D  J  E  R  R  Y  S  Y  G  F  R  R  M
Y  R  E  M  A  E  R  C  E  N  O  T  S  D  L  O  C  N  J  A
R  X  T  S  A  L  T  A  N  D  S  T  R  A  W  Y  X  J  J  E
R  M  T  N  B  K  S  E  I  L  L  I  T  N  W  R  W  G  M  R
J  V  N  B  E  Z  T  D  D  T  C  N  H  L  H  E  W  V  A  C
S  Z  A  D  N  E  G  A  A  H  S  P  S  B  G  M  P  S  E  E
P  B  T  K  Y  M  U  N  R  T  N  N  G  R  E  A  E  T  R  C
T  L  H  A  F  M  C  Q  O  X  I  B  Y  E  L  E  R  E  C  I
T  J  N  P  L  N  U  D  Y  B  Z  R  T  Y  A  R  R  W  E  L
T  U  P  F  W  E  N  N  B  R  I  R  C  E  T  C  Y  A  C  A
T  M  R  M  R  I  N  O  G  A  I  A  L  R  O  S  S  R  I  E
P  K  Z  K  P  I  R  T  D  A  R  A  T  S  F  L  I  T  S  R
D  L  B  P  E  N  E  S  I  V  M  I  D  V  I  L  C  '  R  S
H  M  I  L  I  Y  I  N  E  H  L  M  C  T  A  I  E  S  E  R
Q  D  N  K  U  E  H  L  D  L  N  L  N  Y  S  H  C  S  T  E
N  C  S  V  W  E  C  I  A  L  G  W  T  T  C  E  R  H  E  T
G  A  Q  R  L  Q  B  M  L  R  Y  J  B  G  O  L  E  O  A  S
B  Z  E  N  F  R  O  E  O  L  D  S  M  K  N  P  A  P  R  U
G  B  N  H  R  O  L  M  L  E  D  Y  S  F  R  M  M  S  G  R
O  Q  D  M  K  Y  P  J  N  L  L  M  Y  K  R  A  R  K  H  B
```

AMPLE HILLS CREAMERY	DIPPIN' DOTS	PERRY'S ICE CREAM
BASKIN ROBBINS	EDY'S	SALT AND STRAW
BEN AND JERRY'S	FRIENDLY'S	STEWART'S SHOPS
BLUE BELL	GELATO FIASCO	TALENTI
BREYERS	GRAETER'S ICE CREAM	TILLAMOOK
BRUSTER'S REAL ICE CREAM	GROM	TILLIE'S
CARVEL	HAAGEN-DAZS	TURKEY HILL
COLD STONE CREAMERY	MAGNUM	
DAIRY QUEEN	OBERWEIS DAIRY	

#43 Big City Adventure

```
E  Q  O  C  S  I  C  N  A  R  F  N  A  S  H  T  M  C  R  Q
V  T  C  D  N  O  T  G  N  I  H  S  A  W  R  M  B  C  V  D
R  Y  T  J  K  O  I  N  O  T  N  A  N  A  S  R  O  D  D  F
M  T  M  O  A  M  W  T  S  A  G  E  V  S  A  L  T  N  M  O
Y  I  O  E  L  C  B  K  C  P  D  D  M  B  U  R  A  M  Z  R
S  C  T  G  M  R  K  T  F  H  R  C  L  M  O  L  K  R  M  T
I  K  H  F  E  P  A  S  T  O  R  Q  B  K  T  S  P  N  M  W
L  R  C  O  Q  I  H  H  O  E  Z  U  T  R  M  W  T  E  L  O
O  O  Q  V  U  N  D  I  C  N  S  K  O  V  P  P  L  O  Q  R
P  Y  S  R  L  S  W  N  S  I  V  P  K  K  H  T  R  Y  N  T
A  W  A  J  Y  M  T  L  A  X  C  I  S  I  T  L  L  N  A  H
N  E  L  Z  N  D  H  O  E  S  P  E  L  A  M  R  C  R  S  C
A  N  L  K  N  X  E  S  N  T  L  A  E  L  G  M  H  G  H  B
I  W  A  D  B  L  O  K  B  E  D  S  Z  K  E  F  K  L  V  D
D  Y  D  K  P  J  N  Z  G  E  J  T  D  E  N  V  E  R  I  G
N  Y  T  A  N  K  J  N  L  B  A  L  T  I  M  O  R  E  L  P
I  P  S  A  R  N  A  P  D  J  D  K  G  D  J  V  K  G  L  Y
W  O  S  T  T  S  H  K  L  O  U  I  S  V  I  L  L  E  E  C
D  E  T  R  O  I  T  C  H  I  C  A  G  O  N  H  W  N  Y  T
V  O  K  L  A  H  O  M  A  C  I  T  Y  F  A  U  S  T  I  N
```

New York City	Austin	Dry-aged
Los Angeles	Jacksonville	Marbling
Chicago	Fort Worth	Grill
Houston	Columbus	Broil
Phoenix	San Francisco	Sear
Philadelphia	Charlotte	Baste
San Antonio	Indianapolis	Rub
San Diego	Seattle	Chimichurri
Dallas	Denver	A1 sauce
San Jose	Washington D.C.	Medium-rare

#44 Branching Out

```
P W H W S P R U C E E R Z T W M D G K M
Q W T C L H D C D N L Z B R G M U C L B
S R W E P N K R P J P L J N Q Q B E C L
J Y M G C D R D C Y P L D D L H D D C Z
J O C Q I Y R A K O A D T L T R E A Z D
N H G A K N T M L X L V M K B S R R W F
Y M O D M B K Q W P P I F I R W U T C W
T G R X A O I G J L O N V J Q Q N C D L
L D A K I Y R R O R T P R E B E J O O F
H H N W L B H E C K R L R K P H O X W L
B E G A O R K K V H T K R S L W M I M R
C M E L N T G J F M P N A S D C L L N Y
K L Z N G L T Q B E E C H E S L E P Y P
D O R U A P M R M R K C R M O E T R E T
O C B T M M E Q R V D K T W Y B R A G C
O K R L H L V Y E M I L D L W L R P H T
W D H K P X L T T G L N R Q K Q P E Y D
G X L A B J Q O A K W B K K M B R L R C
O G M T X R D E N I P P G R B R M J Q P
D T B R T U N T S E H C L F Y N W L Y X
```

APPLE	FIR	ORANGE
ASPEN	GINKGO	PEAR
BEECH	HEMLOCK	PINE
BIRCH	LEMON	POPLAR
CEDAR	LIME	REDBUD
CHERRY	LOCUST	REDWOOD
CHESTNUT	MAGNOLIA	SPRUCE
CYPRESS	MAPLE	SYCAMORE
DOGWOOD	OAK	WALNUT
ELM	OLIVE	WILLOW

#45 Creepy Crawlies

```
M  H  V  J  J  S  Q  D  B  X  C  T  N  M  D  B  R  F  B  Q
K  P  K  Q  T  C  L  T  N  M  C  N  M  L  F  L  J  V  G  R
N  T  B  P  E  A  R  K  P  N  L  A  W  A  D  A  C  I  C  B
M  H  U  W  K  R  J  B  Y  V  H  B  T  M  E  A  R  W  I  G
W  O  T  Y  C  A  B  V  N  J  V  N  Y  R  E  D  I  P  S  D
N  W  T  K  I  B  R  D  L  B  E  E  T  L  E  T  H  Q  I  L
B  B  E  H  R  B  Q  W  J  R  M  C  C  G  Q  K  W  H  N  D
Y  E  R  M  C  E  E  S  D  B  A  V  P  Q  J  W  P  J  P  Y
W  T  F  M  R  E  C  X  I  T  U  S  F  Q  D  A  K  C  G  V
F  I  L  M  Q  T  I  B  E  T  I  M  R  I  F  J  M  T  V  F
K  M  Y  Q  K  L  L  R  H  L  N  L  B  M  R  W  L  N  C  L
R  R  N  Z  J  E  P  M  V  C  Y  A  G  L  W  E  R  N  W  E
N  E  G  L  T  I  N  E  Q  L  A  Y  M  U  E  V  F  B  Z  A
J  T  F  G  L  S  R  T  F  R  F  O  C  G  B  B  R  L  G  N
N  M  R  L  I  F  V  N  T  L  H  L  R  H  N  Y  E  T  Y  P
R  G  A  T  I  M  O  X  Y  Q  L  F  W  K  F  I  D  E  G  Z
K  R  N  S  N  G  K  M  R  N  L  D  T  Z  C  M  Y  A  F  P
L  A  H  N  A  C  W  T  W  A  S  P  X  K  L  O  F  A  L  Q
M  Y  L  R  I  R  E  P  P  O  H  S  S  A  R  G  C  K  R  X
N  L  D  T  M  O  S  Q  U  I  T  O  M  Z  W  T  T  Y  V  P
```

ANT	DRAGONFLY	MOSQUITO
APHID	EARWIG	MOTH
BEETLE	FIREFLY	PRAYING MANTIS
BUMBLEBEE	FLEA	SCARAB BEETLE
BUTTERFLY	FLY	SILVERFISH
CATERPILLAR	GRASSHOPPER	SPIDER
CICADA	LADYBUG	TERMITE
COCKROACH	LICE	TICK
CRICKET	MANTIS	WASP

#46 Crunchy Munchies

```
L  S  P  I  H  C  A  L  L  I  T  R  O  T  C  C  Y  Z  X  K
T  S  M  S  P  M  I  R  H  S  N  R  O  C  P  O  P  T  C  L
C  E  F  K  R  W  P  R  E  T  Z  E  L  S  W  R  J  N  Q  P
M  N  S  L  D  E  V  P  Y  Q  F  B  T  X  X  N  K  N  O  S
F  I  D  M  L  C  K  Q  P  R  N  S  G  K  M  N  K  T  N  K
P  T  N  F  G  N  S  C  E  I  P  S  M  J  R  U  A  R  W  C
I  L  O  X  S  O  T  N  A  S  S  K  E  T  N  T  P  S  X  I
T  A  M  M  H  U  C  C  I  R  N  T  N  K  O  S  W  K  T  T
A  S  L  C  N  H  N  R  H  X  C  Q  A  C  A  E  L  W  L  S
C  Q  A  C  F  K  C  F  X  E  R  H  H  C  H  C  T  M  N  A
H  N  J  R  T  Y  T  B  L  G  E  I  S  S  H  T  E  D  F  L
I  R  I  W  O  C  C  J  L  O  P  Z  A  I  H  I  F  C  D  L
P  E  T  S  L  Z  Y  N  K  S  W  C  I  W  F  M  O  J  I  E
S  A  E  P  I  B  A  S  A  W  L  E  F  T  M  D  X  S  P  R
C  H  E  E  S  E  C  R  A  C  K  E  R  S  S  C  L  O  N  A
Y  N  O  N  I  O  N  R  I  N  G  S  L  S  W  B  P  O  K  Z
M  S  E  L  K  C  I  P  D  E  I  R  F  L  E  C  N  K  G  Z
S  T  U  N  A  E  P  D  E  T  S  A  O  R  O  E  R  K  M  O
S  W  A  R  T  S  E  I  G  G  E  V  W  R  J  H  D  K  N  M
K  C  J  J  T  R  A  I  L  M  I  X  N  V  L  L  M  S  T  M
```

ALMONDS	NACHOS	ROASTED PEANUTS
CASHEWS	ONION RINGS	SALTINES
CHEESE CRACKERS	PISTACHIOS	SOY CRISPS
CHEEZITS	PITA CHIPS	SUNFLOWER SEEDS
CORN NUTS	POPCORN	TORTILLA CHIPS
FRENCH FRIES	POPCORN SHRIMP	TRAIL MIX
FRIED PICKLES	POTATO CHIPS	VEGGIE STRAWS
GOLDFISH CRACKERS	PRETZELS	WASABI PEAS
MOZZARELLA STICKS	RICE CAKES	

#47 Sweet Treats

```
F  M  B  M  A  R  S  H  M  A  L  L  O  W  S  X  M  K  M  M
G  W  S  T  A  E  R  T  E  I  P  S  I  R  K  E  C  I  R  N
S  E  I  K  O  O  C  P  I  H  C  E  T  A  L  O  C  O  H  C
J  M  A  E  R  C  E  C  I  N  G  X  G  N  M  R  X  R  M  Y
M  S  R  T  D  N  C  A  R  A  M  E  L  A  P  P  L  E  S  J
S  M  P  K  C  C  H  O  L  L  T  W  I  N  K  I  E  S  E  X
P  O  C  G  F  H  C  T  D  N  N  R  T  F  T  F  C  L  S  D
U  R  I  R  B  Y  U  R  Z  R  W  M  H  J  T  O  L  K  G  C
C  E  N  X  D  S  P  R  O  F  U  D  G  E  T  O  C  G  U  M
G  S  N  N  M  T  N  C  R  L  H  Z  V  T  N  A  Q  T  M  Y
N  Y  A  E  Q  G  P  A  R  O  T  S  O  Q  N  Z  C  N  M  K
I  C  M  C  P  O  U  L  E  T  S  N  E  S  L  R  T  J  Y  T
D  R  O  I  P  O  Y  M  M  B  C  L  T  K  S  R  W  L  B  S
D  T  N  R  Y  S  P  F  M  A  Y  I  D  K  A  R  B  M  E  E
U  Q  R  O  R  T  K  S  N  I  U  L  I  Z  P  C  N  V  A  I
P  N  O  C  F  U  X  D  I  R  W  T  L  Y  J  K  P  C  R  N
C  Q  L  I  W  N  Y  X  F  C  T  O  T  E  F  N  R  U  S  W
H  M  L  L  N  O  B  G  B  L  L  M  R  P  J  F  N  R  C  O
N  Y  S  N  Z  D  B  C  E  W  F  E  L  M  Y  F  A  Y  J  R
M  N  Z  M  W  M  D  S  R  N  Y  T  S  D  S  R  G  T  Z  B
```

Brownies
Candy corn
Caramel apples
Chocolate chip cookies
Churros
Cinnamon rolls
Cotton candy
Cupcakes
Donuts

Fruit snacks
Fudge
Gummi worms
Gummy bears
Ice cream
Jell-O
Jelly beans
Licorice
Marshmallows

Popcorn
Popsicles
Pudding cups
Rice Krispie
treats
S'mores
Skittles
Taffy
Twinkies

#48 Holiday Hijinks

```
M  G  N  I  V  I  G  S  K  N  A  H  T  P  C  Y  I  L  F  C
V  V  J  D  M  A  R  D  I  G  R  A  S  I  Y  A  L  Y  A  H
D  V  T  N  A  D  A  M  A  R  M  J  N  A  Z  D  A  A  T  R
N  M  E  A  S  T  E  R  G  D  P  C  D  R  P  L  W  D  H  I
C  X  Z  X  L  Q  R  P  W  A  O  S  M  D  L  A  I  E  E  S
H  A  K  K  U  N  A  H  S  D  T  M  K  G  N  I  D  C  R  T
J  H  C  H  I  N  E  S  E  N  E  W  Y  E  A  R  N  N  S  M
Q  F  C  R  X  Z  O  M  E  Z  Y  K  F  R  R  O  T  E  D  A
Y  N  G  T  N  V  A  D  K  A  L  K  M  V  Y  M  N  D  A  S
Y  A  C  M  E  Y  I  C  D  Z  L  X  B  L  A  E  E  N  Y  E
E  J  D  R  O  S  A  S  H  Q  Q  Y  Q  Z  D  M  W  E  K  V
R  I  R  N  E  T  N  A  H  R  A  K  Y  X  I  P  Y  P  M  E
T  C  D  R  O  A  H  A  Z  D  I  A  H  Y  R  X  E  E  D  B
L  K  P  A  R  M  L  E  G  N  D  S  A  F  F  N  A  D  M  K
T  M  L  E  L  L  R  N  R  H  A  D  T  M  K  Y  R  N  D  B
K  K  T  N  O  F  I  E  T  S  R  W  L  M  C  K  S  I  M  R
L  E  N  W  Y  X  I  R  B  O  D  D  K  V  A  T  D  H  K  N
V  K  E  F  O  K  A  T  B  Y  L  A  V  R  L  S  A  Y  R  L
L  E  R  B  T  E  K  A  R  H  C  M  Y  L  B  P  Y  X  R  F
N  N  N  F  R  N  L  T  P  Y  A  D  S  U  B  M  U  L  O  C
```

Black Friday	Earth Day	Mardi Gras
Boxing Day	Easter	Memorial Day
Chinese New Year	Eid al-Fitr	Mother's Day
Christmas	Father's Day	New Year's Day
Christmas Eve	Halloween	Passover
Cinco de Mayo	Hanukkah	Presidents' Day
Columbus Day	Independence Day	Ramadan
Cyber Monday	Kwanzaa	Thanksgiving
Diwali	Labor Day	Veterans Day

#49 Penne for Your Thoughts

```
P  R  X  T  M  N  Z  R  A  V  I  O  L  I  Y  I  D  C  P  X
A  I  T  T  E  H  G  A  P  S  N  N  K  R  L  C  A  J  K  R
P  I  T  T  O  C  I  N  A  M  N  B  B  L  P  V  Y  Y  O  I
P  T  M  R  T  R  M  L  K  E  X  Q  I  T  A  N  B  T  X  N
A  N  T  P  Z  W  I  J  A  T  T  S  N  T  R  K  I  I  N  I
R  L  N  X  G  B  K  G  F  S  U  T  A  Z  N  N  N  J  M  L
D  C  M  M  F  L  Q  Y  A  F  A  P  E  Z  I  I  L  M  M  L
E  R  V  L  V  I  R  C  N  T  P  G  N  I  T  T  A  V  H  E
L  O  C  E  L  N  I  N  A  I  O  E  N  A  H  C  K  R  J  T
L  Z  A  L  N  G  A  H  M  N  N  N  C  A  A  C  R  N  X  R
E  R  P  L  E  U  H  Z  M  N  N  U  I  R  Y  M  C  Q  V  O
H  O  E  E  N  I  L  E  E  J  B  E  O  N  Z  K  V  E  E  T
M  T  L  T  I  N  E  P  L  N  K  N  L  Q  M  T  R  R  R  R
W  R  L  A  C  E  G  M  N  L  I  N  I  L  A  T  I  D  M  O
V  M  I  I  C  R  N  R  V  X  A  I  L  G  O  J  J  R  I  M
G  F  N  L  U  C  A  N  L  N  T  F  T  R  N  N  X  L  C  Z
R  R  I  G  T  X  M  B  F  D  T  W  R  I  K  D  I  X  E  R
P  P  B  A  T  M  W  T  P  C  B  P  M  A  Z  P  X  K  L  P
R  C  K  T  E  D  Y  G  E  M  E  L  L  I  F  L  R  T  L  J
K  K  X  M  F  C  R  H  C  A  M  P  A  N  E  L  L  E  I  R
```

ANGEL HAIR	FUSILLI	PENNE
BUCATINI	GEMELLI	RAVIOLI
CAMPANELLE	LASAGNA	RIGATONI
CANNELLONI	LINGUINE	ROTINI
CAPELLINI	MACARONI	SPAGHETTI
CAVATAPPI	MANICOTTI	TAGLIATELLE
DITALINI	ORECCHIETTE	TORTELLINI
FARFALLE	ORZO	VERMICELLI
FETTUCCINE	PAPPARDELLE	ZITI

#50 Periodic Puzzler

```
T  F  T  T  T  Y  M  R  E  W  G  T  K  R  L  J  F  N  M  V
T  C  L  M  Y  J  M  C  G  S  T  Q  N  M  T  C  H  D  R  A
W  T  A  J  V  H  A  U  N  D  E  R  C  F  R  G  H  R  W  N
Q  T  B  B  G  R  E  G  I  R  E  N  I  R  O  L  H  C  N  A
F  C  O  T  B  R  Q  L  U  D  F  D  A  K  F  P  Z  N  M  D
R  G  C  O  L  K  K  F  I  N  O  N  Z  G  L  H  O  H  U  I
S  L  N  C  D  F  L  V  J  U  K  S  G  S  N  E  D  Y  I  U
U  B  K  Q  R  U  M  X  L  L  M  B  I  P  N  A  P  D  S  M
R  Y  O  D  S  F  M  B  E  R  Y  L  L  I  U  M  M  R  E  N
O  J  Q  R  X  B  U  U  N  N  I  C  K  E  L  F  W  O  N  T
H  N  R  C  O  T  N  J  I  C  O  K  Z  N  J  R  Z  G  G  R
P  N  M  B  T  N  I  L  O  M  Z  X  O  I  M  N  M  E  A  F
S  I  L  M  Y  G  M  N  T  F  O  G  Y  T  N  Z  K  N  M  C
O  T  M  B  N  Q  U  W  Z  V  R  R  F  G  N  C  M  B  J  A
H  R  P  T  M  Z  L  T  D  A  L  R  H  B  E  K  F  N  L  L
P  O  M  C  Z  I  A  R  Y  K  E  F  B  C  Y  N  N  D  L  C
B  G  D  M  R  C  W  H  N  P  R  K  M  U  I  H  T  I  L  I
Y  E  T  O  W  N  F  K  P  L  R  D  X  T  H  M  T  J  C  U
Y  N  N  B  F  L  U  O  R  I  N  E  T  I  T  A  N  I  U  M
M  U  I  D  N  A  C  S  K  M  U  I  S  S  A  T  O  P  Y  K
```

ALUMINUM	FLUORINE	OXYGEN
ARGON	HELIUM	PHOSPHORUS
BERYLLIUM	HYDROGEN	POTASSIUM
BORON	IRON	SCANDIUM
CALCIUM	LITHIUM	SILICON
CARBON	MAGNESIUM	SODIUM
CHLORINE	MANGANESE	SULFUR
CHROMIUM	NEON	TITANIUM
COBALT	NICKEL	VANADIUM
COPPER	NITROGEN	ZINC

#51 Galactic Wonders

T	N	G	V	F	J	X	E	C	L	I	P	S	E	F	G	K	P	P	X
T	L	B	X	A	N	N	P	L	A	N	E	T	T	E	M	O	C	L	K
L	I	M	L	C	V	Y	C	T	D	B	P	T	L	C	R	L	L	D	Y
E	J	N	H	A	P	O	W	O	L	Y	R	O	E	T	E	M	Q	W	V
W	V	R	T	L	C	L	N	K	N	F	A	L	L	D	T	T	D	B	S
M	N	A	N	E	M	K	N	R	R	S	E	W	O	L	I	Z	M	L	Y
R	G	J	W	B	R	L	D	A	E	S	T	I	Y	N	C	Y	K	A	A
F	A	M	K	O	N	S	W	W	T	P	R	E	U	K	D	Z	R	C	R
D	L	C	Z	L	R	D	T	I	A	E	U	L	L	M	L	E	N	K	C
A	A	P	X	F	E	C	A	E	P	R	A	S	G	L	D	I	M	H	I
L	X	R	E	T	L	L	I	L	L	C	F	R	M	G	A	R	M	O	M
U	Y	K	I	R	S	C	A	M	I	L	A	J	I	J	E	T	Y	L	S
B	P	H	L	P	A	T	W	M	C	V	A	A	R	T	D	Q	I	E	O
E	W	R	H	B	I	L	O	M	I	I	N	R	T	Z	I	U	N	O	C
N	N	E	B	B	M	N	F	T	L	T	M	A	G	Z	O	A	M	C	N
T	R	Q	R	B	O	G	Y	R	Y	M	M	S	P	R	R	S	J	A	V
E	Q	O	G	R	D	M	P	M	A	K	F	M	O	K	E	A	L	I	K
J	N	L	T	L	R	V	R	M	R	L	M	Y	T	C	T	R	M	D	H
F	K	S	K	B	I	G	B	A	N	G	O	P	V	P	S	V	H	O	D
K	A	X	L	K	H	N	D	Y	R	A	T	S	N	G	A	B	M	Z	T

ASTEROID	COSMIC RAYS	ORBITAL PERIOD
ASTRONOMICAL UNIT	DARK MATTER	PLANET
BIG BANG	ECLIPSE	QUASAR
BLACK DWARF	GALAXY	RED GIANT
BLACK HOLE	GRAVITY	SOLAR FLARE
CELESTIAL SPHERE	INTERSTELLAR	STAR
COMET	METEOR	SUPERNOVA
CONSTELLATION	MILKY WAY	WHITE DWARF
COSMIC MICROWAVE	NEBULA	ZODIAC

#52 On the Move

```
N  I  A  R  T  R  E  R  O  L  L  E  R  S  K  A  T  E  S  T
Z  S  X  V  S  I  N  H  R  W  T  N  F  Q  Y  Y  H  Q  E  J
M  E  K  R  P  A  A  M  E  F  M  V  L  L  Z  P  F  K  D  V
R  G  M  N  A  H  L  E  S  L  B  A  V  Z  C  B  C  R  R  F
T  W  H  R  C  C  P  C  L  C  I  M  R  N  T  O  U  Q  A  L
J  A  T  C  E  L  R  M  Q  C  O  C  Y  T  R  Y  H  S  C  H
T  Y  A  F  C  E  I  H  P  K  Y  O  O  W  D  O  L  W  C  B
H  R  C  T  R  E  A  D  T  Z  J  C  T  P  V  L  Y  N  I  L
O  X  M  N  A  H  R  Q  R  E  I  T  R  E  T  J  H  S  R  G
T  P  C  H  F  W  K  L  L  E  R  P  R  O  R  E  U  R  T  Z
A  S  C  D  T  D  Z  C  W  Y  T  C  L  A  T  B  R  N  C  W
I  U  A  M  N  N  Y  K  R  X  R  O  C  I  W  O  P  G  E  A
R  B  B  L  K  C  Z  R  B  A  K  P  O  A  N  F  M  M  L  H
B  Y  L  J  I  B  E  Q  F  D  I  F  Y  C  K  E  M  Z  E  S
A  E  E  B  P  F  K  T  W  Z  N  Y  V  X  S  L  T  M  K  K
L  L  C  G  P  I  H  S  E  S  I  U  R  C  L  E  G  J  R  C
L  L  A  X  N  D  T  T  L  T  B  N  B  O  A  T  J  T  H  I
O  O  R  X  I  K  S  T  E  J  K  D  H  L  C  N  T  Q  P  R
O  R  Y  K  K  H  B  N  K  G  O  N  D  O  L  A  R  H  G  M
N  T  W  S  K  A  T  E  B  O  A  R  D  J  P  L  L  N  X  R
```

Airplane	Gondola	Segway
Bicycle	Helicopter	Skateboard
Boat	Hot air balloon	Spacecraft
Bus	Hovercraft	Subway
Cable car	Jet ski	Train
Car	Motorcycle	Tram
Cruise ship	Rickshaw	Trolleybus
E-scooter	Rocket	Wheelchair
Electric car	Roller skates	Zipcar
Ferry	Scooter	Zipline

#53 Yoga Flow

```
T  B  N  Y  W  H  E  S  O  P  F  F  A  T  S  H  L  L  P  K
R  Z  J  K  Y  B  P  I  G  E  O  N  P  O  S  E  Z  G  Z  D
T  Y  P  V  T  H  N  E  K  K  E  E  K  B  Y  T  V  O  Z  N
R  G  L  T  J  B  A  B  S  S  S  M  K  H  N  H  F  D  J  A
I  H  X  Z  G  Q  J  P  O  O  V  R  E  V  H  Q  M  D  L  T
A  A  P  R  M  J  M  P  P  M  P  A  M  M  Y  W  C  R  L  S
N  L  Y  J  J  F  E  E  M  Y  D  N  L  Z  C  L  F  A  N  D
G  F  Z  J  V  L  G  K  F  S  B  C  I  L  T  N  J  W  L  N
L  M  Z  Q  G  D  H  E  T  C  O  A  X  H  C  T  B  N  B  A
E  O  J  A  I  T  R  A  S  B  H  G  B  K  P  T  T  W  F  H
P  O  E  R  C  Q  N  T  R  O  K  A  K  Y  N  L  M  O  M  C
O  N  B  K  D  D  C  A  T  G  P  X  I  Q  P  K  O  D  K  H
S  P  B  W  K  X  P  T  J  T  D  E  G  R  C  O  T  D  E  I
E  O  L  E  S  O  P  W  O  R  C  R  E  G  P  T  S  K  S  L
R  S  B  E  S  O  P  S  U  T  O  L  L  R  F  O  V  E  O  D
L  E  K  E  F  I  S  H  P  O  S  E  Y  R  T  X  S  T  P  S
D  N  E  B  D  R  A  W  R  O  F  D  E  T  A  E  S  E  T  P
N  K  E  S  O  P  N  I  A  T  N  U  O  M  M  L  N  J  A  O
C  R  R  W  C  A  M  E  L  P  O  S  E  K  J  H  K  T  O  S
C  L  Q  R  G  E  S  O  P  K  N  A  L  P  X  D  R  K  B  E
```

BOAT POSE	DOWNWARD DOG	MOUNTAIN POSE
BRIDGE POSE	EAGLE POSE	PIGEON POSE
CAMEL POSE	FISH POSE	PLANK POSE
CHAIR POSE	HALF MOON POSE	SEATED FORWARD
CHILD'S POSE	HANDSTAND	BEND
COBRA POSE	HAPPY BABY POSE	STAFF POSE
CROW POSE	HEADSTAND	TREE POSE
DOLPHIN POSE	LOTUS POSE	TRIANGLE POSE

#54 Ingenious Inventions

```
L  D  L  F  I  T  B  I  T  D  T  E  L  E  P  H  O  N  E  V
N  V  R  S  R  P  M  G  K  R  V  C  N  S  P  Y  B  G  Y  B
R  H  F  M  E  D  O  V  W  X  Q  A  Z  Y  E  Z  K  R  N  P
R  W  C  A  T  F  X  I  Z  N  L  H  A  M  F  N  H  T  N  T
O  H  R  R  N  R  D  Q  D  P  Z  W  I  P  T  M  O  L  D  J
T  O  E  T  I  H  M  Z  R  A  G  C  C  C  R  R  Q  R  J  D
A  V  D  S  R  X  K  I  V  E  R  V  O  N  A  K  S  P  D  I
R  E  A  P  P  R  A  T  S  O  C  M  X  C  T  M  M  Q  N  T
E  R  E  E  D  B  R  K  W  M  P  W  C  R  A  P  C  T  C  K
G  B  R  A  3  J  L  A  G  U  T  I  Z  R  3  Z  E  R  L  H
I  O  K  K  N  M  V  U  T  J  R  M  T  P  W  R  L  N  E  L
R  A  O  E  M  E  T  E  R  T  W  W  L  K  N  C  D  O  N  C
F  R  O  R  O  M  R  L  C  A  A  A  T  E  F  M  T  I  O  E
E  D  B  V  K  K  W  E  W  T  Y  T  T  G  Q  W  W  S  H  L
R  R  E  M  L  M  L  N  C  E  G  D  N  G  Y  L  N  I  P  L
N  N  L  D  M  E  V  H  R  R  J  B  I  C  P  C  T  V  T  P
A  R  E  M  A  C  L  A  T  I  G  I  D  S  Q  S  L  E  R  H
B  L  U  B  T  H  G  I  L  K  M  T  R  M  C  G  H  L  A  O
T  L  T  F  K  S  E  L  F  I  E  S  T  I  C  K  M  E  M  N
G  T  T  C  K  A  U  T  O  M  O  B  I  L  E  R  K  T  S  E
```

3D printer	Electric car	Refrigerator
Airplane	Fitbit	Segway
Automobile	GPS	Selfie stick
Blu-ray Disc	Hoverboard	Smart speaker
Cell phone	Internet	Smartphone
Computer	Light bulb	Smartwatch
Digital camera	Microwave oven	Telephone
Drones	MP3 player	Television
E-book reader	Radio	

#55 Beyond Reality

V	W	B	T	N	A	L	P	M	I	L	A	R	U	E	N	D	R	H	D
I	K	F	L	N	N	R	K	H	M	V	M	S	Q	I	G	L	L	O	Z
N	T	L	C	A	B	B	R	R	T	P	P	H	O	N	M	E	N	V	N
T	T	P	L	J	C	X	T	D	O	A	F	N	C	U	X	I	V	E	O
E	L	E	O	V	T	K	I	L	C	B	C	B	T	K	F	F	N	R	I
R	Y	N	A	R	T	O	H	E	Y	A	O	N	V	E	N	E	M	B	T
D	J	I	K	B	R	E	S	O	N	W	A	T	R	F	E	C	F	O	A
I	L	H	I	D	F	H	L	N	L	U	A	I	C	G	I	R	C	A	T
M	O	C	N	F	I	L	O	E	Q	E	P	R	T	C	L	O	F	R	S
E	R	A	G	P	B	N	N	K	P	M	Y	H	P	M	A	F	X	D	E
N	T	M	D	K	W	L	J	N	E	O	E	G	O	D	W	K	M	L	C
S	N	E	E	X	G	R	Y	C	N	T	R	L	R	L	R	B	Y	R	A
I	O	M	V	M	Q	N	I	I	P	T	O	T	O	O	O	I	P	Q	P
O	C	I	I	N	C	T	C	R	C	T	T	B	A	H	B	G	V	M	S
N	D	T	C	G	C	S	B	M	Q	B	G	K	O	T	M	Y	R	E	Z
A	N	Y	E	A	N	T	I	M	A	T	T	E	R	N	I	R	C	A	K
L	I	K	L	L	I	G	H	T	S	A	B	E	R	L	A	O	O	R	M
K	M	A	C	K	L	F	N	U	G	R	E	S	A	L	T	N	N	W	C
K	G	G	B	F	Z	M	N	H	K	E	C	A	P	S	R	E	B	Y	C
N	G	E	N	E	T	I	C	E	N	G	I	N	E	E	R	I	N	G	J

ALIEN
ANDROID
ANTIMATTER
BLACK HOLE
CLOAKING DEVICE
CRYONICS
CYBERSPACE
CYBORG
FORCE FIELD
GALACTIC EMPIRE

GENETIC ENGINEERING
HOLOGRAM
HOVERBOARD
INTERDIMENSIONAL
ION CANNON
LASER GUN
LIGHTSABER
MIND CONTROL
NANOBOT
NEURAL IMPLANT

QUANTUM
ROBOT
SPACE STATION
SPACESHIP
TELEPORTATION
TIME MACHINE
WARP DRIVE
WORMHOLE

#56 Artistic Adventures

H	F	M	Q	V	R	E	G	A	L	L	O	C	W	N	Z	T	M	M	V
K	R	T	E	R	U	T	P	L	U	C	S	N	E	T	C	H	I	N	G
R	C	A	R	H	L	L	P	X	F	X	W	T	J	R	N	D	N	N	L
I	I	P	T	M	L	K	A	R	C	H	I	T	E	C	T	U	R	E	P
L	A	E	K	F	M	F	G	D	P	A	I	N	T	I	N	G	M	C	H
L	S	S	T	N	H	S	Z	R	R	C	Z	J	M	Z	Y	N	T	E	O
U	O	T	G	Y	L	H	I	R	A	T	C	P	N	F	M	N	B	R	T
S	M	R	N	P	L	T	N	N	D	F	C	V	N	Y	I	Q	K	A	O
T	R	Y	I	F	R	W	J	Y	O	H	F	T	P	A	V	P	K	M	G
R	O	C	W	T	L	I	K	T	A	I	T	I	P	A	W	Z	R	I	R
A	L	T	A	T	M	K	N	R	R	N	S	C	T	G	S	Q	T	C	A
T	O	C	R	L	L	S	C	T	I	A	I	S	N	I	N	T	W	S	P
I	C	A	D	X	L	O	I	A	M	L	T	I	E	R	D	W	E	G	H
O	R	R	T	N	A	I	P	B	Y	A	V	E	E	R	I	R	D	L	Y
N	E	T	X	L	F	L	G	R	U	A	K	A	E	N	P	F	M	H	R
C	T	S	L	T	I	K	C	R	R	C	L	I	K	R	K	M	K	F	L
R	A	B	L	O	Q	A	V	G	A	I	L	K	N	W	T	T	I	R	L
K	W	A	J	M	W	J	N	T	S	P	V	J	T	G	V	S	Q	N	D
M	F	K	L	Z	N	E	V	M	G	W	H	W	R	T	L	T	M	V	B
G	Y	H	P	A	R	G	O	H	T	I	L	Y	Q	P	Y	Q	R	R	H

ABSTRACT	ENGRAVING	PAINTING
ACRYLIC PAINT	ETCHING	PASTEL
ARCHITECTURE	GRAFFITI	PHOTOGRAPHY
CALLIGRAPHY	ILLUSTRATION	PRINTMAKING
CERAMICS	IMPRESSIONISM	REALISM
CHARCOAL	INK	SCULPTURE
COLLAGE	LITHOGRAPHY	STREET ART
CUBISM	MOSAIC	TAPESTRY
DRAWING	OIL PAINT	WATERCOLOR

#57 Makeup Essentials

```
D  S  H  I  M  M  E  R  T  F  O  U  N  D  A  T  I  O  N  S
R  R  E  D  W  O  P  W  Y  B  R  O  N  Z  E  R  N  K  M  S
Q  M  Y  N  K  B  N  J  F  L  I  P  S  T  A  I  N  T  H  O
Y  A  R  P  S  R  I  A  H  H  R  D  L  C  V  C  K  S  Y  L
V  T  R  U  O  T  N  O  C  Z  Q  E  J  F  O  N  I  P  A  G
X  T  E  N  M  H  C  T  G  D  N  J  M  N  K  L  C  H  R  P
L  E  D  C  A  K  J  J  F  L  K  R  C  I  O  N  R  A  P  I
I  L  W  P  E  Q  Z  D  L  N  M  E  E  P  R  B  R  I  S  L
Q  I  O  W  R  T  R  R  T  R  A  T  L  N  Y  P  S  R  G  N
U  P  P  O  C  L  C  C  E  L  T  I  C  J  I  E  L  D  N  T
I  S  G  D  B  X  C  T  E  T  A  B  N  J  H  L  L  Y  I  F
D  T  N  A  B  J  C  R  P  N  H  K  G  S  M  M  E  E  T  B
E  I  I  H  N  L  R  L  N  X  R  G  A  L  R  T  T  Y  T  J
Y  C  T  S  T  R  E  H  I  E  B  L  I  M  I  G  R  M  E  C
E  K  T  E  K  Z  A  B  N  P  E  R  A  L  K  T  G  K  S  K
L  X  E  Y  V  I  M  I  H  S  S  S  O  L  H  P  T  X  H  W
I  Z  S  E  R  T  L  S  L  K  C  T  L  W  K  G  R  E  G  B
N  K  Q  G  K  P  U  A  K  A  T  K  I  J  G  B  I  N  R  F
E  L  E  K  I  L  F  M  R  X  Z  M  L  C  Y  E  Q  H  N  G
R  L  N  L  B  N  K  A  T  Y  B  L  B  Z  K  N  L  N  R  M
```

BB cream	Foundation	Liquid eyeliner
Blush	Glitter	Mascara
Bronzer	Hair dye	Matte lipstick
Brow gel	Hair gel	Nail polish
CC cream	Hairspray	Powder
Concealer	Highlighter	Primer
Contour	Lip gloss	Setting powder
Eyeliner	Lip liner	Setting spray
Eyeshadow	Lip stain	Shimmer
False lashes	Lipstick	

#58 Chessboard Challenge

```
E  T  K  S  K  K  C  X  T  D  C  R  Z  U  G  Z  W  A  N  G
L  Z  Y  T  R  C  H  D  L  J  V  E  W  M  Z  D  N  L  K  N
I  R  H  A  R  A  E  T  W  T  N  X  N  P  P  W  N  C  T  W
F  R  A  L  G  T  C  T  H  G  I  N  K  T  A  A  E  T  M  A
N  T  N  E  J  T  K  Z  L  F  J  R  V  P  E  H  W  Z  R  P
E  O  G  M  W  A  M  D  N  W  F  O  D  K  C  R  K  N  T  D
P  L  I  A  J  D  A  K  D  F  P  E  T  E  Y  T  P  Q  J  E
O  N  N  T  L  E  T  R  N  M  S  R  L  Q  L  W  M  V  X  T
I  W  G  E  C  R  E  G  E  S  N  B  D  R  T  T  J  W  J  A
M  A  P  V  V  E  Q  T  A  W  U  O  P  L  F  B  T  G  B  L
E  P  I  N  X  V  L  P  M  O  E  O  I  K  J  O  D  K  C  O
S  D  E  Y  N  O  N  F  D  K  H  K  P  T  M  Z  R  L  Y  S
C  R  C  Y  O  C  E  D  E  S  F  Q  S  K  I  N  O  K  L  I
M  A  E  C  T  S  L  R  I  D  U  R  I  T  X  S  H  H  F  N
T  W  R  M  N  I  Y  B  G  E  H  N  Q  F  E  L  O  B  Y  M
D  K  H  L  B  D  P  C  E  T  G  F  J  D  R  V  J  P  M  Y
P  C  A  S  T  L  I  N  G  J  K  H  F  K  N  Q  H  C  P  M
W  A  K  B  C  N  N  H  Q  V  K  I  J  G  V  Y  N  X  N  O
V  B  C  K  Y  N  K  O  O  R  L  Y  L  V  K  M  N  P  N  V
E  N  P  A  S  S  A  N  T  E  H  W  O  P  E  N  F  I  L  E
```

Backward pawn	En passant	Pin
Bishop	Fork	Queen
Castling	Hanging piece	Rook
Center	Isolated pawn	Semi-open file
Checkmate	King	Skewer
Closed file	Knight	Stalemate
Decoy	Open file	Tempo
Deflection	Opposition	Zugzwang
Discovered attack	Passed pawn	
Double check	Pawn	

#59 Game Night Fun

```
K P R F T I U S R U P L A I V I R T Y J
T P T M L Y D R T S E Q U E N C E R K L
T X G E E Z T H A Y Y Y H B G Y R M K H
S D O M I N I O N L L R Q C X C A T A N
T E R O E D I R O T T E K C I T T Q N J
B M L V P G V P L C O N N E C T F O U R
G A N P M E O L S C R A B B L E G F K N
M V T H P N R W R M N V M N F S Z R T L
D E T T O A H A P C F N Z F M V Y A Z X
S N N M L L O H T Q I N M A H Y B S C P
E N B A A E D T D I G M R K O O E N L I
M O A S G N S K S K O G E G O T X Q U C
A S L T N H S H J E A N E D T W H H E T
N S D E E F E Y I N L T R L N H P H R I
E A E R J N H L A P A P E I T A B K Y O
D C R M S R C N H R K R P R S K P C Z N
O R D I O T A Y T N S K H A T K M F C A
C A A N R B L S J R U M M I K U B T K R
G C S D R T H E G A M E O F L I F E X Y
R P H T Y T A X I S A N D A L L I E S L
```

Apples to Apples	Connect Four	Scrabble
Axis and Allies	Dominion	Sequence
Balderdash	Jenga	Settlers
Bananagrams	Mastermind	Sorry
Battleship	Monopoly	Stratego
Carcassonne	Operation	Taboo
Catan	Pandemic	The Game of Life
Chess	Pictionary	Ticket to Ride
Clue	Risk	Trivial Pursuit
Codenames	Rummikub	Yahtzee

#60 Instrumental Adventure

```
N  T  N  Y  W  Z  T  S  B  Z  K  P  J  O  B  O  E  L  W  V
J  F  Y  I  K  L  E  B  Q  L  N  S  R  D  W  R  R  L  N  G
O  J  R  V  M  P  B  D  Q  L  M  M  P  B  D  G  N  R  W  G
B  O  B  E  I  E  I  A  R  B  R  U  K  K  M  T  E  D  E  S
P  T  D  P  N  R  R  A  S  B  W  R  R  T  N  M  N  Z  N  A
Z  A  G  I  L  C  M  E  N  S  X  D  E  Y  I  V  O  K  O  X
H  A  B  T  R  W  H  J  H  O  O  P  W  C  X  I  I  H  B  O
B  B  H  M  K  E  J  H  T  T  M  O  L  L  D  O  D  K  M  P
M  H  C  F  I  C  G  M  O  U  Z  U  N  K  Y  L  R  N  O  H
P  M  K  G  Y  L  K  D  R  R  D  K  W  G  L  A  O  Z  R  O
N  M  D  U  N  J  A  T  I  F  N  P  B  J  G  K  C  Q  T  N
I  G  D  I  N  C  T  K  G  D  W  M  M  X  Z  C  C  N  S  E
L  X  Y  T  Y  W  T  E  N  I  R  A  L  C  E  M  A  A  M  Q
O  V  X  A  M  F  L  U  T  E  L  M  T  L  D  D  C  B  F  K
D  H  L  R  G  U  K  U  L  E  L  E  L  L  F  A  Q  R  S  B
N  T  B  A  N  J  O  K  K  M  M  O  L  T  R  H  R  I  K  O
A  E  N  O  H  P  O  L  Y  X  Z  D  K  A  A  P  T  X  B  N
M  R  N  I  L  O  I  V  X  J  Z  N  M  R  B  A  T  R  P  G
E  N  I  R  U  O  B  M  A  T  V  F  P  R  R  N  Q  N  L  O
T  D  D  R  O  H  C  I  S  P  R  A  H  B  K  K  T  Q  B  S
```

ACCORDION	FLUTE	SAXOPHONE
BAGPIPES	FRENCH HORN	SITAR
BANJO	GUITAR	TAMBOURINE
BASSOON	HARP	THEREMIN
BONGOS	HARPSICHORD	TROMBONE
CELLO	KALIMBA	TRUMPET
CLARINET	MANDOLIN	UKULELE
DIDGERIDOO	MARACAS	VIOLA
DRUMS	OBOE	VIOLIN
DULCIMER	PIANO	XYLOPHONE

#61 Decor Dreamland

```
G  Y  S  P  A  N  I  S  H  C  O  L  O  N  I  A  L  T  R  R
S  Q  R  M  O  L  T  Z  C  O  F  F  Z  T  W  T  C  L  V  W
M  H  N  T  I  R  X  V  D  T  Y  K  B  H  Q  I  L  L  N  E
O  Q  A  M  N  N  T  Q  T  T  N  G  N  N  T  J  A  A  A  S
D  T  C  B  D  U  I  E  P  A  Z  Y  M  S  X  K  N  I  C  T
E  R  C  G  B  N  O  M  R  G  M  M  U  D  K  T  O  R  C  E
R  A  Z  O  M  Y  J  C  A  E  X  R  E  M  L  N  I  T  O  R
N  D  V  G  N  K  C  F  H  L  R  C  C  G  A  N  T  S  R  N
F  I  I  T  N  T  R  H  E  C  I  T  L  I  A  J  I  U  O  O
A  T  C  D  R  F  E  S  I  C  N  S  M  U  D  T  S  D  M  C
R  I  T  P  R  W  E  M  R  C  C  E  T  J  U  L  N  N  Y  E
M  O  O  F  V  N  R  A  P  C  H  I  R  S  N  D  A  I  R  D
H  N  R  T  A  N  F  R  Q  O  C  W  C  F  R  R  R  J  V  T
O  A  I  P  E  T  Y  Y  B  A  R  A  C  O  A  S  T  A  L  R
U  L  A  Z  S  G  R  N  L  K  N  A  T  B  L  J  K  L  G  A
S  J  N  M  M  I  D  C  E  N  T  U  R  Y  M  O  D  E  R  N
E  L  A  M  L  A  C  I  P  O  R  T  C  Y  W  Y  X  H  V  T
D  N  N  R  E  T  S  E  W  H  T  U  O  S  N  M  H  F  J  P
K  T  B  S  C  A  N  D  I  N  A  V  I  A  N  G  R  K  J  M
F  E  S  U  O  H  M  R  A  F  M  K  C  I  D  R  O  N  P  R
```

ART DECO	MID-CENTURY MODERN	SOUTHWESTERN
BOHEMIAN	MINIMALIST	SPANISH COLONIAL
COASTAL	MODERN FARMHOUSE	TRADITIONAL
CONTEMPORARY	MOROCCAN	TRANSITIONAL
COTTAGE	NAUTICAL	TROPICAL
CRAFTSMAN	NORDIC	TUSCAN
FARMHOUSE	RETRO	VICTORIAN
FRENCH COUNTRY	RUSTIC	VINTAGE
INDUSTRIAL	SCANDINAVIAN	WESTERN
JAPANESE	SHABBY CHIC	ZEN

#62 Picture Perfect

```
M  M  S  P  Z  B  B  R  N  Q  Z  N  K  N  B  J  K  I  R  T
O  B  P  E  R  A  L  F  S  N  E  L  F  O  V  G  N  M  P  I
O  R  O  Y  E  J  Q  M  C  L  N  X  K  I  G  T  O  A  L  M
Z  J  T  P  C  D  P  C  H  R  L  E  G  Z  K  K  I  G  K  E
L  K  M  V  N  L  E  E  L  Q  H  N  T  P  M  D  S  E  M  -
A  W  E  H  A  D  R  P  G  L  E  P  W  A  E  R  E  S  T  L
C  N  T  C  L  G  I  Y  T  T  N  Y  R  E  Q  N  R  T  F  A
I  O  E  G  A  Y  N  G  T  H  R  G  P  N  Y  G  T  A  O  P
T  I  R  N  B  C  Z  I  I  E  O  S  D  P  R  F  T  B  C  S
P  T  I  V  E  R  N  H  T  T  R  F  X  Y  P  Z  F  I  A  E
O  I  N  E  T  G  M  W  S  E  A  U  F  N  P  G  X  L  L  F
A  S  G  R  I  C  L  I  T  L  K  L  S  I  G  D  N  I  L  X
M  O  N  U  H  G  H  T  Q  L  V  C  Z  O  E  Y  X  Z  E  D
A  P  W  T  W  K  U  Y  J  F  L  C  A  O  P  L  D  A  N  T
R  M  C  R  N  H  L  L  M  T  Z  L  G  R  O  X  D  T  G  H
O  O  L  E  S  G  N  I  R  E  T  E  M  F  B  M  E  I  T  N
N  C  R  P  G  S  D  R  I  H  T  F  O  E  L  U  R  O  H  N
A  Q  M  A  E  X  P  O  S  U  R  E  P  V  Q  M  M  N  M  B
P  V  L  P  T  V  G  N  I  K  C  A  T  S  S  U  C  O  F  Q
H  T  H  Y  G  R  R  A  W  F  O  R  M  A  T  D  F  P  M  W
```

APERTURE	METERING	FOCUS STACKING
SHUTTER SPEED	HISTOGRAM	PANORAMA
EXPOSURE	RAW FORMAT	TIME-LAPSE
DEPTH OF FIELD	JPEG	SPOT METERING
FOCAL LENGTH	NOISE	IMAGE
BOKEH	VIGNETTING	STABILIZATION
RULE OF THIRDS	LENS FLARE	OPTICAL ZOOM
EXPOSURE	BRACKETING	DIGITAL ZOOM
WHITE BALANCE	COMPOSITION	

#63 Howling at the Moon

```
N  O  I  T  A  R  E  N  E  G  E  R  N  E  W  K  Q  Z  W  N
R  R  M  I  D  N  I  G  H  T  L  L  L  K  T  N  C  Q  Y  H
Z  D  S  E  C  T  N  Y  W  D  M  A  M  X  T  B  M  P  L  I
C  K  I  S  R  K  B  R  W  S  M  O  O  J  L  P  O  A  J  E
F  N  L  R  X  L  E  E  N  E  W  M  O  O  R  R  Z  H  M  R
R  J  V  U  B  K  T  G  F  R  E  A  O  N  H  C  C  P  D  A
N  N  E  C  G  Y  A  A  N  G  R  D  L  T  L  Q  R  L  C  R
I  C  R  G  T  Z  H  V  A  B  L  Y  N  C  R  I  I  A  Z  C
G  E  B  J  P  P  R  A  Q  U  L  A  R  Q  K  W  G  N  R  H
H  L  U  E  L  R  N  S  S  B  C  R  K  O  F  F  K  H  N  Y
T  C  L  A  A  K  Q  T  X  Y  V  Z  Z  Z  T  U  C  X  T  L
Z  Y  L  N  L  S  W  H  L  Z  Q  T  K  T  V  A  R  B  P  T
Y  C  E  W  T  Q  T  L  R  M  N  R  K  P  N  N  D  N  T  D
R  R  T  T  Z  C  C  Y  N  A  L  P  H  A  M  A  L  E  C  M
W  A  V  P  B  S  M  H  L  L  M  T  R  D  T  R  Q  N  R  X
H  N  H  W  G  R  O  P  K  H  C  F  U  L  L  M  O  O  N  P
N  U  N  N  R  W  Y  N  V  J  T  F  I  H  S  E  P  A  H  S
X  L  A  N  L  T  R  A  N  S  F  O  R  M  A  T  I  O  N  B
T  F  R  F  Z  K  T  C  N  I  T  S  N  I  L  A  M  I  N  A
T  V  K  C  A  P  M  C  M  K  T  N  U  H  T  P  L  B  Y  L
```

ALPHA	FULL MOON	NIGHT
ALPHA FEMALE	FUR	OMEGA
ALPHA MALE	HIERARCHY	PACK
ANIMAL INSTINCT	HOWL	PREDATORY
BEAST	HUNT	REGENERATION
BETA	HYBRID	SAVAGERY
BLOODLUST	LUNAR CYCLE	SHAPESHIFT
CLAWS	LYCANTHROPY	SILVER BULLET
CURSE	MIDNIGHT	TRANSFORMATION
FANGS	MOONLIGHT	WILD

#64 Blast from the Past

```
Q  X  F  R  H  C  B  L  C  N  T  T  M  Z  E  G  N  U  R  G
S  N  P  X  O  J  V  A  R  E  Y  A  L  P  D  R  O  C  E  R
K  E  V  M  L  L  S  N  B  Z  N  J  R  W  D  Y  M  Y  X  L
Z  H  I  Y  A  S  L  B  Q  W  M  R  N  F  T  K  M  H  X  K
S  T  Z  H  E  L  S  E  O  H  S  M  R  O  F  T  A  L  P  X
N  P  B  T  C  Z  A  L  R  R  E  I  G  H  T  T  R  A  C  K
B  N  T  O  V  N  N  V  W  B  E  L  L  B  O  T  T  O  M  S
R  E  K  X  O  R  U  A  A  C  L  F  J  Y  Z  L  Q  L  N  F
E  T  M  L  R  M  V  R  M  L  T  A  K  Y  Z  N  M  T  L  S
A  F  V  R  F  R  B  D  C  K  H  W  D  I  X  J  L  O  O  R
K  L  L  U  R  A  Q  O  G  C  L  H  R  E  N  M  P  C  K  E
D  A  F  B  H  C  N  T  X  J  G  A  L  L  S  P  S  K  L  M
A  N  D  I  W  C  M  N  H  F  T  H  W  N  Y  I  W  R  P  R
N  N  I  K  P  I  P  E  Y  A  H  T  L  D  D  E  D  T  L  A
C  E  O  S  W  S  C  D  N  P  X  W  I  C  P  C  V  H  C  W
I  L  R  C  T  S  Z  A  N  Q  A  S  D  A  V  W  W  N  K  G
N  Y  A  U  M  A  F  C  M  N  K  C  T  B  L  V  W  X  F  E
G  C  L  B  P  L  G  R  M  W  T  X  K  M  V  M  L  R  R  L
T  N  O  E  Z  C  M  A  P  L  I  F  R  P  A  C  M  A  N  M
J  L  P  T  R  L  L  P  C  M  O  I  D  A  R  B  C  Z  Y  C
```

Arcade	Disco	Pac-Man
Atari	Eight-track	Platform
Bell-bottoms	Fanny pack	shoes
Boombox	Flannel	Polaroid
breakdancing	Floppy disk	Record player
Cassette	Grunge	Rollerblades
CB radio	Lava lamp	Rubik's Cube
Ccrunchies	Leg warmers	VHS
Classic car	Mixtape	Walkman

#65 Airborne Antics

```
L  I  N  V  E  R  T  E  D  F  L  I  G  H  T  D  F  V  C  R
L  L  O  R  L  A  C  I  T  R  E  V  G  A  L  L  R  S  R  O
O  F  P  L  H  K  G  R  T  K  D  X  I  L  L  H  N  Q  T  L
R  A  A  T  L  R  N  K  K  Z  P  L  P  O  Q  A  R  V  T  L
E  R  N  L  B  O  Z  I  V  L  S  R  R  N  P  H  C  Y  E  I
U  B  R  R  L  M  R  B  F  L  S  P  O  T  P  O  P  L  M  N
Q  O  T  Z  O  I  Y  N  I  E  A  P  O  T  Q  K  L  F  F  G
R  C  A  X  M  K  N  D  O  N  E  I  L  C  R  E  L  L  R  C
O  S  I  L  C  T  E  G  S  I  N  D  N  I  D  V  I  T  E  I
T  '  L  R  O  T  K  T  L  V  T  A  G  N  T  C  Y  R  H  R
X  V  S  P  V  L  R  L  E  E  M  A  A  E  K  S  M  O  C  C
F  E  P  M  A  Z  O  R  M  L  A  H  T  R  H  R  K  L  N  L
L  H  I  U  K  O  T  L  E  V  C  F  O  I  D  M  Z  L  A  E
A  C  N  B  P  E  R  M  C  T  T  L  L  E  S  Q  G  I  L  X
T  A  R  Y  D  R  M  N  D  L  L  B  K  L  L  E  Y  N  A  V
S  G  N  T  P  I  T  K  Q  G  T  J  Z  Y  L  B  H  G  V  X
P  U  L  P  Z  C  U  B  A  N  E  I  G  H  T  O  M  T  A  X
I  P  G  M  M  W  M  H  S  P  I  N  T  Y  Z  B  R  U  H  J
N  G  Z  U  R  N  R  E  S  A  H  C  L  I  A  T  R  R  T  P
D  A  E  H  R  E  M  M  A  H  Y  Y  V  L  D  Y  B  N  Q  P
```

AVALANCHE
CHANDELLE
CUBAN EIGHT
FALLING LEAF
FLAT SPIN
FLICK ROLL
HAMMERHEAD
HESITATION ROLL
HUMPTY BUMP
IMMELMAN

INVERTED FLIGHT
KNIFE EDGE
LOMCOVAK
LOOP
POP TOP
PUGACHEV'S COBRA
ROLL
ROLLING CIRCLE
ROLLING TURN
SNAP ROLL

SNAP TO INVERTED
SPIN
SPLIT S
TAIL CHASE
TAIL SPIN
TAILSLIDE
TORQUE ROLL
TUMBLE
VERTICAL ROLL

#66 Nautical Nonsense

```
K  Z  G  N  I  G  G  I  R  Q  V  K  P  G  K  T  N  X  M  Z
L  P  T  W  H  J  J  Z  V  Z  C  O  F  M  N  T  Z  M  V  C
X  F  F  K  X  K  D  C  N  O  N  H  Y  L  D  K  M  R  Q  N
L  R  B  W  M  C  R  J  D  V  H  K  X  A  A  M  B  M  T  G
P  Q  T  A  M  E  T  N  M  Q  M  D  M  R  G  G  X  V  P  A
X  X  K  T  H  D  L  C  T  G  N  W  Y  M  M  E  F  R  F  L
G  C  T  E  F  R  V  R  O  B  R  A  H  R  Z  K  O  R  R  L
H  A  Y  R  W  X  E  K  P  P  C  P  B  O  W  P  P  N  C  E
H  P  C  L  Y  E  B  D  M  A  B  M  T  K  E  K  O  A  N  Y
L  T  M  I  R  L  R  U  D  K  D  L  C  L  K  I  R  T  N  W
T  A  L  N  Z  K  L  C  O  U  F  D  L  M  T  G  T  R  Y  T
J  I  Q  E  Y  Z  T  U  C  Y  R  E  L  A  O  N  E  T  X  Q
Q  N  L  A  P  Z  S  G  H  F  R  B  G  E  M  T  P  R  R  G
F  R  C  N  O  R  A  C  M  H  G  I  G  K  S  M  G  N  T  X
V  H  D  F  R  O  M  X  N  A  V  L  T  T  K  C  Q  Y  T  L
T  H  Y  R  T  H  Y  G  N  A  I  E  N  G  I  N  E  V  L  I
T  V  M  K  Q  C  M  G  N  B  M  N  M  L  O  A  R  R  T  A
B  N  D  N  N  W  K  R  L  T  A  C  K  L  E  T  X  D  S
Z  V  P  V  R  A  D  T  X  B  K  S  S  A  P  M  O  C  W  G
D  R  T  D  Y  M  G  M  C  P  F  N  F  C  K  L  D  T  N  F
```

ANCHOR	ENGINE	PORT
BILGE	FLAG	PROPELLER
BOW	GALLEY	RIGGING
BUOY	GANGWAY	RUDDER
CAPTAIN	HARBOR	SAIL
CARGO	HULL	STERN
COMPASS	MAST	TACKLE
CREW	NAVIGATION	VOYAGE
DECK	OAR	WATERLINE
DOCK	PADDLE	YACHT

#67 Mind Games

B	R	A	I	N	P	O	W	E	R	B	T	N	G	D	P	X	Y	Y	B
M	K	Z	L	I	M	V	K	C	Q	C	C	I	G	E	T	A	R	T	S
E	B	C	Y	N	C	O	M	P	R	E	H	E	N	S	I	O	N	X	A
C	N	H	P	T	H	R	R	Y	T	I	V	I	T	A	E	R	C	N	K
N	P	E	P	E	Y	L	G	E	R	K	X	H	H	K	D	I	A	P	P
A	R	C	E	L	L	Y	L	E	A	R	K	K	C	R	N	L	N	M	M
I	O	N	R	L	O	Z	L	X	N	S	F	J	P	G	Y	O	M	N	S
L	B	E	C	E	G	M	K	H	T	I	O	Q	E	S	I	D	B	O	I
L	L	G	E	C	I	L	O	Y	M	E	U	N	I	T	J	Y	I	I	L
I	E	I	P	T	C	T	G	D	G	E	U	S	I	V	K	T	N	T	A
R	M	L	T	U	G	T	N	D	S	I	M	N	R	N	R	I	N	P	U
B	S	L	I	A	L	Q	E	C	T	I	G	O	J	F	G	U	O	E	T
P	O	E	O	L	Y	L	T	Y	Q	O	W	Y	R	T	K	N	V	C	C
R	L	T	N	X	W	R	P	H	C	D	N	L	P	Y	G	E	A	R	E
A	V	N	G	O	A	T	H	G	I	S	N	I	Y	Q	X	G	T	E	L
H	I	I	N	M	M	R	D	M	M	J	Z	G	Y	V	T	N	I	P	L
S	N	K	S	M	Q	E	R	U	D	I	T	E	D	B	V	I	O	V	E
F	G	G	U	N	D	E	R	S	T	A	N	D	I	N	G	A	N	T	T
V	W	H	C	A	L	C	U	L	U	S	N	H	K	Q	N	C	S	Q	N
E	V	I	T	P	E	C	R	E	P	F	W	P	B	Y	N	C	T	N	I

ANALYSIS
BRAINPOWER
BRILLIANCE
CALCULUS
COGNITION
COMPREHENSION
CREATIVITY
ERUDITE
GENIUS
INGENUITY

INGENUITY
INNOVATION
INSIGHT
INTELLECTUAL
INTELLECTUALISM
INTELLIGENCE
KNOWLEDGE
LOGIC
MEMORY
PERCEPTION

PERCEPTION
PERCEPTIVE
PROBLEM-SOLVING
REASONING
SAVVY
SHARP
SMART
STRATEGIC
UNDERSTANDING
WISDOM

#68 Sewing Essentials

```
H  L  F  T  K  B  Q  Z  N  Z  Z  C  K  V  Q  T  K  N  M  S
N  J  R  C  I  Q  Q  K  G  E  D  Z  B  P  C  V  L  Z  E  W
C  T  K  A  T  X  Y  G  F  B  E  G  C  T  Q  J  H  A  Z  N
N  I  S  L  L  T  A  L  N  U  K  D  G  N  N  H  M  R  L  T
P  L  T  L  A  H  R  M  O  R  S  P  L  O  K  R  M  B  B  R
S  J  L  S  C  H  N  M  R  M  A  I  T  E  E  N  W  F  U  A
Q  C  R  T  A  K  C  B  I  T  E  T  B  P  Z  I  M  Y  T  P
K  H  I  O  B  L  M  S  C  V  U  H  P  L  D  B  W  Z  T  P
T  T  G  S  L  H  E  H  R  B  G  I  L  F  E  B  N  P  O  L
S  Z  N  N  S  I  W  T  S  O  Z  D  Z  N  X  O  Q  I  N  I
T  R  I  G  K  O  A  W  D  E  L  R  O  J  H  B  R  N  H  Q
T  H  C  R  R  M  R  T  W  Y  R  I  K  G  X  T  J  L  O  U
L  J  A  K  V  Q  N  S  T  B  H  G  A  B  R  L  T  L  L  E
I  T  F  F  A  B  R  I  C  S  K  T  E  T  K  L  D  H  E  G
U  M  R  R  P  V  K  V  U  L  B  T  Q  R  D  A  E  R  H  T
Q  B  E  P  G  Q  K  C  B  E  M  B  R  O  I  D  E  R  Y  Y
Z  L  T  C  R  H  N  Q  G  N  I  D  N  I  B  R  H  M  Q  D
K  D  N  V  W  I  B  B  P  R  E  S  S  E  R  F  O  O  T  L
N  T  I  P  P  Y  E  N  I  H  C  A  M  G  N  I  W  E  S  M
B  P  K  Q  Y  T  H  I  M  B  L  E  M  Y  T  W  T  K  R  J
```

Applique	Hem	Seam
Bias	Interfacing	Serger
Binding	Iron	Sewing machine
Bobbin	Needle	Stitch
Button	Patchwork	Tailor
Buttonhole	Pin	Tailor's chalk
Elastic	Pincushion	Thimble
Embroidery	Presser foot	Thread
Fabric	Quilt	Yarn
Fusible	Scissors	Zipper

#69 FLIRTATIOUS

```
T  E  M  P  T  A  T  I  O  N  F  K  L  A  T  T  E  E  W  S
W  W  C  O  Q  U  E  T  T  E  H  N  V  N  L  R  R  K  T  P
F  M  T  N  E  M  E  C  N  A  R  T  N  E  O  R  X  R  G  P
G  N  D  L  T  M  X  D  Q  Z  B  X  A  M  S  I  R  A  H  C
N  A  T  T  R  A  C  T  I  O  N  T  A  H  K  W  C  P  Z  D
R  Y  D  V  Q  E  H  N  G  L  L  N  M  T  Z  H  W  S  T  Q
C  R  L  Z  N  R  T  V  R  D  C  R  N  A  K  N  L  J  K  Z
R  T  V  L  W  I  W  F  D  E  C  E  T  Y  G  G  C  Q  W  K
U  S  M  J  R  M  T  I  N  T  M  O  E  C  B  N  D  W  K  N
S  I  H  P  Z  D  B  K  N  I  R  N  U  K  U  R  E  F  G  E
H  M  C  A  P  A  F  A  L  K  C  I  B  R  T  E  X  T  S  V
S  E  U  S  R  R  H  P  N  H  V  O  L  C  T  W  L  A  I  Y
S  H  O  S  G  M  M  E  A  T  R  K  A  F  E  S  E  I  T  C
E  C  T  I  B  O  R  N  R  H  E  S  L  M  R  T  H  Q  M  N
N  X  T  O  C  U  T  M  T  F  A  R  H  X  F  Y  L  I  Q  S
D  Q  B  N  L  M  M  T  R  N  M  P  K  F  L  B  Z  X  P  K
N  F  K  L  E  F  R  T  O  A  H  B  Y  D  Y  Y  C  P  F  K
O  D  A  N  L  A  N  V  T  K  H  N  O  I  T  C  U  D  E  S
F  H  T  K  E  N  A  R  K  X  F  C  B  C  D  G  T  T  F  R
N  Q  G  H  R  D  P  I  N  F  A  T  U  A  T  I  O  N  T  L
```

ADMIRE	COQUETTE	PASSION
ALLURE	COURTSHIP	ROMANCE
ATTRACTION	CRUSH	SEDUCTION
BANTER	ENCHANTMENT	SMILE
BUTTERFLY	ENTRANCEMENT	SPARK
CASANOVA	FLIRT	SWEET TALK
CHARISMA	FONDNESS	TEASE
CHARM	HEARTTHROB	TEMPTATION
CHEMISTRY	INFATUATION	TOUCH
COMPLIMENT	MAGNETIC	WINK

#70 BAKED DELIGHTS

```
P  O  R  A  N  G  E  G  A  L  M  O  N  D  S  N  T  S  K  D
E  T  N  J  S  E  I  R  R  E  B  W  A  R  T  S  E  B  G  W
C  N  M  A  E  R  C  Y  V  A  E  H  E  M  R  S  A  M  E  T
A  V  N  O  M  E  L  V  G  T  F  F  I  M  S  K  M  Y  L  A
N  W  Y  R  R  R  Z  C  T  L  M  L  L  A  I  F  A  Y  P  P
S  K  T  R  P  Q  R  B  R  D  K  Z  L  N  P  L  E  N  P  P
L  A  D  O  S  G  N  I  K  A  B  O  G  F  L  S  R  H  A  L
T  M  H  C  K  L  B  J  G  L  M  P  B  H  A  K  C  L  E  E
F  K  B  R  T  R  Z  K  L  T  O  L  Y  N  E  V  D  V  N  S
B  R  J  E  L  U  Z  R  L  W  U  R  A  Z  T  R  E  A  I  X
C  S  B  A  D  O  B  K  D  E  N  N  L  D  A  B  P  N  P  Z
Y  Y  A  M  L  L  R  E  B  L  A  K  N  F  L  N  P  I  S  V
W  C  E  L  T  F  R  E  Y  B  D  V  R  L  O  H  I  L  N  H
M  A  J  N  T  S  R  L  G  K  B  T  G  M  C  N  H  L  I  G
Y  M  L  K  O  R  A  Y  D  G  J  X  A  R  O  K  W  A  S  T
X  P  N  N  I  H  R  E  X  R  S  N  A  D  H  F  T  V  I  K
N  N  N  E  U  N  L  P  Y  P  N  G  P  V  C  W  Z  D  A  L
R  F  S  D  L  T  L  H  V  I  U  Z  R  D  K  K  C  P  R  L
L  K  L  T  K  G  S  K  C  S  R  V  Q  D  K  F  J  C  T  G
W  L  F  V  T  Z  N  U  T  M  E  G  B  U  T  T  E  R  R  N
```

ALMONDS	EGGS	PECANS
APPLES	FLOUR	PINEAPPLE
BAKING POWDER	HEAVY CREAM	RAISINS
BAKING SODA	HONEY	SALT
BANANAS	LEMON	STRAWBERRIES
BLUEBERRIES	LIME	SUGAR
BUTTER	MILK	VANILLA
CHOCOLATE	MOLASSES	WALNUTS
CINNAMON	NUTMEG	WHIPPED CREAM
CREAM	ORANGE	YEAST

#71 "Feelin' Groovy"

```
T  K  D  T  G  Q  K  P  D  J  S  V  S  K  N  L  C  G  W  E
F  G  J  P  I  K  T  E  X  H  M  M  N  V  K  Z  A  Q  H  Y
R  L  F  V  H  U  B  H  A  G  O  V  L  N  P  Z  R  X  V  D
T  M  O  M  N  R  S  G  E  T  K  P  L  O  J  C  P  B  P  E
W  N  G  W  E  G  C  E  T  B  I  K  N  C  I  F  E  T  M  I
C  W  K  T  E  A  I  O  R  N  E  B  Q  S  L  F  N  A  A  T
Q  T  A  R  R  B  S  K  U  P  E  U  I  L  Y  T  B  L  K
A  W  R  P  E  L  P  F  E  O  S  M  G  D  G  R  E  B  A  M
F  C  E  Z  L  A  L  O  L  C  K  I  N  E  M  X  R  A  V  Q
R  T  X  E  L  O  R  Y  W  N  A  Q  E  K  E  H  S  R  A  K
O  X  B  W  Y  H  E  T  U  E  M  E  Q  L  R  S  B  Y  L  K
B  Q  R  D  V  S  N  F  H  C  R  X  P  Q  M  N  K  T  Z  T
M  W  G  T  T  M  P  L  A  T  F  O  R  M  S  H  O  E  S  D
R  T  B  E  P  X  V  J  C  T  O  L  4  5  O  I  D  U  T  S
P  F  R  G  C  D  H  F  K  Z  P  N  Y  L  N  K  Z  N  Z  M
O  5  N  O  S  K  C  A  J  E  H  T  E  D  T  M  M  W  T  F
P  B  M  H  S  G  N  I  R  D  O  O  M  S  K  G  G  T  F  P
A  V  D  K  Q  D  N  I  L  E  P  P  E  Z  D  E  L  F  T  J
R  O  L  L  E  R  S  K  A  T  E  S  Z  P  E  T  R  O  C  K
T  M  B  T  L  Y  A  T  L  O  V  A  R  T  N  H  O  J  T  B
```

ABBA	LAVA LAMP	POP ART
AFRO	LED ZEPPELIN	ROLLER SKATES
BELLBOTTOMS	LEISURE SUIT	SHAG CARPET
CARPENTERS	MOOD RINGS	STUDIO 54
DISCO	PEACE SIGN	THE BEE GEES
EARTH TONES	PET ROCK	THE JACKSON 5
FLOWER POWER	PINK FLOYD	TIE-DYE
FUNK MUSIC	PLATFORM SHOES	WATERBED
JOHN TRAVOLTA	POLYESTER	

#72 Soup's On!

```
M I S O H S A U Q S T U N R E T T U B K
Y X M U S H R O O M B A R L E Y M Y E Z
L C M I N E S T R O N E R X G A Z U O B
Z R X K B T G T H C S R O B T N Q H E K
F E N T C P T P Z Q R Y L Z H S C E J G
R A W G L L K K B P N P O T I A F T U X
E M O N E T A V N X O B C B P A X M K C
N O N I L L M M C Z A T O Z N T B R A N
C F T D D M R K C L R T A D P O Q R F Q
H B O D O Y N E L H A G B T V X R K C D
O R N E O H W X D M O A J C O O Q A N C
N O A W N N P E O W R W X R T L V T K J
I C L N N I A T T L O N D G A G E S Z G
O C L A E L W E E S I H I E O M P E J N
N O I I K I R Y B K F N C L R L E J K T
L L T L C H Q N P K G E E N I R L N K P
F I R A I C X M N E C M E T R R Q H T K
J P O T H H U R R K O A P B N O G D F V
L J T I C P P G X N Q E L D K F C L N R
M K L I T N E L O R A D L B T W F R L G
```

AVGOLEMONO
BEEF AND BARLEY
BEEF STEW
BLACK BEAN
BORSCHT
BUTTERNUT SQUASH
CARROT GINGER
CHICKEN NOODLE
CHILI
CLAM CHOWDER

CORN CHOWDER
CREAM OF BROCCOLI
FRENCH ONION
GAZPACHO
GUMBO
ITALIAN WEDDING
LENTIL
MATZO BALL
MINESTRONE
MISO

MUSHROOM BARLEY
PHO
POTATO LEEK
PUMPKIN
RAMEN
SPLIT PEA
TOMATO BISQUE
TORTILLA
WONTON

#73 HIDDEN WONDERS OF HA LONG BAY

```
B  R  F  I  G  H  T  I  N  G  C  O  C  K  I  S  L  A  N  D
G  O  T  B  T  Y  T  S  U  N  G  S  O  T  C  A  V  E  N  E
Q  V  A  N  F  A  Y  D  N  A  L  S  I  P  O  T  I  T  N  V
W  H  K  T  I  B  B  D  N  A  L  S  I  O  T  O  C  W  I  A
E  V  B  C  S  G  T  M  R  F  L  R  M  K  D  H  F  K  K  C
V  H  C  J  H  N  K  R  F  X  R  M  W  L  G  A  L  C  N  E
A  N  G  R  I  O  T  Z  Z  X  C  N  Y  N  T  L  O  A  O  C
C  Z  N  V  N  L  L  H  V  Z  O  P  Y  C  P  O  A  T  T  A
O  Z  I  N  G  U  T  Y  I  G  Y  V  K  K  R  N  T  B  F  L
G  N  V  T  V  T  T  E  A  E  I  J  A  T  G  G  I  A  O  A
U  B  I  T  I  I  S  R  S  E  N  Y  C  N  L  P  N  I  F  P
A  R  D  F  L  A  D  N  T  I  A  C  I  Z  M  E  G  S  L  Y
D  J  A  N  L  B  G  N  I  K  U  L  U  Y  V  A  V  L  U  L
P  T  B  F  A  I  A  N  I  A  I  R  A  N  R  R  I  A  G  N
F  C  U  X  G  M  S  N  O  A  T  B  C  M  G  L  L  N  W  E
Z  X  C  W  E  R  G  L  S  C  B  N  C  F  H  C  L  D  L  V
T  Q  S  N  S  P  F  R  A  L  S  A  U  X  L  C  A  F  Q  A
K  T  K  Z  T  R  K  K  R  N  V  E  Q  O  F  H  G  V  M  E
E  N  O  T  S  E  M  I  L  E  D  N  N  D  M  Q  E  K  E  H
B  E  A  C  H  E  S  V  S  P  P  Q  M  U  R  B  S  P  D  Y
```

BAI TU LONG BAY	FIGHTING COCK ISLAND	SAILING
BAY	FISHING VILLAGES	SCUBA DIVING
BEACHES	FLOATING VILLAGES	SUNG SOT CAVE
BOATS	GULF OF TONKIN	THIEN CUNG CAVE
CAT BA ISLAND	HALONG PEARL	TITOP ISLAND
CAVES	HEAVENLY PALACE CAVE	UNESCO
CO TO ISLAND	ISLAND	VIETNAM
CRUISE	KAYAKING	
DAU GO CAVE	LIMESTONE	
DRAGON	MOUNTAINS	

#74 Verse and Rhyme

```
X K W M D R X D G R U B D N A S V Y R W
N M N O X B O C W H Y K M T N E K A L B
Y N L T R N R P D E M D S N I K R A L B
S B D O N D L T L X Q H D E N T N U Q M
G G T E N A S L P L X W Z M H N P G M D
N R L Z T G E W G K N A N Y O G M L F I
I E P H B H F M O N L G D S V C U B X D
M B R R S N Y E K R A F N U W D R H N V
M S R M T C S T L N T I O L R G P X V M
U N X R T Q B T G L K H R E L E P K Q H
C I W R W Y R E A C O R Y R F L N L G U
J G P O E H L M I E T W B A J L L X N G
P H L L K O I D K O K G S E T D V P Q H
J Z R J U E Z T I J L M N P A U D E N E
L K T N K R H L M F H J E S Z C N R X S
L T W A W N E D F A N M V E Y L C X L W
E K L M D Z Y G R J N V E K Q M T K O R
W B R T N K K F O L V T T A N R T X W T
O M Y E A T S N S M T X S H B L N K E Q
L H E A N E Y D T N M R Y S L J J M N D
```

Angelou	Ginsberg	Plath
Auden	Heaney	Poe
Blake	Hughes	Rumi
Blake	Hughes	Sandburg
Byron	Keats	Shakespeare
Cummings	Larkin	Shelley
Dickinson	Longfellow	Stevens
Donne	Lowell	Whitman
Eliot	Neruda	Wordsworth
Frost	Owen	Yeats

#75 BODY BUZZWORDS

```
T  P  R  P  R  W  V  B  C  R  J  M  K  J  R  N  T  Q  Q  T
J  E  M  Y  Z  N  E  P  V  E  C  A  R  T  I  L  A  G  E  Y
P  E  R  I  P  H  E  R  A  L  L  T  C  W  F  R  N  L  R  T
C  A  R  D  I  O  V  A  S  C  U  L  A  R  Y  L  E  O  X  F
R  L  H  M  E  T  S  Y  S  T  R  M  H  K  R  J  T  N  L  Z
E  C  I  T  A  H  P  M  Y  L  R  O  R  T  G  A  K  A  A  T
P  D  X  V  L  S  O  N  E  U  R  O  N  Y  R  K  N  T  W  L
R  L  M  J  F  R  K  T  K  M  X  J  T  I  L  I  E  N  T  M
O  N  W  D  G  B  Z  E  O  M  V  Y  P  O  P  M  N  D  M  N
D  O  J  A  K  V  L  N  L  L  N  S  H  S  M  Y  O  D  R  E
U  I  N  O  B  E  E  X  M  E  E  L  T  T  G  B  B  T  T  R
C  T  Y  C  I  C  L  K  L  R  T  K  C  O  N  Z  N  K  S  V
T  S  M  N  L  N  J  C  F  B  J  A  L  C  E  E  R  E  L  E
I  E  O  T  A  T  T  K  S  L  K  O  L  R  M  N  N  V  T  N
V  G  T  I  I  T  K  G  C  U  I  J  L  A  F  S  U  S  K  Q
E  I  A  S  N  N  N  K  P  S  M  N  G  N  O  N  H  M  L  F
Q  D  N  S  A  R  L  X  Y  R  N  I  K  R  K  K  L  O  M  W
B  X  A  U  R  J  B  H  K  V  L  J  Y  K  V  C  Q  O  W  I
F  H  Y  E  C  X  P  W  G  X  K  Z  R  T  D  T  C  T  W  P
N  E  N  I  R  C  O  D  N  E  B  Z  Y  Y  Y  H  Z  H  T  X
```

ANATOMY	IMMUNE	PHYSIOLOGY
BONE	JOINT	RENAL
CARDIOVASCULAR	LIGAMENT	REPRODUCTIVE
CARTILAGE	LYMPHATIC	RESPIRATORY
CELL	MOTOR	SENSORY
CRANIAL	MUSCLE	SKELETAL
DIGESTION	NERVE	SMOOTH
ENDOCRINE	NEURON	SPINAL
ENZYME	ORGAN	SYSTEM
HORMONE	PERIPHERAL	TISSUE

#76 CROCKPOT CHRONICLES

```
K  R  E  R  O  T  A  I  C  C  A  C  N  E  K  C  I  H  C  R
B  A  L  L  E  A  P  A  P  C  O  R  N  E  D  B  E  E  F  K
R  O  X  D  R  X  S  P  R  A  T  A  T  O  U  I  L  L  E  W
M  F  L  C  Q  S  M  H  G  R  T  E  B  E  E  F  S  T  E  W
T  I  F  O  O  R  Q  P  R  Q  K  T  Q  R  Z  M  L  R  R  R
C  K  N  U  G  H  V  N  T  S  M  P  N  E  L  N  W  L  K  S
R  C  L  E  N  N  I  G  I  T  U  V  O  D  E  F  P  V  T  H
T  E  U  T  S  V  E  R  T  L  L  R  N  W  N  K  H  B  O  R
T  S  Y  R  U  T  B  S  L  C  W  N  G  O  T  S  F  R  M  I
K  M  A  A  R  F  R  E  E  J  J  P  I  H  I  K  N  U  A  M
L  Q  Q  O  E  Y  D  O  A  N  P  Z  U  C  L  N  G  N  T  P
L  O  G  E  R  P  Y  M  N  N  O  P  G  M  S  A  O  S  O  A
C  R  B  N  O  T  B  B  O  E  T  K  R  A  O  H  U  W  S  N
H  K  M  R  Y  A  O  C  M  M  A  K  U  L  U  S  L  I  O  D
L  K  K  V  L  N  U  P  J  F  U  L  O  C  P  B  A  C  U  G
L  N  M  A  I  B  Q  R  R  X  F  R  B  G  X  M  S  K  P  R
J  T  Y  D  O  L  H  X  Z  L  E  N  F  R  J  A  H  S  W  I
M  A  D  S  N  M  I  L  T  J  U  P  E  N  L  L  V  T  X  T
G  Q  S  M  N  N  F  H  F  N  T  N  E  X  Y  R  M  E  L  S
M  O  K  P  W  N  M  H  C  N  M  K  B  W  E  T  S  W  K  T
```

BEEF BOURGUIGNON	COQ AU VIN	PAELLA
BEEF BRISKET	CORNED BEEF	POT ROAST
BEEF STEW	CURRY	POT-AU-FEU
BOLOGNESE	GOULASH	PULLED PORK
BRUNSWICK STEW	JAMBALAYA	RATATOUILLE
CASSOULET	LAMB SHANKS	SHRIMP AND GRITS
CHICKEN CACCIATORE	LENTIL SOUP	STEW
CHILI	MINESTRONE	TOMATO SOUP
CLAM CHOWDER	OSSO BUCO	

#77 OVER THE TOP

```
S  U  O  I  T  N  E  T  E  R  P  Y  N  T  O  K  I  V  G  T
R  P  J  J  F  F  L  R  Y  D  G  K  T  S  H  M  N  O  L  N
Z  A  H  B  J  L  L  G  R  J  J  L  T  B  M  G  L  V  A  E
L  H  L  K  T  Y  A  A  R  L  L  E  H  O  K  R  V  E  M  G
R  V  L  U  D  N  O  M  R  N  N  R  D  P  O  A  E  R  O  L
Q  H  Z  U  C  B  A  T  B  T  L  E  Y  U  V  N  X  K  R  U
C  D  A  T  R  A  N  Y  A  O  R  G  T  L  E  D  T  I  O  D
I  G  R  E  H  E  T  T  O  A  Y  L  G  F  R  I  R  L  U  N
T  R  V  A  L  G  I  C  T  B  A  A  J  L  B  O  A  L  S  I
S  O  L  U  M  O  U  E  E  N  M  H  N  M  L  S  N  T  E  R
A  V  P  U  U  A  B  O  D  P  S  A  V  T  O  E  E  N  N  E
B  O  B  S  X  C  T  I  R  I  S  W  L  N  W  X  O  A  O  V
M  N  C  K  D  U  S  I  V  W  W  R  L  F  N  K  U  G  D  O
O  N  G  M  J  H  R  A  C  M  R  Z  K  M  K  K  S  A  R  M
B  N  J  R  V  J  L  I  E  X  C  E  S  S  I  V  E  V  E  L
R  S  E  N  S  A  T  I  O  N  A  L  V  K  P  X  L  A  V  W
Z  D  L  F  L  A  S  H  Y  U  X  F  J  O  N  M  Z  R  O  B
F  L  Q  T  G  J  L  C  K  W  S  M  H  T  N  Z  G  T  X  N
X  Z  G  N  I  M  L  E  H  W  R  E  V  O  L  N  L  X  G  N
F  D  E  C  A  D  E  N  T  L  Y  W  O  H  S  M  M  E  N  L
```

BOMBASTIC	GLAMOROUS	OVERDONE
DECADENT	GRANDIOSE	OVERINDULGENT
DRAMATIC	IMMODERATE	OVERKILL
EXCESSIVE	LAVISH	OVERWHELMING
EXTRANEOUS	LUXURIOUS	OVERWROUGHT
EXTRAVAGANT	OPULENT	PRETENTIOUS
FLAMBOYANT	OSTENTATIOUS	SENSATIONAL
FLAMBOYANT	OUTLANDISH	SHOWY
FLASHY	OVERBLOWN	SPECTACULAR
GAUDY	OVERBOARD	

#78 Wrap It Up!

```
M  O  Z  L  Z  K  Q  X  T  M  S  A  M  T  S  I  R  H  C  T
X  B  C  N  F  N  Q  T  R  I  B  B  O  N  H  G  J  C  N  M
P  B  V  C  V  P  J  M  T  G  W  T  S  U  R  P  R  I  S  E
V  R  R  N  A  W  C  N  W  K  R  X  R  B  R  W  K  N  V  Y
R  N  R  I  R  S  M  C  M  M  A  V  H  P  K  T  K  K  M  X
K  V  J  G  D  D  I  L  X  X  P  R  J  G  Y  N  B  O  W  S
R  C  R  E  P  A  P  O  K  T  P  K  L  L  L  E  T  R  P  R
N  P  X  F  H  B  L  T  N  G  I  M  T  B  N  S  V  L  J  G
N  N  L  O  T  A  A  S  N  L  N  S  T  M  B  E  Q  K  S  V
E  U  L  G  B  G  K  I  H  O  G  A  S  A  M  R  V  N  S  C
R  R  Y  G  S  T  L  K  I  O  P  T  B  U  R  P  O  D  '  E
S  M  D  T  K  R  F  T  U  E  W  Y  Z  B  E  I  J  N  E  L
J  R  F  Q  U  J  A  H  K  N  S  E  I  R  T  Z  G  V  N  E
H  I  O  C  V  U  N  H  W  H  A  R  R  A  N  X  Z  L  I  B
G  C  W  S  D  T  D  T  O  E  T  H  R  K  J  V  L  T  T  R
G  Y  W  A  S  W  M  W  B  H  D  O  L  H  L  T  P  F  N  A
L  C  R  N  G  I  E  L  D  L  C  D  Z  K  L  Q  N  A  E  T
R  G  A  R  A  R  C  A  F  E  K  R  I  B  B  M  R  R  L  E
N  L  P  X  T  J  Y  S  D  M  M  R  L  N  O  K  R  C  A  W
J  J  S  A  N  N  I  V  E  R  S  A  R  Y  G  W  K  G  V  G
```

ANNIVERSARY	CURLING	SCISSORS
BABY SHOWER	DECORATIONS	SURPRISE
BIRTHDAY	GIFT	TAG
BOW	GLUE	TAGS
BOWS	GRADUATION	TAPE
BOX	HANUKKAH	TISSUE
BRIDAL SHOWER	OCCASION	VALENTINE'S
CELEBRATE	PAPER	WEDDING
CHRISTMAS	PRESENT	WRAPPING
CRAFT	RIBBON	WRAPS

#79 Beneath the Surface

```
D  T  N  K  R  Y  P  J  C  A  T  A  C  O  M  B  S  T  B  T
R  X  K  V  S  G  N  I  R  P  S  L  A  R  U  T  A  N  T  Z
K  J  Q  V  G  W  S  R  A  L  L  E  C  T  O  O  R  C  M  L
S  Q  F  D  Y  T  B  X  X  D  F  M  Q  R  V  B  V  I  P  D
H  E  L  S  R  E  K  N  U  B  Q  P  K  M  R  M  N  T  N  L
V  Q  L  V  S  L  D  G  P  Y  Y  M  G  L  J  E  Y  H  Z  S
M  B  Y  O  N  W  W  X  S  E  W  E  R  S  S  H  A  E  T  W
E  K  M  J  H  E  O  T  C  Q  K  J  Y  L  M  C  W  U  W  O
T  S  D  I  L  K  L  R  G  W  N  Q  H  C  X  I  B  N  Q  R
R  Q  R  L  N  U  N  R  R  Y  L  S  V  O  Y  T  U  D  K  R
O  D  S  E  A  E  O  I  S  U  L  C  S  A  M  I  S  E  B  U
S  T  U  V  T  T  S  T  S  E  B  Y  T  L  F  E  V  R  D  B
Y  X  M  G  T  L  N  H  N  M  Z  R  P  M  F  S  L  W  C  E
S  W  P  O  O  E  E  N  A  M  Q  T  Y  I  O  H  S  O  N  L
T  T  E  Q  M  U  U  H  R  F  D  Q  R  N  X  R  R  R  N  O
E  S  B  E  N  T  T  Z  S  C  T  D  C  E  H  K  A  L  L  M
M  J  S  J  X  Q  X  S  V  C  A  S  G  S  O  J  L  D  K  M
S  A  H  S  W  O  L  L  O  H  B  V  L  G  L  M  L  R  R  Y
B  W  M  C  Y  P  I  P  E  L  I  N  E  S  E  Q  E  N  T  N
F  Z  R  R  M  T  X  M  M  V  F  D  Y  S  S  F  C  F  C  F
```

BASEMENTS
BUNKERS
BURROWS
CATACOMBS
CAVES
CELLARS
CITIES
COAL MINES
CRYPTS
DUG WELLS

DUGOUTS
FOXHOLES
GROTTOES
HOLLOWS
METRO SYSTEMS
MINES
MINESHAFTS
MOLE BURROWS
NATURAL SPRINGS
PIPELINES

ROOT CELLARS
SEWERS
SHELTERS
SINKHOLES
SUBWAY
THE UNDERWORLD
TUNNELS
VAULTS

#80 Plain and Simple

```
L   J   R   S   I   M   P   L   E   N   C   H   P   Z   R   N   N   L   V   N
A   L   D   P   B   O   R   I   N   G   U   G   C   D   T   C   A   K   M   N
U   E   V   E   R   Y   D   A   Y   M   N   I   E   M   V   U   L   M   O   D
T   T   R   L   K   G   F   D   D   L   A   H   G   M   S   B   R   R   S   Y
I   O   R   D   I   N   A   R   Y   S   F   Y   A   U   N   C   M   X   T   F
B   F   Y   V   B   M   U   R   O   Y   Z   G   R   L   A   R   U   T   A   N
A   L   A   R   S   M   H   R   D   M   A   M   E   T   C   M   H   M   N   X
H   C   E   M   A   T   P   U   R   E   W   D   V   X   K   Z   F   T   D   L
T   L   O   N   I   M   E   P   N   W   N   T   A   K   Q   J   M   H   A   Z
R   L   Q   M   A   L   O   R   G   R   J   V   X   K   L   H   L   J   R   F
A   I   P   T   M   D   I   T   E   R   E   R   A   G   R   A   C   G   D   E
D   M   R   Y   F   O   N   A   S   O   R   M   L   R   C   O   F   K   R   N
I   E   E   P   T   Z   N   U   R   U   T   F   A   I   I   R   W   E   R   I
T   H   V   I   F   V   M   P   M   T   C   Y   P   R   D   E   G   M   T   T
I   T   A   C   B   X   D   L   L   Y   T   Y   P   I   K   U   T   P   J   U
O   F   I   A   M   L   H   M   T   A   T   M   A   I   L   A   C   Y   Q   O
N   O   L   L   K   N   R   K   K   M   C   T   M   A   C   Y   B   M   G   R
A   N   I   I   C   L   B   M   T   F   S   E   R   W   K   A   L   L   N   Q
L   U   N   T   L   A   N   O   I   T   N   E   V   N   O   C   L   B   E   P
B   R   G   Y   N   X   N   O   I   T   A   L   U   G   E   R   B   R   R   Z
```

AVERAGE	MUNDANE	SIMPLE
BORING	NATURAL	STAID
COMMONPLACE	NORM	STANDARD
CONVENTIONAL	ORDINARY	STEREOTYPICAL
CUSTOMARY	PREVAILING	TRADITIONAL
EVERYDAY	PROSAIC	TYPICAL
FAMILIAR	REGULAR	TYPICALITY
GARDEN-VARIETY	REGULATION	UNREMARKABLE
HABITUAL	ROUTINE	USUAL
HUMDRUM	RUN-OF-THE-MILL	WORKADAY

#81 Lost in Translation

```
L  M  N  O  I  T  P  I  R  C  S  N  A  R  T  G  Y  C  F  N
Q  W  M  R  N  O  I  T  P  I  R  C  S  N  A  R  T  A  J  D
T  Y  T  H  Y  P  K  T  C  E  L  A  I  D  A  N  P  P  A  N
L  T  R  A  N  S  L  A  T  O  R  W  Y  S  O  H  Z  T  R  O
K  L  C  P  K  B  W  K  B  D  P  G  S  I  Q  Y  L  I  G  I
M  O  Z  O  V  R  G  N  T  T  O  O  T  R  G  C  M  O  O  T
R  O  O  C  M  M  R  W  Z  L  L  A  Q  R  T  U  K  N  N  A
Y  T  I  B  V  M  K  J  O  G  T  T  R  R  L  T  C  P  L  R
R  L  N  D  E  P  U  N  S  E  W  G  R  T  Q  O  B  R  O  E
M  Q  V  H  I  S  I  N  R  U  B  X  I  Z  D  Z  Y  O  C  T
N  Y  W  T  M  M  A  P  I  I  B  L  N  E  P  C  L  O  A  I
O  K  G  K  R  S  R  R  L  C  I  T  S  N  J  G  N  F  L  L
C  F  F  E  L  E  L  I  H  N  A  W  I  P  W  P  E  R  I  S
I  M  T  K  T  N  N  A  G  P  I  T  I  T  P  Q  G  E  Z  N
X  B  R  N  G  G  D  U  N  T  J  D  I  Q  L  K  A  A  A  A
E  J  I  W  U  J  A  H  C  G  G  T  N  O  N  E  U  D  T  R
L  J  V  A  K  L  K  H  P  I  X  N  P  C  N  M  G  I  I  T
K  Z  L  N  K  Y  I  Y  N  Q  H  K  L  L  T  V  N  N  O  D
M  N  K  W  R  N  P  A  R  A  P  H  R  A  S  E  A  G  N  D
B  L  I  N  G  U  I  S  T  I  C  S  N  H  Y  K  L  D  N  W
```

BILINGUAL	LEXICON	TERMINOLOGY
CAPTION	LINGUISTICS	TRANSCRIPTION
CODE-SWITCHING	LOCALIZATION	TRANSCRIPTION
COMMUNICATION	MULTILINGUAL	TRANSLATOR
DIALECT	PARAPHRASE	TRANSLITERATION
GLOSSARY	PHRASEBOOK	
IDIOM	PIDGIN	
INTERPRETATION	PROOFREADING	
JARGON	SLANG	
LANGUAGE	SUBTITLE	

#82 Fiddling Fun

```
S  C  R  O  L  L  O  T  A  R  B  I  V  K  F  I  D  D  L  E
T  S  U  I  R  A  V  I  D  A  R  T  S  X  X  X  R  N  K  F
Q  N  V  G  P  K  C  H  I  N  R  E  S  T  Y  T  I  P  C  H
T  R  E  B  M  A  H  C  N  D  J  N  R  G  L  S  M  N  B  O
T  S  O  L  O  I  S  T  W  H  R  N  N  E  O  B  R  K  N  L
A  R  M  R  K  J  N  F  O  L  M  P  T  R  I  Y  G  Q  G  E
I  C  C  A  V  V  T  P  B  T  N  L  B  O  F  H  T  K  G  L
L  N  X  E  M  T  K  X  C  V  H  T  I  R  J  L  T  D  Z  N
P  O  C  L  S  A  L  F  R  C  O  G  M  N  M  Y  I  U  J  I
I  T  G  A  D  T  T  B  R  E  G  R  K  X  F  R  K  G  L  S
E  A  G  C  V  Q  R  I  S  E  U  L  C  I  B  R  X  C  N  E
C  C  U  I  X  P  F  I  P  O  Z  Q  N  H  A  D  O  M  G  R
E  I  A  S  W  M  N  R  N  W  U  G  O  S  E  N  T  N  J  V
M  Z  R  S  R  L  A  K  H  G  E  N  T  R  C  S  L  F  Z  T
M  Z  N  A  J  N  L  L  S  R  B  R  D  E  A  K  T  R  Y  S
R  I  E  L  J  O  T  R  B  G  I  P  R  P  D  B  R  R  Y  O
K  P  R  C  F  D  L  O  M  N  E  T  Z  L  O  C  Q  J  A  N
K  R  I  G  Q  X  A  N  G  Y  O  P  T  R  K  S  Q  R  V  A
M  L  G  N  I  R  T  S  G  Y  X  Q  L  G  V  X  T  N  M  T
B  H  R  N  D  G  N  L  C  W  M  H  G  F  P  P  R  Y  V  A
```

A STRING	E STRING	PIZZICATO
AMATI	F HOLE	RESIN
ARPEGGIO	FIDDLE	ROSIN
BAROQUE	FINGERBOARD	SCROLL
BOW	FOLK	SOLOIST
BRIDGE	G STRING	SONATA
CHAMBER	GUARNERI	SOUNDPOST
CHINREST	LUTHIER	STRADIVARIUS
CLASSICAL	ORCHESTRA	TAILPIECE
CONCERTO	PEGS	VIBRATO

#83 The Eyes Have It

```
R  L  R  O  M  U  H  S  U  O  E  R  T  I  V  G  M  Q  T  F
G  V  P  T  R  A  C  H  O  M  A  C  L  V  D  V  Y  M  T  K
M  I  Y  N  L  S  C  L  E  R  A  V  I  B  J  X  K  D  R  N
S  S  S  D  E  J  H  L  D  R  V  S  N  M  C  E  T  V  A  O
T  U  S  N  C  A  T  T  A  T  U  X  T  B  L  Y  C  L  H  I
R  A  E  M  P  F  R  T  L  A  C  P  M  J  N  E  U  O  C  S
A  L  N  R  N  C  A  S  L  A  R  R  C  Y  F  C  D  P  N  I
B  F  D  W  R  C  O  A  I  E  M  C  T  A  R  H  R  T  E  V
I  I  N  R  T  V  C  R  S  G  C  O  R  R  Y  A  A  I  L  L
S  E  I  R  D  U  A  B  N  Y  H  S  C  R  M  R  E  C  L  A
M  L  L  R  I  G  Y  N  L  E  I  T  E  U  B  T  T  N  E  R
U  D  B  T  M  O  Q  Z  I  G  A  G  E  W  A  N  Q  E  N  E
S  X  Y  S  P  Z  R  B  H  T  R  T  K  D  Q  L  M  R  S  H
B  J  D  I  V  M  C  T  J  U  E  F  P  D  N  P  G  V  Y  P
M  O  A  W  F  V  E  K  S  H  R  R  R  N  Y  E  P  E  L  I
R  H  R  P  L  D  N  R  L  I  P  U  P  J  V  N  S  Y  S  R
R  K  L  E  N  S  E  Y  S  R  E  T  A  O  L  F  V  S  I  E
R  L  V  E  M  S  C  O  N  T  A  C  T  L  E  N  S  M  R  P
Z  W  S  F  A  N  N  O  I  S  I  V  L  E  N  N  U  T  I  M
K  S  K  L  N  F  P  L  M  S  I  T  A  M  G  I  T  S  A  R
```

Astigmatism	Laser surgery	Snellen chart
Blindness	Lens	Strabismus
Cataract	Nearsightedness	Tear duct
Contact lens	Optic nerve	Trachoma
Cornea	Peripheral vision	Tunnel vision
Eye chart	Presbyopia	Visual acuity
Farsightedness	Pupil	Visual field
Floaters	Retina	Vitreous
Glaucoma	Rods	humor
Iris	Sclera	

#84 Stretch it Out

```
Q  N  H  R  G  P  E  R  F  O  R  M  A  N  C  E  R  D  P  B
B  K  C  H  S  R  A  B  H  W  L  W  K  C  N  E  C  N  A  D
D  T  T  T  R  W  Z  E  T  C  E  X  E  R  C  I  S  E  W  R
Z  B  E  M  I  L  I  W  R  A  L  B  T  F  M  F  N  R  Q  Q
C  D  R  L  K  F  O  M  B  O  O  L  N  D  I  L  Y  G  C  V
O  P  T  B  E  R  S  M  W  D  B  J  V  T  B  C  K  L  R  G
N  L  S  L  K  G  U  S  Y  E  R  I  N  C  Y  C  L  I  N  G
T  R  T  O  N  Z  G  S  O  N  A  E  C  Q  E  N  E  J  T  J
O  S  U  G  D  V  U  I  M  R  S  R  L  S  L  N  O  T  C  B
U  T  C  G  N  I  L  A  N  S  C  B  C  H  A  B  T  J  Y  T
R  F  R  I  T  I  G  L  W  G  Z  R  O  K  S  L  A  U  T  D
I  K  A  R  T  O  N  P  K  S  S  C  M  N  T  N  R  M  I  W
N  W  E  E  Y  S  R  N  T  P  T  I  P  M  I  J  D  P  L  H
G  T  W  T  H  P  A  H  U  S  K  T  R  N  C  R  M  S  I  K
J  C  S  S  L  B  G  N  E  R  B  E  E  L  M  P  T  U  B  H
M  P  T  E  T  I  V  T  M  H  W  L  S  K  T  T  M  I  I  C
M  D  R  Y  T  W  A  L  B  Y  M  H  S  L  M  X  K  T  X  Y
M  L  O  L  F  L  K  K  H  M  G  T  I  A  R  C  Y  L  E  V
M  L  P  O  I  E  V  I  T  C  A  A  O  W  X  Y  C  F  L  Q
N  K  S  P  W  Y  W  Q  C  S  P  A  N  D  E  X  X  N  F  T
```

ACTIVE	EXERCISE	POLYESTER
AEROBICS	FITNESS	RUNNING
ATHLETIC	FLEXIBILITY	SPANDEX
BODYSUIT	GYMNASTICS	SPORTSWEAR
COMPRESSION	JUMPSUIT	STRETCH
CONTOURING	LEGGINGS	SWIMWEAR
CROSSFIT	LEOTARD	TIGHTS
CYCLING	LYCRA	WORKOUT
DANCE	PERFORMANCE	YOGA
ELASTIC	PILATES	ZUMBA

#85 Word Search Wonders

```
G  N  I  V  L  O  S  M  E  L  B  O  R  P  R  Z  K  Q  N  Q
W  F  Q  Y  W  W  N  S  O  L  V  I  N  G  E  L  Z  Y  I  L
D  G  R  K  Q  B  R  A  I  N  T  E  A  S  E  R  R  D  A  G
S  Q  E  L  B  M  U  J  D  R  O  W  I  R  C  A  L  C  R  G
D  Z  G  L  L  J  Z  L  V  C  G  C  R  H  L  R  V  I  B  N
R  J  P  M  Y  S  T  E  R  Y  R  F  A  U  B  Y  M  T  L  I
O  Y  A  L  P  D  R  O  W  E  M  L  B  T  R  T  S  P  K  D
W  K  R  W  V  L  V  Q  X  N  L  A  F  E  A  T  C  Y  R  N
N  E  D  D  I  H  Z  E  H  E  C  Y  V  M  I  G  R  R  B  E
T  N  T  T  L  B  N  N  N  O  K  O  D  N  N  F  A  C  T  B
Z  J  S  V  N  I  R  G  V  H  C  F  R  M  T  T  B  L  R  D
K  T  R  S  A  U  I  A  H  S  B  X  D  J  E  G  B  T  I  N
Z  J  T  R  O  N  H  X  I  V  P  Z  S  E  A  A  L  J  C  I
R  B  B  Y  G  R  Y  D  G  N  Z  U  G  R  S  M  E  N  K  M
E  L  C  R  I  C  C  R  R  P  S  A  Z  E  E  E  T  K  Y  W
Q  Q  M  D  H  H  I  S  P  O  U  T  A  Z  R  T  F  M  L  M
G  G  K  L  Q  D  P  N  S  G  W  R  O  F  L  X  T  U  K  N
T  Y  T  F  I  N  D  Y  N  I  C  R  X  R  F  E  Y  E  N  W
K  N  X  R  D  N  N  A  D  H  R  Y  K  T  M  N  N  M  L  K
H  H  P  N  R  N  L  W  W  K  K  C  T  X  R  H  V  K  M  R
```

BRAIN	FIND	PUZZLE
BRAIN EXERCISE	FUN	SCRABBLE
BRAIN TEASER	GAME	SEARCH
BRAINSTORM	GRID	SOLVING
BRAINTEASER	HIDDEN	TRICKY
CHALLENGING	LANGUAGE	VOCABULARY
CIRCLE	LETTERS	WORD HUNT
CRISSCROSS	MIND-BENDING	WORD JUMBLE
CRYPTIC	MYSTERY	WORDPLAY
DISCOVERY	PROBLEM-SOLVING	WORDS

#86 Lather Up!

```
M  S  C  E  N  T  E  D  E  E  R  T  A  E  T  M  P  S  N  L
D  D  R  X  F  T  L  H  F  L  S  K  O  Z  Q  X  T  H  R  S
A  R  E  P  O  P  A  O  S  W  D  L  V  C  Y  T  N  E  O  Y
P  N  X  T  Y  F  A  R  E  N  I  R  E  C  Y  L  G  A  G  V
T  C  M  D  E  M  T  E  Z  V  N  N  N  Z  B  D  P  B  P  D
B  G  M  O  I  R  T  M  E  W  B  A  X  S  T  D  Z  U  Q  E
N  T  W  N  I  A  G  O  W  S  W  T  D  V  I  Z  G  T  W  G
Y  W  G  K  L  S  I  E  E  R  F  U  R  S  J  F  K  T  Y  N
E  B  D  M  L  L  T  L  N  K  S  R  H  R  R  G  E  P  O
W  D  O  M  G  H  B  U  R  T  H  A  M  K  H  A  R  R  Q  P
P  N  A  T  J  B  R  K  R  T  N  L  T  B  K  G  F  W  G  S
D  R  T  M  U  L  I  Q  U  I  D  C  P  M  R  R  R  R  N  M
T  S  R  B  D  R  J  K  E  J  Z  T  Q  R  A  A  E  M  I  V
F  K  H  K  G  N  L  J  C  M  L  I  E  K  B  N  H  R  H  Y
H  V  L  O  Z  A  A  R  M  X  U  D  N  T  K  C  T  W  S  T
V  M  R  N  W  T  P  H  G  W  N  F  F  G  P  E  A  N  E  N
T  K  V  E  W  E  M  S  M  E  A  T  R  Z  T  M  L  G  R  N
L  X  S  Y  N  T  R  R  V  U  N  S  C  E  N  T  E  D  F  Y
Q  O  C  F  C  I  N  A  G  R  O  P  H  N  P  W  P  P  E  N
R  T  R  N  P  C  L  K  H  J  T  C  L  E  A  N  V  L  R  Q
```

Bar	Liquid	Shower
Bubbles	Moisturizing	Soap dish
Clean	Natural	Soap opera
Detergent	Olive oil	Spa
Fragrance	Organic	Sponge
Foaming	Perfume	Suds
Glycerin	Refreshing	Sweet almond
Handmade	Rose	Tea tree
Lather	Scented	Unscented
Lavender	Shea butter	Wash

#87 HERBAL HUNT

```
X  S  P  N  G  M  S  S  A  R  G  N  O  M  E  L  R  Y  R  E
Z  G  T  F  O  L  A  R  Y  L  T  N  K  M  T  M  H  L  R  U
T  Q  F  E  K  R  N  R  O  L  L  I  D  R  R  D  L  W  M  C
K  X  Z  M  V  G  T  D  O  S  S  P  E  A  R  M  I  N  T  A
N  G  D  K  C  I  R  N  B  J  E  C  O  M  F  R  E  Y  N  L
L  Z  C  P  M  Z  A  N  A  K  R  M  D  T  T  L  G  K  A  Y
I  X  V  Z  Q  R  K  V  Q  L  C  A  A  F  T  L  C  N  K  P
S  N  E  E  R  G  R  E  T  N  I  W  M  R  T  D  I  T  F  T
A  Y  O  L  A  V  E  N  D  E  R  C  A  M  Y  S  K  A  N  U
B  E  R  J  F  T  R  N  Z  T  Z  C  I  K  E  F  E  J  N  S
D  L  E  G  Y  E  R  T  N  L  I  N  K  P  L  L  N  N  C  P
L  S  G  N  P  K  N  I  R  L  T  M  L  R  Y  C  O  C  O  W
G  R  A  R  D  I  M  N  E  D  E  N  R  A  C  T  G  H  R  N
R  A  N  M  M  R  N  G  E  Y  L  K  B  H  J  L  A  A  I  B
H  P  O  C  E  T  N  T  K  L  T  D  I  H  B  M  R  M  A  Y
L  R  X  P  P  A  M  L  A  L  T  V  R  D  P  K  R  O  N  Z
K  P  P  W  T  H  Y  M  E  C  E  N  G  E  R  G  A  M  D  T
Z  E  R  F  R  C  T  F  T  S  N  R  G  W  M  L  T  I  E  V
P  J  M  L  A  B  N  O  M  E  L  A  P  T  J  T  N  L  R  T
N  H  S  U  R  B  E  G  A  S  S  C  X  R  Y  Q  M  E  N  W
```

ANGELICA	DILL	PARSLEY
ANISE	EUCALYPTUS	PEPPERMINT
BASIL	FENNEL	ROSEMARY
BAY LEAF	LAVENDER	SAGE
CATNIP	LEMON BALM	SAGEBRUSH
CHAMOMILE	LEMONGRASS	SPEARMINT
CHIVES	MARJORAM	STEVIA
CILANTRO	MINT	TARRAGON
COMFREY	NETTLE	THYME
CORIANDER	OREGANO	WINTERGREEN

#88 Beauty Bound

```
A  L  L  U  R  I  N  G  N  B  G  R  A  C  E  F  U  L  J  R
N  F  N  N  V  C  S  R  Q  P  I  C  T  U  R  E  S  Q  U  E
V  V  S  B  Q  U  H  H  A  D  R  E  T  Z  K  T  C  T  M  G
M  H  N  U  P  M  P  A  X  V  V  Q  X  J  N  M  D  D  K  N
L  W  A  E  O  R  J  G  R  I  I  N  K  A  Q  E  J  B  B  I
T  A  R  N  J  R  F  B  T  M  M  S  I  R  L  P  L  N  E  T
N  B  C  J  D  J  O  C  D  A  I  D  H  I  W  Q  O  Q  M  A
E  B  N  I  F  S  A  M  R  B  A  N  G  I  L  P  V  T  O  N
C  M  K  L  R  R  O  V  A  R  E  H  G  U  N  N  E  N  S  I
I  E  M  Y  T  T  E  M  S  L  T  W  F  X  K  G  L  M  N  C
F  P  T  T  V  L  E  U  E  F  G  R  I  S  R  T  Y  T  I  S
I  F  A  I  O  W  O  M  U  B  E  A  U  T  I  F  U  L  W  A
N  W  K  U  S  E  W  L  M  D  M  E  G  U  C  Q  L  T  K  F
G  M  S  N  G  I  X  V  N  Y  B  L  T  N  Z  H  V  Q  T  Z
A  X  M  R  M  Z  U  O  L  R  S  B  H  N  I  W  I  Y  R  N
M  N  O  W  K  B  W  Q  D  H  T  A  M  I  H  S  C  N  L  M
P  G  B  M  W  X  N  P  X  N  C  R  L  N  M  Q  A  W  G  F
F  D  G  T  N  A  G  E  L  E  U  O  W  G  L  Q  F  E  R  C
E  T  A  N  R  O  V  W  H  M  T  D  P  G  G  T  R  N  L  F
T  G  N  I  T  N  A  H  C  N  E  A  T  E  E  W  S  M  K  P
```

ADORABLE	EXQUISITE	PICTURESQUE
ALLURING	FASCINATING	PLEASING
ATTRACTIVE	GLAMOROUS	RADIANT
BEAUTIFUL	GORGEOUS	RAVISHING
BEWITCHING	GRACEFUL	STUNNING
CHARMING	HANDSOME	SUPERB
CUTE	LOVELY	SWEET
DELIGHTFUL	MAGNIFICENT	SYMMETRICAL
ELEGANT	MARVELOUS	WINSOME
ENCHANTING	ORNATE	WONDERFUL

#89 Scent-sational

```
E  G  A  S  G  N  A  L  Y  G  N  A  L  Y  M  Z  H  D  R  Y
K  N  Q  J  C  M  G  S  R  E  D  N  E  V  A  L  D  P  V  H
T  T  Q  J  T  A  I  L  U  P  N  K  N  A  L  L  I  N  A  V
K  N  T  Z  M  C  N  T  Q  R  S  G  B  E  R  G  A  M  O  T
E  L  E  O  P  P  G  B  W  G  T  S  E  X  D  Y  Y  N  Y  T
N  P  R  C  B  E  E  V  Q  K  J  I  A  R  C  J  R  P  W  R
G  A  T  C  S  P  R  L  R  N  C  V  C  R  A  C  B  L  X  E
O  I  V  E  N  P  B  Z  E  J  F  A  O  L  G  N  N  C  K  V
L  L  X  D  M  E  X  K  B  Y  C  S  R  C  M  N  I  Q  S  I
O  U  C  A  J  R  Z  K  M  J  E  X  H  D  X  M  O  U  U  T
C  O  X  R  D  M  D  G  A  B  S  A  G  J  A  Y  G  M  M  E
W  H  V  W  D  I  X  B  M  U  M  R  A  T  Y  M  Y  R  E  V
M  C  T  O  M  N  J  D  T  O  R  S  Q  X  V  L  O  D  Z  L
G  T  Z  O  Q  T  E  P  M  T  M  D  Y  P  R  D  H  M  H  M
P  A  X  D  W  M  Y  I  M  I  G  D  R  N  E  R  O  L  I  L
D  P  M  R  Y  L  L  L  N  P  P  T  T  L  R  R  R  P  Z  R
G  F  J  H  A  E  H  E  J  R  B  K  Y  Y  Z  X  F  L  T  B
J  Y  T  C  N  O  M  A  N  N  I  C  M  C  L  N  Z  U  T  Q
X  L  U  P  X  W  F  R  A  N  K  I  N  C  E  N  S  E  M  Y
R  E  S  A  N  D  A  L  W  O  O  D  H  F  T  Q  V  T  Y  E
```

AMBER	FRANKINCENSE	PEPPERMINT
AROMA	GERANIUM	PERFUME
BERGAMOT	GINGER	ROSE
CARDAMOM	JASMINE	SAGE
CEDARWOOD	LAVENDER	SANDALWOOD
CHAMOMILE	LEMONGRASS	SCENT
CINNAMON	MUSK	THYME
CITRUS	MYRRH	VANILLA
COLOGNE	NEROLI	VETIVER
EUCALYPTUS	PATCHOULI	YLANG-YLANG

#90 Soft and Silky

```
R  D  L  H  B  Z  H  T  S  E  A  M  L  E  S  S  Y  V  N  M
S  U  A  V  E  J  Q  R  P  Y  S  Y  N  L  T  F  H  Q  E  T
S  S  E  L  N  O  I  T  C  I  R  F  N  C  C  Q  N  L  G  F
W  S  Z  K  T  W  R  K  L  K  C  N  M  V  T  I  T  Y  H  O
Y  M  U  R  Z  H  M  K  C  K  C  R  G  N  T  E  S  G  N  S
T  S  N  A  D  H  Y  K  N  I  F  F  E  A  D  S  R  Y  B  G
P  N  S  F  V  E  V  L  H  L  L  N  S  A  O  S  E  L  L  B
L  W  C  A  Z  E  H  H  J  U  G  S  Y  L  M  H  T  P  W  N
T  W  C  M  L  L  N  S  I  N  V  L  G  Q  K  I  T  K  T  R
F  Y  L  V  J  G  N  D  I  N  T  D  E  H  M  N  U  T  J  N
G  A  E  R  E  M  V  H  D  L  K  G  R  V  B  Y  B  R  L  D
C  T  M  F  F  N  T  K  E  V  O  M  C  L  E  T  R  A  U  L
R  T  Q  P  F  O  Y  X  N  T  R  P  C  H  H  L  B  N  S  T
N  L  M  J  O  D  M  D  I  Q  L  I  O  N  M  J  R  Q  T  G
M  S  W  S  R  G  V  L  F  G  K  E  E  L  S  K  G  U  R  N
T  R  E  M  T  X  L  Y  E  B  G  L  O  S  S  Y  X  I  O  I
Q  P  M  R  L  N  L  T  R  V  C  O  O  L  C  N  P  L  U  D
H  T  W  R  E  Q  F  G  H  L  Q  Q  V  Q  M  N  X  T  S  I
K  K  N  G  S  N  G  J  M  T  X  G  T  J  M  R  Q  G  R  L
R  P  R  T  S  C  E  H  Q  K  L  V  L  F  H  D  P  M  N  G
```

BUTTER	GLOSSY	SHINY
CALM	LEVEL	SILKY
COOL	LUSTROUS	SLEEK
CREAM	MELTED	SLICK
EFFORTLESS	OIL	SOFT
FLUID	POLISHED	SOOTHING
FRICTIONLESS	REFINED	SUAVE
GLASSY	SATIN	SUAVE
GLIDING	SEAMLESS	TRANQUIL
GLOSSY	SERENE	VELVET

#91 Size Matters!

```
B  C  D  V  Y  T  I  N  Y  H  L  Q  K  Q  L  O  N  N  P  R
D  R  X  M  K  C  I  P  O  C  S  O  R  C  I  M  B  L  P  L
R  N  H  J  N  T  N  V  Z  K  B  P  G  K  C  M  R  M  J  J
Z  Q  P  V  A  C  N  Q  X  T  K  C  D  V  V  L  Z  R  U  W
N  X  L  C  L  L  Q  L  N  Z  J  Y  O  K  W  N  L  R  J  J
N  M  T  N  A  I  G  V  N  Q  K  F  P  L  C  Y  R  A  X  K
L  T  E  Q  G  M  L  N  N  L  M  R  S  H  O  R  T  L  T  Y
G  W  L  Y  I  T  M  K  U  C  Y  F  Y  V  V  S  N  N  G  D
K  S  U  F  B  N  T  B  N  Y  G  F  D  Z  B  T  S  L  V  E
H  U  C  H  U  N  K  Y  L  N  W  N  D  Y  L  Y  V  A  O  Z
N  B  S  K  T  P  L  L  O  E  R  U  T  A  I  N  I  M  L  I
A  S  U  L  V  Q  N  L  R  M  H  W  S  V  O  Z  Z  T  U  S
R  T  N  V  M  W  H  R  Z  C  I  T  I  V  G  E  C  T  M  T
R  A  I  M  A  S  S  I  V  E  U  N  E  D  L  X  O  V  I  N
O  N  M  K  T  J  E  R  Z  M  J  R  U  B  E  D  M  K  N  I
W  T  S  V  V  V  C  T  P  H  S  G  A  T  A  T  P  S  O  P
Z  I  T  L  T  F  R  Y  I  I  K  T  F  I  E  N  A  M  U  F
Q  A  T  W  I  B  G  M  Z  T  R  Y  N  L  I  K  C  A  S  T
C  L  M  K  L  M  K  E  D  O  E  T  T  H  M  W  T  L  Q  K
W  Q  D  V  Y  T  D  L  P  B  Y  P  T  L  G  L  N  L  B  G
```

BIG	MASSIVE	SHORT
BULKY	MICROSCOPIC	SLIM
CHUNKY	MINIATURE	SMALL
COLOSSAL	MINUSCULE	STUMPY
COMPACT	MINUTE	SUBSTANTIAL
DAINTY	NARROW	TALL
GIANT	OVERSIZED	THIN
JUMBO	PETITE	TINY
LANKY	PINT-SIZED	VOLUMINOUS
LONG	PORTABLE	WIDE

#92 Action Packed

```
K W T T J T P T K J N T K R R N Y K Q V
Z P K J V T C N H B K E D I L S K Z S Q
M Z Y B P F H I H C N U P Y W C M H G C
L R R K T K A R G N X B C B A P O X L T
B Z M L Y L R P J T D C Z T C O D L H D
C M R B R C G S H T M N T H T F M V Q B
N N N U L G E X C C I A E O R T I F J L
C P W K N O M G C T T U U F D Z E G Z T
K G I D T D C L F H P T S T E R R V H R
N C K F L V I K R J G G N R X D U T Z T
K J N Z P M L O K R W U Z T U Y T H E G
M D F B B N W N P M T E N C M P N R C J
P E S C A P E W M S Z V Q D E F E I A C
P T A B M O C J P M L I K U Z P V L R D
Q J W W T E T U R Z D C T H P D L B T
R O L L G S Z M D C C S E N A P A J Y T
F T Y D D H K P W G E L M E N C K R Z P
H W O K N O T N K R R L F J P M K T Y P
R D G T N O T B A T T L E R R S T L B L
L K L P N T G J K B Q T S W I N G Q E J
```

ADVENTURE	ESCAPE	SHOOT
ATTACK	FIGHT	SHOOTOUT
BATTLE	JUMP	SLIDE
BLOCK	KICK	SPEED
CHARGE	PUNCH	SPRINT
CLIMB	PURSUIT	STUNT
COMBAT	RACE	SWING
DEFEND	RESCUE	TACKLE
DIVE	ROLL	THRILL
DODGE	RUN	THROW

#93 Dark Depths

```
E V Z M T K P N R P I T Z B X Z D F R F
Q T R E V I R D N U O R G R E D N U W N
T F I C N J K L R X O B E Z E E U Q S O
S P J T W O Q W X V S S E N K R A D R I
P L V P C S T A L A G M I T E C C C Z T
E C V R M A M S Y E X M L M M H E P N A
L H L G S M L N P Q N R H Y T G X I T R
E A A Y Y H N A H I C O L G A L E C L O
O S R P H N A E T R R K T S R V R D X L
L M E S V N L F Y S N D S S A O K F V P
O K N U T I C S T O S A M C E P T R Z X
G Z I M C D T Q I P P V G K T M M T V E
Y J M T L A T T E C P R X B A V I J O W
W Z I L L B A L R T A K T T B M R L K E
R T Q L N M U J N H G V C L T S R A K T
E K I C R N R H N W L X I F R T Q D Z L
M N K O K S U B T E R R A N E A N H F A
E M F E G E O L O G Y M D J G C Q G M N
T T R O G L O B I T E M K G R D H F H D
D N U O R G R E D N U C A V E R N N T W
```

BAT	GEOLOGY	SPELEOLOGY
CAVE-IN	GROTTO	SPELUNKER
CAVERN	GYPSUM	SQUEEZEBOX
CAVING	HELICTITE	STALACTITE
CHASM	KARST	STALAGMITE
CRYSTALLINE	LIMESTONE	SUBTERRANEAN
DARKNESS	MINERAL	TROGLOBITE
DRIPSTONE	PASSAGE	UNDERGROUND
EXPLORATION	PIT	UNDERGROUND RIVER
FORMATION	SHAFT	WETLAND

#94 Empty Promises

```
K  B  Q  X  R  Y  Z  Y  T  N  W  P  H  N  R  W  W  H  T  Z
K  R  W  Y  E  O  D  K  L  N  M  B  R  C  L  X  N  J  Y  Y
X  T  T  D  C  A  D  B  M  Q  R  T  T  N  L  E  R  C  T  R
H  C  I  C  E  C  B  I  L  K  F  T  D  K  R  T  T  P  A  K
D  P  H  P  S  C  L  A  R  N  D  E  N  R  L  L  M  L  B  E
H  Y  F  A  S  N  T  M  N  R  J  D  A  A  T  E  C  N  C  L
T  K  T  Y  S  H  H  Q  V  D  O  B  G  F  C  O  R  N  D  O
N  H  D  N  P  M  H  L  J  O  O  C  L  R  V  A  Y  H  E  H
I  C  D  E  S  O  L  A  T  E  I  N  F  E  O  N  V  W  L  E
R  R  J  T  N  C  K  L  N  B  L  D  E  L  L  T  C  R  L  M
Y  L  K  K  C  D  M  L  G  M  T  P  F  D  G  H  T  R  I  P
B  Z  R  N  R  H  D  X  S  K  T  X  L  C  A  Y  N  O  F  T
A  H  C  N  E  R  T  W  H  K  Q  M  V  M  Z  T  P  Y  N  I
L  T  M  P  V  T  W  O  E  J  Y  M  B  J  R  I  H  G  U  N
A  X  C  F  R  X  L  T  L  K  N  E  Z  W  L  V  R  H  R  E
T  K  T  K  P  L  K  T  L  H  R  H  O  R  R  A  R  E  J  S
R  C  P  K  O  M  N  I  S  A  B  R  N  D  N  C  V  L  R  S
I  K  B  W  L  E  S  S  E  V  R  E  C  H  O  A  C  N  C  Z
U  H  A  X  P  M  L  R  L  U  N  L  Y  Q  C  L  C  Z  N  W
M  Y  D  C  R  Y  P  T  B  N  T  T  T  K  V  Q  R  Q  R  N
```

ABANDONED	CORRIDOR	LABYRINTH
ALCOVE	CRYPT	PIT
ATRIUM	DEN	RECESS
BARREN	DESOLATE	SHELL
BASIN	ECHO	TRENCH
BURROW	EMPTINESS	UNFILLED
CAVERN	EMPTY	VACANT
CAVITY	GROTTO	VESSEL
CHAMBER	HOLE	VOID
CHASM	HOLLOWAY	

#95 Splash-tastic

```
S Z D W N W M E R P A L Z C B D N E K E
C P X G H Y M K H G J S Q K R P K Z D C
Q N L F G L L O B K O S P R R O C I Z J
C J M A B P G R D R N G N O R T S H V Q
F N F Y S D Z T L O W L G T L L E V I D
G O N C C H A S R R N D S L O F K B P V
M S L J H O T K D N C T R O E M P D K Y
X S S C L R E C T P S A P A T S E I L M
R E R F O L R A X A A W N Y U P N E L L
T L E G R K M B E H N C R N T G W J N F
S M P R I I N R V N W Q M H O O E N L N
U I P A N C B E G M K W Q I T N R F M Y
N W I E E K M L W G Q L T C W D B B I Z
S S L W R B Q D J A K X R F L S K A Y L
C P F M F O N O B U T T E R F L Y K L D
R P N I Q A N O D F R E E S T Y L E F L
E Y M W T R L N M I W S R X Q R X F L K
E M X S E D I L S R E T A W J T Q A Y T
N D G N K P O O L P A R T Y T C N X H Q
W K R W Y T E M P E R A T U R E K G G M
```

BACKSTROKE	FREESTYLE	SPLASH
BREASTSTROKE	GOGGLES	SUNSCREEN
BUTTERFLY	KICKBOARD	SWIM
CANNONBALL	LANE	SWIM CAP
CHLORINE	LAP	SWIM LESSON
DEPTH	LIFEGUARD	SWIMWEAR
DIVE	NOODLE	TEMPERATURE
FLIP-FLOPS	POOL PARTY	TOWEL
FLIPPERS	POOLSIDE	WATER
FLOAT	SNORKEL	WATER SLIDE

#96 Lunchtime Favorites

```
Q  T  L  L  M  T  R  W  Z  T  T  G  M  G  S  J  R  V  T  A
C  Z  X  N  F  J  R  C  M  J  A  F  H  O  M  F  V  J  M  L
H  U  M  M  U  S  N  A  N  V  H  E  M  M  R  G  D  W  C  O
J  J  X  W  T  D  H  N  I  M  S  R  M  U  K  Y  B  Q  A  N
H  C  T  A  D  A  C  F  B  L  E  L  I  I  R  G  L  H  R  A
Y  U  C  T  L  L  I  P  J  H  M  T  E  E  L  H  H  C  R  R
H  C  N  E  V  A  W  C  T  H  C  I  L  Z  K  E  W  J  O  G
M  U  R  R  M  S  D  D  R  U  W  E  X  K  T  N  D  D  T  K
G  M  S  B  G  D  N  H  P  K  C  J  E  S  E  E  H  C  F  B
W  B  E  O  Q  L  A  J  C  Q  H  D  T  M  L  Q  R  K  J  L
H  E  P  T  Q  H  S  X  S  R  R  U  K  P  F  N  N  P  U  V
M  R  A  T  X  X  L  P  M  R  N  A  A  R  Y  R  P  D  I  L
J  G  R  L  E  G  A  B  T  A  E  R  P  O  P  S  O  F  C  B
X  E  G  E  M  Q  D  L  B  P  W  K  G  P  P  X  P  P  E  Z
L  N  L  L  U  N  C  H  B  O  X  U  C  I  L  F  C  N  Y  M
Y  D  Y  L  X  L  N  W  D  T  R  M  H  A  P  E  O  Y  T  R
V  J  W  G  Y  V  K  R  X  T  V  C  K  P  R  Z  R  L  J  R
H  Y  R  P  P  U  C  G  N  I  D  D  U  P  M  C  N  L  N  W
Z  S  N  A  C  K  B  A  R  E  T  A  L  O  C  O  H  C  Z  V
Q  T  L  L  B  T  P  E  A  N  U  T  B  U  T  T  E  R  C  D
```

Apple	Fruit cup	Pudding cup
Bagel	Granola	Salad
Carrot	Grapes	Sandwich
Celery	Hummus	Snack bar
Cheese	Jelly	Thermos
Chips	Juice	Trail mix
Chocolate	Lunchbox	Tuna
Crackers	Peanut butter	Water bottle
Cucumber	Popcorn	Wrap
Deli meat	Pretzels	Yogurt

#97 CARNIVORE'S DELIGHT

```
Q  X  P  X  K  F  X  F  T  L  M  Q  T  R  R  P  T  J  J  N
J  X  Q  H  E  G  F  N  L  Y  J  K  F  N  P  K  H  X  K  I
M  Z  R  E  K  P  M  H  K  Q  L  W  C  M  T  L  V  R  Q  O
L  G  B  M  T  B  I  S  O  N  E  N  V  K  Q  F  L  Z  K  L
N  N  X  R  B  V  D  T  T  U  W  E  T  R  I  P  E  X  T  R
R  B  I  K  P  O  R  K  G  U  N  N  E  Y  E  N  D  I  K  I
D  B  M  L  P  Z  B  N  G  I  R  S  W  M  V  N  M  I  C  S
S  C  W  R  D  R  O  R  S  H  O  K  Q  R  Z  W  N  N  H  S
K  T  H  L  H  T  O  O  I  O  F  Z  E  C  B  O  Y  Q  I  P
X  W  M  T  D  N  N  S  G  S  J  Y  H  Y  R  N  G  L  C  A
O  Z  I  R  O  H  C  Z  C  E  K  O  L  E  T  C  Q  B  K  R
K  R  J  T  P  Z  Y  Q  R  I  P  E  P  K  E  H  Z  K  E  E
R  M  M  F  V  R  B  K  B  N  U  P  T  T  L  E  F  M  N  R
A  P  T  J  F  E  Y  N  H  M  E  T  T  C  L  A  T  N  C  I
B  Z  J  K  Q  V  G  M  B  P  A  R  T  W  I  R  T  O  Z  B
B  L  M  K  T  I  F  A  T  Z  P  L  L  O  F  T  M  C  T  S
I  P  K  P  G  L  Y  X  S  H  X  X  W  T  X  W  J  A  R  H
T  J  K  C  F  F  M  Y  P  U  A  G  R  O  U  N  D  B  X  G
R  Z  J  J  U  K  F  G  V  R  A  M  N  C  M  K  H  P  L  L
N  N  T  M  N  D  R  C  R  R  B  S  I  M  A  L  A  S  H  T
```

BACON	GROUND	RABBIT
BEEF	HAM	RIBS
BISON	HEART	SALAMI
BRISKET	JERKY	SAUSAGE
CHICKEN	KIDNEY	SIRLOIN
CHOP	LAMB	SPARERIBS
CHORIZO	LIVER	TONGUE
DUCK	PEPPERONI	TRIPE
FILLET	PORK	TURKEY
GOOSE	PROSCIUTTO	VENISON

#98 Jelly Jamboree

```
L  L  P  Q  D  H  M  F  H  K  E  B  P  R  Z  P  C  P  R  R
N  Z  F  M  H  A  N  T  Y  P  Q  G  A  B  C  C  T  P  G  M
L  M  L  P  N  Q  E  M  D  K  M  E  N  U  N  R  Y  N  R  Y
B  L  A  C  K  B  E  R  R  Y  P  N  R  A  H  H  G  I  F  R
D  R  V  J  V  N  W  F  P  G  W  R  Z  R  R  W  X  C  M  R
E  L  R  Y  R  R  E  B  P  S  A  R  Z  N  K  O  W  B  L  E
L  P  B  Y  N  G  M  N  P  N  P  I  N  E  A  P  P  L  E  B
P  K  A  L  Q  X  R  N  T  P  N  K  H  K  V  M  K  T  T  W
R  Q  L  R  U  N  R  E  D  A  L  A  M  R  A  M  C  O  A  A
E  J  A  M  G  E  Z  P  L  N  Y  U  T  Z  Z  V  T  A  V  R
S  V  N  R  C  Z  B  M  R  R  Q  G  M  G  P  K  O  S  A  T
E  W  L  P  N  C  Z  E  R  S  Y  R  U  P  L  D  C  T  U  S
R  J  W  M  N  H  F  E  R  C  Q  X  B  V  Y  L  I  V  G  Z
V  J  Q  B  X  E  B  P  H  R  T  V  R  E  T  X  R  H  G  Q
E  L  E  K  N  R  M  H  C  N  Y  M  N  T  M  V  P  K  U  Z
S  T  D  L  G  R  M  B  A  P  C  O  E  R  L  L  A  I  N  M
K  M  A  N  L  Y  N  V  E  G  H  E  K  E  L  K  N  P  K  K
T  F  M  R  R  Y  Y  G  P  N  W  C  M  B  T  C  T  X  R  I
N  N  H  F  T  U  C  L  C  S  R  O  L  M  E  N  L  G  N  W
F  R  Z  Y  M  K  Z  R  M  Y  N  M  M  F  V  G  M  N  L  I
```

Apricot	Blade	Jam
Berry	Brisket	Jelly
Blackberry	Rump	Kiwi
Blueberry	Round	Lemon
Cherry	Tri-tip	Marmalade
Currant	Tenderloin	Orange
Fig	Prime	Peach
Grape	Kobe	Pear
Guava	Wagyu	Pineapple
Honey	Grass-fed	Plum

#99 Taco Time

```
Z  T  Y  N  H  N  S  B  B  P  O  R  K  M  Y  Y  K  M  V  T
V  B  H  P  O  B  P  A  X  U  W  X  F  B  E  B  J  J  L  V
P  T  M  I  I  B  M  H  G  E  R  L  K  A  M  F  N  M  Z  R
Y  G  N  R  D  C  B  A  R  N  N  R  O  D  I  M  F  B  W  A
R  O  T  T  N  R  O  X  E  T  A  C  I  Q  L  V  J  K  K  L
O  S  J  B  Q  E  D  D  R  R  A  H  H  T  L  M  R  R  N  L
D  N  L  C  X  L  M  N  E  B  C  R  C  I  O  D  K  Z  K  I
A  A  J  M  X  T  M  R  R  G  K  R  E  I  L  S  L  H  T  T
C  E  P  N  C  O  B  A  F  K  A  Z  U  C  M  A  K  R  A  R
O  B  N  P  L  P  B  B  E  E  F  L  X  O  U  I  D  C  C  O
V  D  C  J  Y  I  R  Y  P  O  L  Z  L  M  S  T  H  A  O  T
A  E  Q  M  K  H  N  L  Z  G  J  N  C  O  J  I  T  C  S  F
L  I  U  K  B  C  O  I  U  T  F  N  D  S  C  D  K  E  A  A
W  R  E  X  C  T  R  A  C  Z  K  H  A  K  D  V  V  R  L  J
O  F  S  B  A  O  C  T  H  M  D  L  E  V  W  H  X  P  A  I
B  E  O  M  H  A  R  X  E  T  S  N  V  L  X  B  K  R  D  T
O  R  O  C  M  T  D  X  E  A  Y  H  S  E  L  I  H  C  T  A
C  T  R  O  H  L  C  D  S  C  I  L  A  N  T  R  O  Z  P  S
A  K  L  B  K  K  D  Y  E  Y  T  O  S  T  A  D  A  S  T  R
T  E  N  O  N  E  P  A  L  A  J  P  M  I  R  H  S  X  L  L
```

Avocado	Cilantro	Queso
Barbacoa	Enchiladas	Refried beans
Beef	Fajitas	Salsa
Burritos	Guacamole	Shrimp
Cheese	Jalapeno	Sour cream
Chicken	Lettuce	Taco bowl
Chiles	Lime	Taco salad
Chimichangas	Onion	Tomato
Chipotle	Pico de gallo	Tortilla
Chorizo	Pork	Tostadas

#100 Italian Adventure

```
P  U  X  Y  W  M  K  C  A  P  P  U  C  C  I  N  O  Z  H  D
L  O  S  M  S  E  L  P  A  N  P  F  N  Q  A  Q  M  M  N  V
N  W  N  I  U  T  V  F  M  Z  Z  N  Y  M  T  R  H  Y  V  B
R  M  X  T  M  E  C  M  R  T  A  T  L  Z  S  J  F  G  B  L
Q  H  N  M  E  A  S  L  K  Z  L  L  I  G  A  D  P  G  A  R
N  W  W  R  Q  V  R  S  Z  Y  A  B  C  H  P  K  L  L  C  A
W  V  R  B  R  J  E  I  O  T  T  Z  I  R  N  E  B  I  I  V
G  E  L  A  T  O  P  C  T  L  K  R  S  F  P  D  K  N  L  I
D  V  E  N  I  C  E  E  C  M  O  Y  N  A  L  V  C  G  I  O
F  C  Z  N  K  N  H  K  O  H  R  C  H  K  K  H  Y  U  S  L
C  G  A  G  O  C  T  Z  V  E  I  C  F  Q  E  V  X  I  A  I
A  V  Z  R  S  E  Z  Z  N  I  E  O  J  E  E  Q  G  N  B  W
T  G  Y  U  N  A  H  A  G  N  N  Q  S  C  R  X  Z  E  R  E
H  P  R  M  R  I  I  T  I  O  P  E  N  F  D  H  Q  K  V  N
E  B  E  E  Z  S  V  T  N  Q  N  E  Y  P  O  M  P  E  I  I
D  L  L  M  S  T  S  A  Y  A  R  D  H  A  V  M  H  V  W  S
R  L  K  A  O  I  M  T  L  O  P  C  O  L  R  Z  P  T  T  I
A  F  N  B  S  R  L  L  L  K  K  W  F  L  K  D  Y  D  F  U
L  C  P  Z  L  V  K  F  I  T  T  E  H  G  A  P  S  L  L  C
E  R  O  T  T  O  S  I  R  K  I  T  N  A  I  H  C  C  Y  V
```

BASILICA	GELATO	RAVIOLI
BRUSCHETTA	GONDOLA	RENAISSANCE
CAPPUCCINO	LINGUINE	RISOTTO
CARNIVAL	MOZZARELLA	ROME
CATHEDRAL	NAPLES	SICILY
CHEESE	PANTHEON	SISTINE CHAPEL
CHIANTI	PASTA	SPAGHETTI
COLOSSEUM	PIZZA	TIRAMISU
CUISINE	POMPEII	VENICE
FLORENCE	PONTE VECCHIO	VINEYARDS

#101 Fiesta of Flavors

```
C  P  F  T  Q  V  Q  G  G  T  T  E  N  C  H  I  L  A  D  A
K  H  P  V  A  K  X  U  K  T  A  Q  U  I  T  O  D  M  Y  G
N  X  U  E  K  G  P  A  T  T  M  L  X  T  R  R  Q  H  V  O
M  Q  L  R  X  L  N  C  C  N  W  R  Y  L  G  P  Z  H  T  R
H  O  T  L  R  P  N  A  D  A  T  I  J  A  F  L  M  Y  B  D
M  B  G  K  M  O  R  M  H  Y  E  O  N  M  R  J  R  E  S  I
T  M  G  L  M  N  Z  O  J  C  T  H  A  Q  A  T  M  K  N  T
S  P  M  D  I  N  H  L  K  I  I  D  C  R  R  P  W  P  A  A
O  K  M  T  C  R  N  E  R  J  A  M  R  I  A  L  C  O  E  A
P  K  A  R  H  T  S  R  Q  T  G  I  I  N  V  Y  Z  L  B  T
A  S  H  T  E  A  U  C  S  U  T  R  A  H  R  E  C  L  D  I
P  T  G  F  L  B  R  O  F  O  E  D  R  K  C  L  C  O  E  R
I  A  F  S  A  N  T  O  S  W  A  S  N  K  X  O  K  A  I  A
L  M  A  L  D  N  A  C  H  O  S  B  A  J  K  Z  F  S  R  G
L  A  T  D  A  H  Z  A  M  T  D  R  L  D  X  O  L  A  F  R
A  L  Q  T  L  U  H  T  M  M  M  U  C  Z  I  P  K  D  E  A
Z  E  K  N  K  M  T  M  K  P  T  T  N  N  R  L  X  O  R  M
C  A  R  N  E  A  S  A  D  A  K  F  C  E  F  M  L  K  W  R
L  R  O  L  L  A  G  E  D  O  C  I  P  L  M  F  R  A  C  P
A  T  A  H  C  R  O  H  L  G  K  K  R  L  H  Y  H  N  M  K
```

BURRITO	GORDITA	POLLO ASADO
CARNE ASADA	GUACAMOLE	POZOLE
CARNITAS	HORCHATA	QUESADILLA
CEVICHE	JARRITOS	REFRIED BEANS
CHIMICHANGA	MARGARITA	SALSA
CHURRO	MENUDO	SOPAPILLA
EMPANADA	MICHELADA	TACO
ENCHILADA	MOLE	TAMALE
FAJITA	NACHOS	TAQUITO
FLAUTA	PICO DE GALLO	TOSTADA

#102 Sandwich Supreme

```
C  A  V  O  C  A  D  O  P  K  X  P  F  A  L  A  F  E  L  X
M  A  N  U  T  X  N  B  A  G  U  E  T  T  E  P  V  B  T  R
G  X  R  M  G  G  F  M  R  E  T  T  U  B  T  U  N  A  E  P
K  J  B  O  F  Z  Y  J  V  K  W  L  W  P  G  L  V  K  F  H
H  R  X  H  A  T  L  R  B  K  M  V  T  K  E  N  M  A  K  L
E  U  M  G  B  S  N  L  O  Y  Y  B  X  T  P  K  M  E  J  L
S  E  C  B  T  L  T  T  M  R  K  L  T  Q  D  D  M  T  V  B
E  I  K  Q  H  L  N  B  U  R  C  U  L  D  V  R  A  S  S  M
E  S  P  F  H  X  B  T  E  R  C  M  Y  E  Q  A  Y  E  A  R
H  N  K  A  V  X  V  V  S  E  K  K  G  J  J  T  O  S  L  R
C  O  N  F  N  Y  M  E  T  Q  F  E  L  N  V  S  N  E  A  R
D  M  J  O  Q  I  L  M  A  G  E  F  Y  N  G  U  N  E  M  H
E  E  R  C  C  K  N  T  L  S  Z  F  W  F  T  M  A  H  I  H
L  U  H  X  C  A  T  I  E  Y  K  J  T  B  B  B  I  C  R  N
L  Q  B  I  X  A  B  E  O  T  A  M  O  T  N  Q  S  Y  M  R
I  O  P  R  B  G  H  B  M  R  C  L  N  O  F  D  E  L  R  E
R  R  C  A  T  C  '  H  T  L  O  T  T  K  A  D  L  L  U
G  C  I  R  X  O  V  X  U  G  K  H  G  S  V  E  D  I  P  B
L  C  F  K  P  K  Y  B  N  K  R  F  T  E  K  R  W  H  L  E
R  W  H  F  M  T  W  A  G  X  H  A  M  P  W  B  X  P  M  N
```

Avocado	Falafel	Pesto
Bacon	Grilled cheese	Philly cheesesteak
Baguette	Gyro	Pickles
BLT	Ham	Po' boy
Bologna	Jelly	Reuben
Bread	Lettuce	Roast beef
Cheese	Mayonnaise	Salami
Ciabatta	Mustard	Tomato
Club	Panini	Tuna
Croque-monsieur	Peanut butter	Turkey

#103 Savor the Sauce

```
B  N  M  C  Z  F  T  C  G  J  K  J  P  E  S  T  O  V  H  H
T  K  B  Y  H  B  E  A  R  N  A  I  S  E  K  M  V  H  Y  K
W  H  W  Z  O  I  W  B  H  O  L  L  A  N  D  A  I  S  E  D
H  O  O  N  L  S  M  Y  A  T  A  S  W  E  T  T  P  L  P  R
A  T  R  R  M  L  Q  I  J  L  R  T  U  G  C  V  O  J  H  M
H  S  C  N  W  Z  X  T  C  N  L  C  O  S  D  M  B  Z  C  J
C  A  E  P  T  I  R  P  G  H  E  T  A  M  A  T  K  C  M  V
A  U  S  X  L  L  L  L  Z  B  U  L  X  C  A  E  M  H  H  M
R  C  T  P  L  O  K  H  R  D  S  R  A  D  T  T  G  U  M  J
I  E  E  P  Y  I  E  A  O  A  G  U  R  C  L  D  O  T  C  K
R  P  R  F  I  A  B  S  C  R  G  A  H  I  G  D  M  N  L  Z
S  R  S  E  K  C  K  R  I  N  S  U  D  D  F  D  R  E  Q  M
W  Y  H  L  M  K  A  L  P  A  P  E  V  A  R  R  H  Y  P  M
K  V  I  O  H  N  K  N  G  N  Y  R  A  L  K  K  R  N  V
T  A  R  M  B  D  R  Y  T  R  B  N  T  A  B  I  B  A  R  T
Y  R  E  E  T  R  U  V  A  E  R  S  O  Y  D  R  H  N  N  H
M  G  R  X  N  M  B  T  K  M  U  L  F  Y  T  I  G  C  W  T
L  R  Z  M  Y  R  R  U  C  M  K  N  C  K  A  R  S  H  N  Q
Y  D  J  U  W  A  C  T  E  R  I  Y  A  K  I  M  K  H  Z  E
N  M  M  C  T  M  L  R  D  N  L  J  A  R  A  N  I  R  A  M
```

AIOLI	HOLLANDAISE	RANCH
BARBECUE	HORSERADISH	SALSA
BÉARNAISE	HOT SAUCE	SATAY
CHIMICHURRI	KETCHUP	SOY
CHUTNEY	MARINARA	SRIRACHA
CRANBERRY	MAYONNAISE	TARTAR
CURRY	MOLE	TERIYAKI
ENCHILADA	MUSTARD	TOMATO
GRAVY	PESTO	WORCESTERSHIRE
GUACAMOLE	PICANTE	YUM YUM

#104 Coral Kingdom

```
G  Z  S  I  S  O  I  B  M  Y  S  D  D  M  Z  B  M  T  N  R
R  N  G  I  T  N  A  E  C  O  Q  W  Z  L  Y  V  X  N  M  T
N  K  I  N  R  N  T  N  L  P  J  R  M  R  T  T  L  E  H  H
T  N  H  V  S  E  A  G  R  A  S  S  E  M  N  O  N  R  L  Q
A  M  D  E  I  C  F  R  L  N  C  Y  T  E  O  X  E  R  K  D
T  Z  S  R  N  D  L  H  Y  M  T  M  T  H  F  L  K  U  Y  Y
I  R  E  T  J  B  S  L  L  T  E  T  C  I  T  L  K  C  C  X
B  L  A  E  K  I  R  R  N  T  I  S  C  R  S  J  V  K  T  S
A  A  W  B  F  A  Q  W  S  W  M  S  U  P  Q  R  C  M  N  R
H  R  E  R  P  H  N  Y  L  W  V  T  R  H  S  O  E  O  J  L
C  O  E  A  N  R  S  E  A  L  G  A  E  E  N  P  R  V  M  F
J  C  D  T  M  O  E  R  M  L  E  T  L  S  V  K  O  O  I  D
X  W  L  E  C  Y  K  Y  Y  O  M  H  E  G  E  I  L  N  M  D
M  P  R  E  D  A  T  O  R  T  N  R  S  L  M  L  D  W  G  W
A  K  K  R  T  A  B  U  C  S  V  E  I  A  U  F  R  O  J  E
R  P  N  L  T  R  B  F  L  A  T  N  Z  S  E  C  T  R  I  L
I  Y  T  K  Y  N  M  K  T  B  G  K  K  T  W  S  T  R  N  B
N  L  X  Z  K  X  K  I  J  T  Y  L  N  H  T  V  C  W  J  N
E  O  Q  Q  R  T  O  R  L  L  R  E  T  A  W  R  E  D  N  U
T  P  L  G  T  N  M  T  G  W  C  R  U  S  T  A  C  E  A  N
```

ALGAE	FISH	SCHOOL
ANEMONE	HABITAT	SCUBA
BIODIVERSITY	INVERTEBRATE	SEAGRASS
CONSERVATION	MARINE	SEASHELL
CORAL	MOLLUSK	SEAWEED
CRUSTACEAN	OCEAN	SNORKELING
CURRENT	POLYP	SPONGE
DIVERSITY	PREDATOR	SYMBIOSIS
DIVING	PREY	TURTLE
ECOSYSTEM	REEF	UNDERWATER

#105 Tropical Treasures

```
J Y J P J E R K H F K T E J Y W A V E S
T H Z A N R L V C R B L N M A N G O A H
P N F L Y T F P X O T Y G X S M Z V N B
G M T M M Y U N P R M F H S B N D N A M
N G Y T C N H H U A L M A O K L W N N N
I M L R O M F T I A E R A C C S L P A A
V D L E R C M L M K G N K H T E A J B C
I C H E A T X I S A I D I A V P A Z B U
D T O S L T N T E E F T R P A R H N X O
A G N C R G G S W D A F N Y N M L T F T
B G Q T O B N Y J N I S A V L Y N D S K
U X Q N X N R D Y S C X H Z P H N L N L
C P J G Z T U N H G L T C E C A T V O S
S C O C O N U T M I L K Z A L F V B R U
T T V N E E R C S N U S E S C L R Y K C
K T O R R A P D D R V B I Q P Z W X E S
W L H S I F L A C I P O R T Z M K J L I
M S P O L F P I L F K G G M Z P G N I B
Y H J F Z G T R Z D R A O B F R U S N I
R V Y R S E A G U L L V W M H Y D K G H
```

BANANA	MANGO	SNORKELING
BEACH	OCEAN	STARFISH
COCONUT MILK	PALM TREES	SUNSCREEN
COCONUTS	PAPAYA	SURFBOARD
CORAL	PARROT	TIKI HUT
FLAMINGO	PINEAPPLE	TOUCAN
FLIP FLOPS	SCUBA DIVING	TROPICAL FISH
HAMMOCK	SEAGRASS	TURTLE
HIBISCUS	SEAGULL	WAVES
ISLAND	SEASHELL	

#106 Heavenly Hunt

J	L	F	T	B	D	P	N	V	J	V	X	D	A	N	I	E	L	F	N
O	N	O	M	O	L	O	S	G	O	F	P	H	I	L	E	M	O	N	Q
H	J	M	H	C	K	U	R	Y	B	A	G	N	L	X	G	D	B	F	T
N	Z	J	H	C	T	C	P	M	U	E	L	T	X	M	X	D	P	L	Y
R	M	P	C	I	G	Z	J	L	N	N	S	Y	P	T	A	P	K	F	H
E	T	B	T	W	T	L	L	E	T	N	A	J	T	V	B	D	Y	Q	L
V	N	H	M	P	J	S	S	Y	M	R	M	R	I	R	E	H	T	S	E
E	N	A	W	C	L	I	A	J	B	G	U	D	L	P	S	L	Q	F	F
L	J	I	H	R	S	X	H	L	O	N	E	M	X	U	F	L	Z	L	Y
A	L	M	Q	D	M	G	P	M	I	N	L	R	S	N	C	R	E	K	H
T	K	E	R	V	C	Z	E	L	C	S	A	E	J	L	W	I	L	C	T
I	K	R	P	G	J	T	S	R	T	L	J	H	H	O	K	M	F	V	O
O	G	E	L	M	K	K	O	B	X	K	L	A	Y	E	S	C	R	Y	M
N	Y	J	R	V	H	F	J	X	L	M	O	X	Z	R	K	H	X	N	I
N	X	L	D	Y	X	A	N	Z	H	N	R	E	J	L	A	F	U	T	T
T	L	Q	N	T	V	W	I	V	T	U	P	D	J	A	Y	M	C	A	T
T	M	J	W	Q	M	Y	D	A	T	G	D	V	J	U	M	T	Q	T	D
T	A	P	E	T	E	R	T	H	S	R	M	H	N	K	D	E	Q	L	K
N	D	K	R	K	P	R	X	Z	N	I	Y	Q	H	L	D	E	S	H	W
R	A	S	A	B	A	N	R	A	B	M	O	S	E	S	Z	R	N	L	J

ADAM

BARNABAS

DANIEL

DAVID

ESTHER

EZEKIEL

GENESIS

ISAIAH

JAMES

JEREMIAH

JESUS

JOB

JOHN

JONAH

JOSEPH

JOSHUA

JUDE

MARY

MOSES

NOAH

PAUL

PETER

PHILEMON

REVELATION

RUTH

SAMUEL

SILAS

SOLOMON

TIMOTHY

TITUS

#107 Splashing Fun

```
R  C  K  I  T  E  B  O  A  R  D  I  N  G  F  B  M  R  G  Y
S  O  G  X  W  A  K  E  B  O  A  R  D  I  N  G  S  N  T  G
K  C  W  T  G  N  I  L  E  K  R  O  N  S  N  U  I  B  N  G
T  T  I  I  C  L  Q  Q  V  B  W  N  Q  W  R  L  N  N  N  L
W  P  K  N  N  F  W  I  N  D  S  U  R  F  I  N  G  I  R  L
P  M  H  M  O  G  W  B  K  L  H  N  I  A  M  N  K  N  L  D
A  G  G  Z  V  P  B  D  H  Q  F  N  S  P  F  A  L  O  P  Z
D  N  N  C  A  N  O  E  I  N  G  A  B  L  Y  R  V  L  G  N
D  I  I  W  D  X  T  R  N  B  R  J  Y  A  K  U  N  H  N  S
L  I  I  A  I  R  C  D  D  A  D  B  K  K  H  O  C  T  I  C
E  K  K  T  V  H  F  L  P  Y  O  Z  N  Z  N  K  Y  A  B  U
B  S  S  E  I  T  L  Q  I  A  H  R  Y  O  V  R  L  I  R  B
O  R  T  R  N  G  M  T  R  F  W  N  L  Z  X  A  S  R  O  A
A  E  E  P  G  Y  N  D  K  M  F  H  V  Y  M  P  A  T  Z  D
R  T  J  O  N  C  I  I  G  R  T  D  N  T  H  A  I  P  R  I
D  A  M  L  M  N  M  V  M  A  Q  T  I  R  M  U  L  L  E  V
I  W  K  O  G  H  F  W  U  M  V  T  K  V  K  Q  I  B  T  I
N  K  N  N  W  P  M  Q  T  W  I  M  R  H  I  A  N  X  A  N
G  G  T  L  J  L  A  L  K  M  R  W  Z  N  K  N  G  T  W  G
G  N  I  V  I  D  E  E  R  F  N  T  S  Z  T  G  G  L  Q  L
```

AQUAPARKOUR	KAYAKING	SWIMMING
AQUATHLON	KITEBOARDING	TRIATHLON
CANOEING	PARASAILING	WAKEBOARDING
CLIFF DIVING	ROWING	WATER POLO
DIVING	SAILING	WATER SKIING
FLYBOARDING	SCUBA DIVING	WATER ZORBING
FREEDIVING	SNORKELING	WINDSURFING
HYDROPONICS	PADDLEBOARDING	
JET SKIING	SURFING	

#108 Pizza Toppings Galore

```
H  B  D  Z  L  M  L  H  N  W  O  T  T  U  I  C  S  O  R  P
R  E  D  P  E  P  P  E  R  F  L  A  K  E  S  G  O  V  Y  E
C  S  U  N  D  R  I  E  D  T  O  M  A  T  O  K  N  H  V  P
K  C  K  X  D  H  A  R  U  G  U  L  A  N  Y  B  E  V  O  P
Z  W  N  E  V  I  L  O  N  E  E  R  G  D  R  V  P  V  H  E
U  R  K  M  U  S  H  R  O  O  M  F  R  B  K  T  A  K  C  R
C  E  V  I  L  O  K  C  A  L  B  A  E  S  T  W  L  D  N  O
C  E  G  G  P  L  A  N  T  P  K  L  H  T  R  N  A  R  A  N
H  E  P  Z  M  Z  T  Y  I  L  L  T  C  R  A  E  J  V  E  I
I  G  N  R  W  K  W  N  L  P  B  Y  O  M  F  O  P  K  K  G
N  A  H  Y  K  K  E  A  E  C  K  A  H  M  Z  O  O  A  O  M
I  S  L  P  Q  A  B  P  B  N  N  C  T  I  A  H  N  R  C  M
P  U  R  J  P  T  P  Q  A  N  A  N  R  T  C  T  G  I  N  M
N  A  R  P  A  E  R  B  S  N  T  O  R  I  O  O  O  B  O  F
E  S  L  E  R  G  W  J  I  X  H  B  T  P  N  C  L  N  B  N
K  E  M  R  Q  A  K  P  L  C  C  R  A  Z  Y  Z  I  R  F  T
C  F  Q  J  Z  R  S  T  N  V  A  Y  O  C  Y  B  R  R  B  N
I  K  M  V  J  L  R  H  P  P  R  L  M  D  O  Q  K  L  M  J
H  X  R  K  K  I  V  N  C  C  A  R  F  V  L  N  L  C  R  H
C  X  X  N  J  C  H  M  H  R  C  T  R  Z  W  J  T  F  K  Y
```

ANCHOVY	EGGPLANT	PEPPERONI
ARTICHOKE	FETA	PINEAPPLE
ARUGULA	GARLIC	PROSCIUTTO
BACON	GORGONZOLA	RED PEPPER FLAKES
BASIL	GREEN OLIVE	RICOTTA
BELL PEPPER	HAM	SAUSAGE
BLACK OLIVE	JALAPENO	SPINACH
CAPERS	MEATBALL	SUN-DRIED TOMATO
CHICKEN	MUSHROOM	TOMATO
CHORIZO	ONION	ZUCCHINI

#109 Jazz Greats

```
X  J  N  Y  T  H  E  L  O  N  I  O  U  S  R  P  H  G  Y  M
B  M  N  X  K  N  O  M  P  Q  S  G  R  B  G  E  K  K  D  T
T  A  A  F  B  G  R  N  K  R  J  H  L  Y  L  K  N  L  R  N
R  R  H  G  L  Z  C  Y  R  K  T  W  E  R  O  H  C  Y  R  O
G  S  G  K  Z  M  Q  Q  Z  P  K  Z  G  A  E  U  N  K  T  S
M  A  U  E  I  P  S  E  L  L  I  G  N  N  R  K  N  T  P  R
L  L  A  C  O  L  T  R  A  N  E  E  O  Y  O  I  R  G  P  E
K  I  V  G  H  H  J  T  J  M  K  L  R  A  T  T  N  A  K  T
M  S  R  H  J  T  B  N  N  J  N  L  T  D  X  T  P  G  P  E
R  R  M  U  T  A  T  Q  T  F  R  I  S  I  N  D  M  M  T  P
M  R  S  H  A  W  S  T  Q  F  N  N  M  L  D  D  P  E  A  H
J  O  N  E  S  N  E  T  I  X  O  G  R  O  N  K  I  X  G  H
Q  T  H  N  I  R  H  T  R  M  T  T  A  H  H  S  F  G  Y  R
P  P  P  L  R  N  Z  L  I  S  G  O  F  K  A  G  N  T  E  Q
B  B  L  A  M  G  J  N  Q  I  N  N  D  B  K  J  T  L  H  S
R  O  J  D  E  W  G  R  P  M  I  F  L  K  J  L  L  K  M  T
R  R  H  R  A  U  T  T  G  O  H  L  R  T  I  A  G  I  N  R
T  F  A  J  S  V  D  T  F  N  S  C  P  N  W  R  T  G  N  M
B  L  D  P  M  G  I  K  W  E  A  L  C  P  V  H  K  N  L  K
D  K  Q  B  V  M  L  S  G  F  W  H  W  E  B  S  T  E  R  Q
```

Armstrong	Jones	Simone
Basie	Kirk	Smith
Coltrane	Marsalis	Tatum
Davis	Mingus	Thelonious
Ellington	Monk	Tyner
Fitzgerald	Parker	Vaughan
Gillespie	Peterson	Waller
Hampton	Rollins	Washington
Holiday	Shaw	Webster
Jarrett	Shearing	Young

#110 River Run

```
C  O  L  O  R  A  D  O  G  F  K  L  K  D  Z  Q  K  P  M  S
N  G  Y  A  N  G  T  Z  E  D  W  X  Y  A  R  R  U  M  A  I
W  M  N  L  F  F  N  M  B  A  Y  T  W  X  R  A  N  R  W  R
Z  N  M  K  N  L  T  E  X  N  H  U  N  R  G  Q  T  S  Y  G
A  L  L  E  N  A  L  K  P  U  L  K  K  L  R  U  U  D  J  I
M  X  J  N  K  S  X  O  T  B  B  F  O  O  P  D  T  R  C  T
B  R  M  O  L  E  F  N  Y  E  Z  V  R  A  N  P  J  T  B  K
E  L  L  Z  T  G  X  G  Q  F  F  M  M  I  L  M  M  O  Q  S
Z  K  H  A  M  N  K  C  V  R  F  H  Z  M  I  N  K  G  E  M
I  D  D  M  V  A  F  T  Z  V  A  D  N  S  H  D  Z  I  T  M
K  X  L  A  L  G  R  H  K  R  A  B  S  M  J  C  N  P  Y  R
S  N  P  J  T  P  R  Z  B  R  L  I  S  L  G  E  O  P  W  T
R  E  T  O  T  T  Y  C  L  Q  S  O  T  E  F  R  Q  N  K  M
M  B  T  Y  K  K  T  I  N  S  Z  B  I  T  M  C  E  Z  G  B
J  T  G  A  T  R  N  R  I  K  R  F  R  R  B  A  J  G  X  O
L  Y  R  Y  R  G  R  P  J  B  V  F  N  K  E  K  H  T  I  Q
V  L  H  R  M  H  P  N  P  A  R  A  N  A  L  C  F  T  G  N
N  R  I  B  M  I  P  S  U  G  A  T  R  T  I  L  Z  K  K  L
T  K  N  C  F  Z  M  U  X  T  C  T  M  X  N  W  Y  D  P  C
H  K  E  C  J  C  X  H  E  R  N  O  D  K  M  N  K  T  L  B
```

AMAZON	LENA	RHINE
BRAHMAPUTRA	LOIRE	SEINE
COLORADO	MEKONG	TAGUS
CONGO	MISSISSIPPI	THAMES
DANUBE	MURRAY	TIGRIS
DARLING	NIGER	VOLGA
DON	NILE	YANGTZE
EUPHRATES	OB	YUKON
GANGES	PARANÁ	ZAMBEZI
INDUS	PO	

#111 "MARVEL"OUS

```
G  A  M  O  R  A  C  T  S  O  N  A  H  T  V  N  C  K  C  N
D  W  I  N  T  E  R  S  O  L  D  I  E  R  V  Y  W  P  A  V
H  N  A  M  R  E  D  I  P  S  R  N  F  T  C  L  S  F  P  N
Q  U  I  C  K  S  I  L  V  E  R  D  E  L  G  A  Y  D  T  K
E  L  O  O  P  D  A  E  D  Q  Y  K  O  M  W  R  M  J  A  D
W  G  T  M  P  J  L  D  M  H  C  P  D  N  R  L  E  W  I  G
N  V  N  H  R  C  N  M  U  O  S  T  O  E  L  N  N  Y  N  L
R  S  K  A  S  F  A  L  R  F  M  C  H  H  W  A  I  R  M  T
P  C  T  T  R  D  K  P  M  X  L  T  M  A  O  M  H  U  A  W
G  A  O  A  Q  T  M  W  T  A  N  K  L  W  L  T  C  F  R  L
J  R  M  K  R  C  S  R  F  A  M  M  D  K  V  N  A  K  V  T
M  L  G  J  V  L  D  R  P  G  I  T  B  E  E  A  M  C  E  N
N  E  T  J  N  M  O  K  O  X  R  N  D  Y  R  X  R  I  L  O
R  T  F  L  L  Z  C  R  Y  T  D  O  A  E  I  C  A  N  G  I
D  W  T  W  V  A  I  X  D  C  C  R  O  M  N  G  W  M  L  S
L  I  W  B  L  A  C  K  W  I  D  O  W  T  E  C  M  Y  K  I
M  T  G  B  V  L  K  N  O  H  L  X  D  J  R  R  L  H  G  V
X  C  G  Z  Z  W  R  C  C  L  N  A  H  K  V  O  I  Q  P  M
W  H  T  B  K  V  X  X  T  L  M  R  Q  C  Z  Y  H  C  L  X
M  N  A  M  N  O  R  I  X  C  R  D  T  P  T  L  Z  T  A  G
```

ANT-MAN	GAMORA	SPIDERMAN
BLACK PANTHER	GROOT	STAR-LORD
BLACK WIDOW	HAWKEYE	STORM
CAPTAIN AMERICA	HULK	THANOS
CAPTAIN MARVEL	IRON MAN	THOR
CYCLOPS	LOKI	VISION
DEADPOOL	NICK FURY	WAR MACHINE
DOCTOR STRANGE	QUICKSILVER	WASP
DRAX	ROCKET	WINTER SOLDIER
FALCON	SCARLET WITCH	WOLVERINE

#112 DC Heroes

```
X  G  N  J  X  M  K  D  N  J  B  A  T  G  I  R  L  P  F  D
B  P  D  N  R  R  I  N  Q  M  D  M  N  T  B  C  X  L  L  T
N  Z  N  O  I  E  P  F  K  N  D  A  A  L  W  G  K  A  A  R
K  F  B  I  S  U  K  T  J  X  M  N  U  Z  R  G  R  S  N  N
D  I  I  K  G  L  Q  R  C  R  H  E  G  E  A  E  J  T  N  K
N  W  R  R  M  H  K  Y  E  X  B  N  E  V  K  H  W  I  A  G
K  A  T  O  E  W  T  P  E  E  B  N  A  O  M  X  S  C  T  T
D  T  T  B  R  S  U  W  E  L  A  A  J  M  L  Z  T  M  A  N
F  A  Q  L  T  S  T  T  I  R  R  P  T  K  O  N  R  A  Z  A
K  N  N  A  C  N  L  O  R  N  F  A  H  M  D  W  V  N  K  M
B  P  A  C  E  E  D  O  R  Q  G  N  H  T  A  F  T  J  P  A
N  R  M  K  P  Y  W  L  T  M  M  N  T  X  N  N  Q  A  Y  U
C  L  K  C  S  X  L  E  X  L  U  T  H  O  R  M  T  F  C  Q
F  K  W  A  B  R  X  T  Q  M  R  Y  H  T  V  R  M  L  G  A
L  X  A  N  W  R  M  D  L  O  G  R  E  T  S  O  O  B  R  F
A  W  H  A  K  N  R  E  T  N  A  L  N  E  E  R  G  R  O  L
S  L  M  R  S  W  A  M  P  T  H  I  N  G  K  W  R  F  B  L
H  L  T  Y  V  I  N  O  S  I  O  P  J  F  Y  V  N  P  Y  D
H  L  N  A  M  O  W  R  E  D  N  O  W  B  L  R  M  T  C  Y
C  G  N  V  M  D  O  C  T  O  R  F  A  T  E  Y  L  G  N  H
```

Aquaman	Doctor Fate	Plastic Man
Atom	Firestorm	Poison Ivy
Batgirl	Flash	Robin
Batman	Green Arrow	Shazam
Black Canary	Green Lantern	Spectre
Blue Beetle	Harley Quinn	Superman
Booster Gold	Hawkman	Swamp Thing
Catwoman	Joker	Wonder
Cyborg	Lex Luthor	Woman
Darkseid	Nightwing	Zatanna

#113 Love is in the Air

```
D  E  T  A  D  N  M  Y  X  K  Z  J  Y  H  H  T  M  L  L  Q
B  K  P  C  K  E  C  R  L  M  T  S  E  R  E  N  A  D  E  N
G  W  K  N  X  A  C  N  E  N  I  T  N  E  L  A  V  C  F  R
N  D  R  N  M  R  Z  A  R  V  A  K  K  B  R  G  F  K  J  R
C  Z  E  I  Q  Y  B  H  R  M  E  T  Q  O  L  T  H  R  O  Z
M  O  T  V  D  M  T  P  L  B  X  R  M  B  F  L  P  S  C  M
H  N  M  P  O  Z  N  U  I  V  M  A  O  L  M  F  E  H  M  N
I  N  O  M  A  T  O  B  K  H  N  E  C  F  Z  S  E  Z  D  A
S  N  N  I  I  S  I  J  F  C  S  H  L  H  L  R  L  P  E  F
E  O  E  C  T  T  S  O  E  C  Q  T  N  K  I  J  A  D  V  F
I  I  T  A  M  O  M  I  N  M  B  E  R  S  T  N  T  X  O  E
L  T  E  N  C  X  M  E  O  L  E  E  H  U  D  W  T  L  L  C
F  A  R  D  Y  C  Y  E  N  N  V  W  F  K  O  Q  R  T  E  T
R  U  N  L  R  B  T  Y  N  T  O  S  Q  M  H  C  A  M  B  I
E  T  I  E  R  K  V  T  T  Z  L  B  R  Q  X  H  C  N  S  O
T  A  T  L  V  J  G  M  P  N  T  H  E  A  R  T  T  S  D  N
T  F  Y  I  K  A  D  O  R  E  L  W  G  D  R  L  I  J  R  N
U  N  V  G  T  W  K  L  C  L  V  Z  H  U  G  K  O  Y  N  V
B  I  V  H  V  D  T  M  D  I  P  U  C  K  Q  Q  N  C  H  L
L  V  R  T  L  J  C  O  M  P  A  N  I  O  N  S  H  I  P  K
```

ADORE	CUPID	INTIMACY
AFFECTION	DATE	KISS
ATTRACTION	DEVOTION	LOVE
BELOVED	EMBRACE	PASSION
BUTTERFLIES	EMOTION	ROMANCE
CANDLELIGHT	ETERNITY	ROSES
CHERISH	FOREVER	SERENADE
COMMITMENT	HEART	SOULMATE
COMPANIONSHIP	HUG	SWEETHEART
COURTSHIP	INFATUATION	VALENTINE

#114 Happily Ever After

```
R  L  J  E  B  K  M  F  Z  V  F  O  R  E  V  E  R  M  D  H
X  D  V  N  V  M  Q  D  M  Z  W  C  T  T  F  P  J  P  R  A
N  V  R  G  P  O  L  G  M  N  M  K  E  N  M  Q  G  R  L  P
O  E  V  O  W  S  L  S  R  M  H  F  L  R  J  T  L  I  Q  P
I  X  S  X  Y  K  T  D  S  O  C  Q  U  C  E  N  C  N  L  I
T  X  T  N  B  X  T  Z  N  E  O  F  O  N  H  M  W  G  Q  N
O  S  S  D  E  L  N  E  L  F  N  M  H  D  I  Y  O  Y  C  E
V  E  U  N  L  C  Y  Z  S  T  M  R  S  H  L  O  N  N  Z  S
E  I  R  N  T  M  I  S  L  I  Z  O  E  I  T  O  N  Y  Y  S
D  R  T  E  O  N  I  L  T  X  U  V  M  H  M  C  K  T  M  M
M  A  T  O  S  L  A  M  E  L  Z  A  Z  I  T  H  B  L  B  L
B  S  N  F  B  P  E  N  M  G  F  R  R  Q  M  E  X  A  Z  W
B  R  I  D  E  N  E  A  E  R  A  T  Q  M  T  R  G  Y  B  E
M  E  J  Q  T  T  T  C  Y  V  A  I  P  K  G  I  C  O  T  D
G  V  F  M  X  E  M  T  T  M  O  T  R  X  L  S  L  L  T  D
W  I  Z  P  T  Q  I  T  Y  Z  D  C  F  R  X  H  V  M  G  I
M  N  L  L  P  N  P  I  H  S  N  O  I  N  A  P  M  O  C  N
Y  N  M  B  U  T  R  O  P  P  U  S  V  G  K  M  W  T  J  G
C  A  N  P  A  R  T  N  E  R  S  H  I  P  L  F  T  T  Y  V
Z  G  L  Y  L  P  G  J  N  H  Y  Y  Y  C  A  M  I  T  N  I
```

ANNIVERSARIES	FOREVER	RESPECT
BLISS	GROOM	RING
BRIDE	HAPPINESS	SOULMATE
CEREMONY	HONEYMOON	SUPPORT
CHERISH	INTIMACY	TOGETHERNESS
COMMITMENT	LOVE	TRUST
COMPANIONSHIP	LOYALTY	UNION
COVENANT	MARRIAGE LICENSE	UNITY
DEVOTION	MATRIMONY	VOWS
FAMILY	PARTNERSHIP	WEDDING

#115 MOTHERHOOD MOMENTS

```
Y  B  V  D  C  K  J  Z  P  A  C  I  F  I  E  R  V  V  P  Y
M  R  G  F  K  K  B  O  N  D  I  N  G  Q  H  Z  K  A  M  T
B  S  E  I  T  I  L  I  B  I  S  N  O  P  S  E  R  M  K  O
P  O  M  L  X  N  N  E  W  B  O  R  N  M  V  E  O  Y  T  D
F  P  T  H  T  R  I  B  D  L  I  H  C  F  N  M  H  R  L  D
G  R  Y  T  X  D  Y  B  A  L  L  U  L  T  A  W  V  O  F  L
N  Q  T  T  L  M  N  Q  M  Z  T  M  I  N  B  M  V  Y  V  E
I  G  R  R  I  E  Q  V  X  E  R  N  M  C  R  E  I  C  R  R
Y  R  S  R  X  N  D  Y  K  B  G  T  A  K  E  W  M  L  T  L
R  A  L  G  N  H  R  N  L  S  R  R  N  S  A  L  Q  D  Y  Z
C  N  E  N  W  U  A  E  R  G  S  K  U  E  S  D  D  P  J  G
H  D  E  Z  T  L  R  E  T  E  T  H  R  N  T  L  G  A  L  Y
Y  P  P  R  B  V  P  S  A  A  B  M  T  O  F  Y  R  S  R  M
L  A  L  L  G  A  X  T  E  T  M  Q  U  T  E  Q  L  T  N  C
V  R  E  L  I  V  M  L  Y  R  Y  H  R  S  E  N  F  R  L  R
D  E  S  D  T  Z  H  K  R  V  Y  B  I  E  D  J  R  O  L  R
C  N  S  X  T  N  B  V  F  P  Z  I  N  L  I  T  H  L  T  Q
G  T  D  O  C  T  O  R  L  N  L  B  G  I  N  L  M  L  H  R
T  S  R  S  A  C  R  I  F  I  C  E  S  M  G  X  B  E  L  F
F  B  G  B  N  F  D  X  E  C  N  E  I  T  A  P  L  R  M  G
```

BIB	DOCTOR	NURTURING
BLANKET	FAMILY	PACIFIER
BONDING	GRANDPARENTS	PARENTING
BOTTLE	LOVE	PATIENCE
BREASTFEEDING	LULLABY	RESPONSIBILITIES
CAR SEAT	MATERNITY	SACRIFICES
CHILDBIRTH	MILESTONES	SLEEPLESS
CRADLE	MOMMY	STROLLER
CRYING	NEWBORN	TODDLER
DIAPERS	NURSERY	

#116 Dad-tastic

F	G	D	A	D	P	P	Y	M	Q	N	R	D	R	N	T	L	S	E	T
L	N	N	X	S	T	R	E	N	G	T	H	N	D	T	J	E	U	C	L
Z	F	F	I	N	F	R	O	T	N	E	M	I	T	Q	B	G	P	I	V
Y	K	L	F	R	L	N	B	T	J	V	S	O	P	V	F	A	P	V	Z
N	B	N	X	O	U	M	M	R	E	C	F	P	D	R	N	C	O	D	E
L	O	T	V	Z	H	T	E	G	I	C	H	M	R	S	I	Y	R	A	C
S	R	E	Z	V	R	S	R	P	K	D	T	M	B	K	I	D	T	L	I
Y	Z	K	P	N	P	D	L	U	P	A	F	I	J	W	M	W	E	K	F
T	L	H	R	E	C	I	Y	M	N	U	L	G	O	K	L	Z	T	Y	I
F	L	I	C	W	N	V	T	N	J	G	V	E	U	N	W	C	R	V	R
K	P	T	M	E	R	N	N	W	D	H	V	D	D	I	M	Y	Q	X	C
N	V	M	Y	A	E	X	R	N	P	T	M	K	R	O	D	T	K	N	A
P	K	H	L	R	F	N	O	L	Y	E	Q	V	E	D	M	A	N	L	S
R	A	P	A	M	U	B	L	T	K	R	F	R	H	T	A	E	N	F	W
O	P	P	N	F	M	X	B	D	D	J	V	V	T	Y	R	D	L	C	J
V	A	P	A	T	I	E	N	C	E	Y	M	K	A	X	D	Z	D	O	E
I	P	W	M	G	F	T	R	C	G	W	V	K	F	L	K	W	H	Y	R
D	Y	M	K	K	B	M	K	H	T	I	A	F	J	W	N	H	V	M	T
E	Y	T	I	L	I	B	I	S	N	O	P	S	E	R	T	J	T	M	M
R	P	M	L	G	R	A	T	I	T	U	D	E	V	Q	W	T	C	K	L

ADVICE	GRATITUDE	PROTECTION
BOND	GUIDANCE	PROVIDER
DAD	LEGACY	RESPECT
DADDY	LOVE	RESPONSIBILITY
DAUGHTER	MENTOR	ROLE MODEL
DISCIPLINE	NURTURING	SACRIFICE
FAITH	PAPA	SON
FAMILY	PARENT	STRENGTH
FATHER	PATIENCE	SUPPORT
FUN	PRIDE	WISDOM

#117 Meaningful Musings

```
M U N D E R S T A N D I N G N C L K P F
Y F G V N Z T C K K J L Y O P O P Z B Y
D T O R T O Y H I O P T I T P U R L H R
C L I S A G I N C F P T F B F R C Y O N
N K U R K T D T W O A E J Y J A X T N S
X R B Y G N I E A I M Y N G R G K C E S
T T C R E E M T C N T P W N F E X E S E
K F Q S H P T E U I I K A I E V D P T N
Z F S O A Y R N S D L M E S S S B S Y E
E R P T T P B O I W E Y R C S D S E M V
C E H P P M R D N H H F Z E N I O R M I
N Y Z A N E K L O Y A L T Y T E O M R G
A Y T I N E R E S G R A C E Y E I N B R
T K Y E C N A R E V E S R E P W D T C O
P W G B V C S E L F L E S S N E S S A F
E H A U T H E N T I C I T Y P G N K X P
C Y T I L I M U H M G V F G E V Y N Y H
C C Q R K M M V R M N Y M L A H T I A F
A N T R N F K K L L M O P T C M R Y K Z
Y G T K D B B L Z R X J Q V E V M M Y N
```

ACCEPTANCE	GRACE	OPENNESS
APPRECIATION	GRATITUDE	PATIENCE
AUTHENTICITY	HONESTY	PEACE
COMPASSION	HOPE	PERSEVERANCE
COURAGE	HUMILITY	RESPECT
DETERMINATION	INTEGRITY	SELFLESSNESS
EMPATHY	JOY	SERENITY
FAITH	KINDNESS	TRUST
FORGIVENESS	LOVE	UNDERSTANDING
GENEROSITY	LOYALTY	WISDOM

#118 THE WRITE STUFF

```
D  T  Z  T  N  F  V  R  L  V  C  R  E  T  C  A  R  A  H  C
W  M  B  X  M  M  L  Y  A  M  J  Q  T  H  L  E  R  K  W  M
E  R  E  V  I  S  I  O  N  F  N  R  H  O  M  B  E  L  N  X
I  F  P  K  R  H  P  D  R  N  I  M  X  E  L  Y  N  O  P  P
V  R  D  I  A  L  O  G  U  E  M  C  H  T  B  P  I  V  F  O
F  J  L  H  M  W  K  Y  O  W  P  T  T  O  B  T  D  K  G  E
O  X  T  P  D  H  R  W  J  D  K  R  A  I  U  W  Y  Z  C  T
T  G  M  R  A  A  V  P  T  B  T  R  O  L  O  P  Z  N  W  R
N  T  L  J  I  P  M  V  Y  M  D  C  O  S  C  N  G  O  K  Y
I  L  N  D  K  Z  E  F  P  Y  L  S  C  H  E  N  N  N  W  V
O  R  G  R  R  Q  W  R  E  C  E  T  R  J  I  O  Q  F  L  Q
P  L  E  C  D  R  L  S  W  R  L  H  R  T  V  Q  T  I  D  Y
N  F  L  T  L  Q  T  Y  R  G  G  H  I  E  R  F  C  C  W  R
F  N  N  I  E  Y  C  M  I  V  Y  D  L  W  R  N  T  T  C  V
B  T  V  J  U  M  I  B  T  M  E  M  N  H  E  L  F  I  N  L
N  K  V  D  B  Q  L  O  E  Q  D  Z  M  P  R  R  G  O  F  F
V  Q  H  N  M  C  F  L  R  J  Y  R  E  G  A  M  I  N  N  Y
M  E  M  O  I  R  N  I  Y  R  O  T  S  T  R  O  H  S  E  R
H  R  P  M  J  N  O  S  T  N  O  T  E  B  O  O  K  T  P  V
W  Y  P  K  G  Q  C  M  Y  W  G  K  N  I  V  M  G  T  L  R
```

CHARACTER	MEMOIR	POINT OF VIEW
CONFLICT	METER	PROSE
DIALOGUE	NONFICTION	QUILL
DIARY	NOTEBOOK	RESOLUTION
EDITING	NOVEL	REVISION
FICTION	PAPER	RHYME
IMAGERY	PEN	SHORT STORY
INK	PENCIL	SYMBOLISM
JOURNAL	PLOT	THEME
KEYBOARD	POETRY	TYPEWRITER

#119 Green Dreams

```
R  V  T  L  R  R  O  M  M  D  L  M  D  R  Z  X  H  Y  D  N
B  A  M  B  O  O  L  V  R  Q  L  P  Y  N  P  C  W  B  L  Q
K  P  I  W  I  K  I  W  R  R  R  H  R  R  A  E  P  O  A  K
O  C  Z  F  B  L  V  V  H  M  T  E  H  N  C  T  L  T  R  J
I  N  E  B  B  M  E  W  R  L  F  V  I  T  F  I  M  X  E  D
H  L  B  C  P  G  R  A  S  S  P  P  E  G  V  Y  Y  M  M  M
C  H  Z  A  U  F  T  H  W  L  S  G  K  E  T  R  L  F  E  E
A  P  N  Z  S  T  Y  R  E  L  E  C  O  B  C  H  Z  G  G  G
T  Y  D  P  M  I  T  Q  D  N  T  R  H  A  M  Y  Y  A  B  R
S  R  N  C  F  T  L  E  V  P  T  R  C  N  M  I  S  M  P  E
I  G  B  L  K  J  L  N  L  J  Z  T  I  Q  C  M  N  O  E  E
P  Y  R  L  I  M  E  A  D  E  U  V  T  Y  R  E  D  T  K  N
B  Z  R  E  T  M  F  M  R  S  X  T  R  N  M  A  T  C  I  H
R  R  C  C  E  D  Z  L  R  E  J  K  A  I  C  N  O  V  G  O
O  H  D  M  S  N  V  B  T  K  B  P  L  O  L  R  Y  J  Z  U
C  V  D  R  H  A  E  B  T  L  E  M  V  G  M  P  W  T  J  S
C  L  M  M  M  K  E  R  K  J  M  A  U  A  L  Y  C  P  M  E
O  L  T  D  J  T  Z  P  Y  W  I  R  H  C  P  B  R  N  B  K
L  Y  K  K  W  J  X  R  Q  K  L  S  C  C  U  R  H  G  L  T
I  F  N  M  M  D  S  E  A  W  E  E  D  K  Z  C  N  C  G  D
```

ARTICHOKE	GRASS	OLIVE
AVOCADO	GREENERY	PEAR
BAMBOO	GREENHOUSE	PEAS
BASIL	IVY	PISTACHIO
BROCCOLI	KIWI	SAGE
CACTUS	LETTUCE	SEAWEED
CELERY	LIME	SHAMROCK
CUCUMBER	LIME	SPINACH
EMERALD	LIMEADE	THYME
FERN	MINT	

#120 Seeing Red

```
F  Z  Z  L  B  Z  X  H  Y  C  M  T  N  T  N  M  F  N  Z  Y
I  G  R  C  R  A  N  B  E  R  R  Y  S  A  U  C  E  E  R  T
R  K  S  T  O  P  S  I  G  N  H  G  P  P  D  N  J  N  A  P
E  Q  D  M  M  R  Y  J  M  Y  T  Z  U  A  T  H  W  I  D  V
W  G  P  C  P  U  H  C  T  E  K  K  D  B  P  V  V  W  I  B
O  M  B  L  O  O  D  B  E  T  L  R  E  M  Y  R  V  J  S  P
R  L  R  K  M  R  T  B  L  C  M  C  L  K  V  D  I  L  H  G
K  K  I  L  W  W  Z  A  B  Q  T  B  P  W  L  L  A  K  N  C
S  C  C  P  H  V  A  F  M  L  T  G  P  K  K  Z  M  L  A  L
J  I  K  B  K  L  J  T  I  O  Q  H  A  G  N  L  X  R  C  L
R  T  B  M  L  W  B  Y  E  R  T  I  Y  B  U  R  D  B  X  N
N  S  L  P  B  O  R  N  Y  R  E  K  L  Z  B  I  W  V  G  G
J  P  Z  T  V  G  O  R  G  C  M  T  T  I  N  K  N  R  R  L
Q  I  R  B  A  L  R  D  G  Y  F  E  R  A  H  Y  D  O  N  A
T  L  R  R  B  E  D  T  O  Y  K  V  L  U  K  C  S  R  A  R
R  N  N  Q  B  R  Y  L  M  R  N  P  B  O  C  E  Z  M  B  O
X  E  M  N  Y  R  R  E  B  W  A  R  T  S  N  K  G  Z  R  C
T  J  A  R  Y  R  R  E  H  C  R  N  B  M  R  A  F  N  M  D
B  R  W  M  M  A  H  O  G  A  N  Y  G  N  M  B  Z  L  B  Z
C  P  P  O  M  E  G  R  A  N  A  T  E  E  R  P  T  B  J  W
```

Apple	Cranberry sauce	Pomegranate
Beet	Firetruck	Radish
Blood	Fireworks	Rose
Blood orange	Garnet	Ruby
Brick	Ketchup	Stop sign
Cardinal	Ladybug	Strawberry
Cherry	Lipstick	Tomato
Chili	Magma	Watermelon
Coral	Mahogany	Wine
Cranberry	Paprika	

#121 COMMANDER-IN-CHIEF

```
K  J  J  R  Z  Y  B  N  L  O  C  N  I  L  V  D  Y  T  N  W
R  D  E  Z  H  F  N  P  Y  R  Z  J  P  R  Z  T  R  O  N  K
W  R  F  Y  F  J  L  C  E  L  L  O  B  A  M  A  S  O  F  C
F  Z  F  R  J  J  V  R  L  R  K  T  L  Z  K  I  S  M  Y  N
N  C  E  D  E  D  A  B  N  E  C  N  K  Q  R  L  J  B  N  R
L  O  R  P  R  L  B  C  I  D  V  F  X  R  I  L  P  F  E  O
G  O  S  K  J  F  Y  T  K  K  M  E  A  W  R  X  I  T  R  O
P  L  O  R  N  H  C  T  C  S  R  H  L  N  G  L  F  M  U  S
B  I  N  T  Q  W  Z  F  M  N  O  N  V  A  L  G  R  P  B  E
W  D  E  W  N  Y  H  D  Y  D  O  N  R  M  N  T  L  R  N  V
K  G  F  R  T  A  H  A  Y  E  S  S  O  Q  A  D  B  B  A  E
K  E  S  D  C  J  R  R  G  J  F  R  I  F  H  T  Y  M  V  L
J  B  M  V  F  E  U  G  P  L  E  X  T  D  N  K  W  G  E  T
G  V  A  G  W  H  B  T  Y  M  V  D  T  R  A  L  T  O  J  X
N  X  D  J  T  N  F  R  P  L  M  T  V  M  T  M  R  O  Z  W
I  V  A  R  N  M  R  D  H  H  Q  Q  Z  T  X  N  H  T  K  F
D  J  A  W  D  L  E  I  F  R  A  G  X  C  O  N  M  M  X  F
R  N  L  K  R  O  L  Y  A  T  Q  H  D  M  S  C  T  P  N  G
A  W  A  S  H  I  N  G  T  O  N  M  F  O  M  G  K  W  N  G
H  N  L  R  Y  T  Q  B  U  C  H  A  N  A  N  V  K  R  Z  Q
```

ADAMS	HAYES	ROOSEVELT
ARTHUR	JACKSON	TAFT
BUCHANAN	JEFFERSON	TAYLOR
CLEVELAND	JOHNSON	TYLER
COOLIDGE	LINCOLN	VAN BUREN
FILLMORE	MADISON	WASHINGTON
GARFIELD	MCKINLEY	WILSON
GRANT	MONROE	
HARDING	OBAMA	
HARRISON	PIERCE	

#122 TEENY TINY

```
N  W  G  C  M  R  P  I  N  N  R  L  B  T  N  R  B  T  Z  M
X  C  M  K  Y  I  M  G  T  N  R  K  C  I  P  H  T  O  O  T
T  D  Z  F  N  Q  S  N  R  G  C  E  K  T  G  N  D  V  J  M
N  W  L  S  R  P  T  A  K  I  L  L  X  B  Y  N  L  K  K  G
A  C  E  F  E  H  Z  T  T  X  J  O  G  E  X  P  M  L  D  F
C  C  F  C  L  J  N  F  M  J  M  P  R  E  K  M  I  R  E  P
T  R  K  J  T  Y  R  R  R  M  H  D  Y  V  X  L  Z  X  V  C
B  J  J  T  Q  M  L  N  K  N  C  A  E  T  I  M  P  B  E  Z
R  T  P  L  O  Z  V  D  L  E  M  T  J  V  L  D  M  Q  L  L
S  Z  O  T  P  T  M  V  N  W  L  N  N  K  G  K  J  M  T  C
E  A  A  Y  I  T  X  I  Y  C  Y  U  R  B  J  D  C  O  L  W
E  E  C  P  H  X  K  R  V  X  C  G  C  L  T  F  D  Q  T  V
D  P  X  D  C  Y  R  U  D  F  L  E  A  E  B  H  X  G  U  B
T  T  D  L  T  J  L  S  R  D  E  K  F  I  L  K  J  Z  M  T
M  B  A  B  Y  F  P  P  M  L  T  L  T  B  C  O  Z  N  L  J
B  M  F  L  T  O  P  S  B  X  Q  N  G  T  E  H  M  C  Y  K
F  E  P  F  N  T  C  B  N  R  M  J  T  M  C  N  N  N  B  L
P  R  A  F  Y  Q  E  C  Z  N  T  I  T  T  L  E  O  Y  F  W
Z  F  W  N  K  P  V  B  V  J  X  R  L  N  V  C  L  T  K  Z
R  G  M  J  R  V  T  K  T  T  C  X  J  V  L  K  T  T  S  P
```

ANT	FLEA	SEED
ATOM	FLY	SPECK
BABY	GNAT	SPOT
BEAN	INSECT	STONE
BEE	MITE	TADPOLE
BIT	MOLECULE	TICK
BUG	PEA	TITTLE
CELL	PEBBLE	TOOTHPICK
CHIP	PIN	TOY
DOT	PIXEL	VIRUS

#123 Giant Wonders

```
Q  L  B  L  W  W  Y  L  I  L  R  E  T  A  W  T  N  A  I  G
G  G  I  G  A  N  T  O  P  I  T  H  E  C  U  S  H  G  P  P
G  I  A  N  T  S  A  L  A  M  A  N  D  E  R  X  I  I  F  L
X  R  A  C  Y  Z  J  G  W  Y  D  H  T  T  F  L  P  A  C  X
K  E  E  N  T  E  M  M  A  L  C  T  N  A  I  G  P  N  Y  N
C  L  R  T  T  A  T  L  E  V  I  A  T  H  A  N  O  T  L  A
G  B  P  T  S  S  L  I  N  R  K  P  R  D  H  G  P  S  H  T
Q  G  A  N  H  B  Q  L  N  J  B  M  O  P  I  Z  O  U  T  I
N  N  D  Q  T  V  O  U  I  C  H  O  M  A  B  Z  T  N  A  T
O  O  N  W  O  D  Z  L  I  Z  W  C  N  T  K  O  A  F  I  C
D  K  A  X  M  T  D  C  T  D  D  T  Y  H  O  C  M  L  L  Y
O  G  P  W  E  D  R  P  E  N  T  O  C  F  J  L  U  O  O  C
L  N  T  N  H  M  N  R  H  O  A  T  G  O  Y  J  S  W  G  L
A  I  N  Y  E  J  T  D  R  L  A  I  M  R  L  X  C  E  Q  O
G  K  A  M  B  N  R  T  N  U  B  V  G  A  O  O  N  R  J  P
E  B  I  L  A  A  O  E  Q  J  R  T  F  G  M  L  S  K  K  S
M  J  G  I  G  I  K  S  R  L  G  G  R  C  M  M  L  S  W  T
L  N  G  O  S  A  A  V  M  K  M  E  J  H  V  Q  O  K  U  L
Q  W  N  E  R  S  W  F  B  L  U  E  W  H  A  L  E  T  T  S
Y  D  B  K  T  U  A  N  R  E  G  G  U  J  J  J  B  L  M  H  C
```

BEHEMOTH	GIANT SALAMANDER	KING KONG
BIGFOOT	GIANT SQUID	KRAKEN
BLUE WHALE	GIANT SUNFLOWER	LEVIATHAN
COLOSSUS	GIANT TORTOISE	MAMMOTH
CYCLOPS	GIANT WATER LILY	MEGALODON
DRAGON	GIGANTOPITHECUS	OGRE
GIANT CLAM	GODZILLA	SASQUATCH
GIANT LOBSTER	GOLIATH	T-REX
GIANT PANDA	HIPPOPOTAMUS	TITAN
GIANT REDWOOD	JUGGERNAUT	YETI

#124 DANGEROUS DILEMMA

```
G  J  E  N  K  P  K  R  Y  F  R  I  G  H  T  E  N  I  N  G
T  N  N  C  M  E  R  U  C  E  S  N  I  L  G  L  M  B  Y  N
R  H  I  H  H  X  Y  L  D  A  E  D  X  X  P  E  R  I  L  F
T  D  L  T  G  A  R  B  E  X  A  W  T  N  W  Y  R  B  R  R
P  S  A  Z  A  N  R  F  L  R  L  J  A  J  K  G  L  Q  A  H
W  U  N  C  Q  D  A  R  E  U  T  T  Y  R  N  R  G  E  A  G
Z  O  E  W  Y  S  I  D  O  T  F  J  C  I  N  N  F  Z  V  L
K  I  R  R  N  W  E  M  W  W  V  E  M  A  I  I  A  C  D  P
W  R  D  U  M  V  K  E  I  V  I  R  S  C  U  R  N  W  L  O
S  A  A  M  I  R  N  L  L  T  A  N  A  N  D  T  F  G  D  I
U  C  T  L  H  D  L  B  N  L  N  N  G  O  E  J  I  K  F  S
O  E  D  J  A  A  A  A  E  E  I  U  N  C  P  T  O  R  O
R  R  M  Z  Z  N  H  R  M  M  V  S  P  Z  M  L  S  E  N  N
E  P  M  W  A  G  T  E  Z  R  V  I  K  E  L  M  C  U  X  L
H  N  P  J  R  E  E  N  A  M  B  U  S  H  R  K  V  L  S  A
C  Q  T  L  D  R  L  L  N  C  W  T  M  O  L  I  L  P  K  T
A  N  M  V  N  O  C  U  Q  G  J  Q  T  E  L  W  L  Y  J  A
E  P  F  N  Z  U  R  V  L  L  V  N  S  L  F  P  F  O  L  F
R  Y  N  T  M  S  Y  K  S  I  R  S  T  V  F  G  X  X  U  M
T  N  M  R  R  T  H  R  E  A  T  E  N  I  N  G  P  E  N  S
```

ADRENALINE	FRIGHTENING	POISON
ALARMING	HARROWING	PRECARIOUS
AMBUSH	HAZARD	RECKLESS
CAUTION	HAZARDOUS	RISKY
DANGEROUS	INSECURE	SUSPENSEFUL
DAREDEVIL	INTIMIDATING	THREATENING
DEADLY	LETHAL	TREACHEROUS
EXPLOSIVE	MENACING	UNSAFE
FATAL	PERIL	VULNERABLE
FEAR	PERILOUS	WARNING

#125 Helping Hands

```
F  M  T  Q  D  A  I  D  W  O  R  K  E  R  F  H  K  T  L  E
M  R  P  Y  G  M  R  C  H  K  V  M  A  J  Y  F  M  R  H  M
P  T  W  T  D  X  M  T  C  F  T  W  S  W  M  T  K  O  V  P
N  R  F  I  N  A  T  I  R  A  M  A  S  D  O  O  G  F  S  O
E  I  A  G  L  M  G  M  V  P  M  K  I  G  Z  Y  V  M  U  W
L  R  Z  J  K  H  N  T  F  X  H  K  S  T  K  R  R  O  P  E
P  V  A  J  C  O  U  N  S  E  L  A  T  M  K  R  N  C  P  R
R  R  E  C  P  K  R  N  T  E  H  E  L  P  E  V  W  H  O  C
E  N  T  E  Y  Q  H  R  L  N  N  A  R  L  B  U  T  X  R  D
H  H  A  V  G  T  P  O  I  C  S  D  I  G  E  Y  C  R  T  J
A  E  C  R  K  R  S  A  O  S  B  E  O  T  C  V  K  S  X  F
B  T  O  E  K  N  T  U  I  J  V  L  M  N  G  H  I  R  E  C
I  A  V  S  O  S  R  S  T  E  T  R  N  T  O  V  B  A  D  R
L  M  D  C  U  A  T  D  R  T  Y  N  E  K  H  R  T  T  T  J
I  P  A  S  G  I  Y  K  N  B  F  B  N  A  T  E  R  D  T  E
T  L  J  E  V  D  N  E  I  R  F  E  B  B  S  N  D  Y  N  P
A  E  T  E  R  E  T  S  O  F  Z  V  G  F  L  S  L  I  T  X
T  H  C  Z  J  T  W  M  E  N  T  O  R  N  K  T  U  N  U  R
E  Z  M  B  R  P  H  I  L  A  N  T  H  R  O  P  Y  R  L  G
M  F  L  N  Y  Z  K  D  Y  V  O  L  U  N  T  E  E  R  E  D
```

ADVOCATE	COUNSEL	PHILANTHROPY
AID	DONOR	REASSURE
AID WORKER	EMPOWER	REHABILITATE
ALLEVIATE	ENCOURAGE	RELIEVE
ASSIST	FOSTER	RESCUE
ASSISTIVE	GOOD SAMARITAN	SERVE
BEFRIEND	GUIDE	SUPPORT
CARE	HELPMATE	SUSTAIN
COMFORT	LIFT	VOLUNTEER
CONSOLE	MENTOR	

#126 Lake Legends

```
D  C  H  R  E  V  M  H  M  L  C  W  L  O  I  R  A  T  N  O
T  W  H  V  R  G  L  C  H  A  M  P  L  A  I  N  D  Q  T  P
R  A  F  M  I  Z  Y  D  C  W  T  M  U  K  N  Q  G  Y  R  A
L  K  D  F  E  M  P  A  K  A  A  J  I  A  E  L  R  M  Q  K
F  A  J  I  F  Z  I  L  N  J  D  N  T  C  N  G  Y  Z  D  E
H  T  X  M  C  R  K  G  G  K  V  R  A  N  H  A  R  Q  D  T
T  I  K  L  O  A  A  J  L  D  O  C  T  K  L  I  E  O  L  Q
V  P  H  T  N  N  L  D  A  N  A  K  Y  W  A  W  G  T  E  M
R  U  C  O  Y  M  A  P  K  C  L  X  R  W  V  L  T  A  G  G
P  I  R  I  Q  H  J  R  I  J  R  F  Q  V  K  L  W  F  N  L
V  U  K  M  C  G  I  T  A  O  P  U  A  T  Z  E  T  L  K  M
H  A  S  N  C  K  I  R  B  R  N  N  Z  D  G  W  A  N  K  X
V  B  M  U  A  T  R  O  T  O  R  U  A  Q  V  O  H  N  C  J
Z  R  Z  K  P  T  J  D  C  P  J  R  M  L  K  P  O  G  P  X
N  W  U  N  N  E  L  M  H  O  R  T  H  L  U  C  E  R  N  E
P  P  L  A  P  Q  R  G  T  P  M  R  A  A  V  E  N  E  G  T
M  C  J  K  G  D  M  I  L  J  N  O  E  N  N  K  K  A  D  L
N  K  N  U  D  N  T  M  O  M  Y  W  W  K  D  Y  R  L  T  P
Q  N  B  R  L  Z  T  G  L  R  M  Z  A  T  B  D  C  T  D  M
M  P  W  U  L  T  U  R  K  A  N  A  H  K  A  K  J  T  K  V
```

Baikal	Lucerne	Tahoe
Chad	Michigan	Tanganyika
Champlain	Nakuru	Taupo
Como	Natron	Te Anau
Erie	Ontario	Tekapo
Garda	Placid	Titicaca
Geneva	Powell	Turkana
George	Pukaki	Victoria
Hawea	Rotorua	Wakatipu
Huron	Superior	Wanaka

#127 Mental Gymnastics

L	C	K	L	Y	C	Y	S	S	E	N	T	R	A	M	S	P	N	C	K
K	R	Q	K	I	N	N	O	V	A	T	I	O	N	T	Q	K	T	C	N
Z	I	G	N	I	K	N	I	H	T	L	A	C	I	G	O	L	M	T	C
T	T	G	N	I	N	O	S	A	E	R	E	V	I	T	C	U	D	E	D
L	I	G	N	V	P	N	C	P	E	R	C	E	P	T	I	O	N	T	N
Z	C	N	Q	U	I	C	K	-	W	I	T	T	E	D	N	E	S	S	O
N	A	I	Y	E	G	D	E	L	W	O	N	K	M	L	F	S	Y	N	I
T	L	N	R	C	O	G	I	T	A	T	I	O	N	Q	S	T	N	T	T
I	T	O	O	N	M	O	D	S	I	W	E	I	K	E	I	M	J	C	A
N	H	S	M	E	G	Z	R	P	I	C	W	G	N	U	C	K	U	L	N
T	I	A	E	M	L	K	T	N	N	M	R	L	N	S	X	R	F	Y	I
E	N	E	M	U	R	Y	T	A	S	C	U	E	Q	I	I	F	Y	K	G
L	K	R	V	C	J	U	I	S	N	F	G	M	A	O	N	G	J	M	A
L	I	R	L	A	I	L	E	X	D	N	M	R	S	T	K	R	H	Y	M
I	N	R	C	T	L	N	S	N	I	T	T	I	C	U	I	L	A	T	I
G	G	Z	I	I	P	A	I	Q	B	G	T	G	G	N	I	V	Q	E	M
E	K	O	R	R	V	M	Q	R	V	Y	Y	W	N	G	C	N	I	F	L
N	N	B	A	V	G	N	S	T	R	A	T	E	G	Y	T	K	E	T	J
C	M	H	Y	P	R	O	B	L	E	M	S	O	L	V	I	N	G	G	Y
E	S	L	M	R	N	D	K	Y	T	I	C	A	C	I	P	S	R	E	P

ACUMEN
BRILLIANCE
COGITATION
CREATIVITY
CRITICAL THINKING
CURIOSITY
DEDUCTIVE REASONING
GENIUS
IMAGINATION
INGENUITY

INNOVATION
INSIGHT
INTELLIGENCE
INTUITION
KNOWLEDGE
LEARNING
LOGICAL THINKING
MEMORY
MINDFULNESS
PERCEPTION

PERSPICACITY
PROBLEM-SOLVING
QUICK-WITTEDNESS
REASONING
SAVVY
SHARPNESS
SMARTNESS
STRATEGY
WISDOM

#128 Aroma Adventure

```
T  R  L  P  W  T  L  L  J  L  Q  L  Z  C  G  B  M  N  P  R
T  K  E  G  O  K  M  A  E  V  O  L  C  I  K  C  L  Y  E  R
X  M  D  H  T  P  S  E  H  N  Z  V  A  N  I  L  L  A  P  G
X  D  T  Z  T  M  C  L  G  E  V  W  K  N  E  S  O  R  P  I
B  Z  F  L  I  A  N  O  L  A  T  Z  J  A  R  M  K  S  E  N
H  R  Q  N  E  R  E  P  R  N  S  Z  Y  M  R  N  U  H  R  G
L  T  E  M  H  G  P  L  N  N  P  V  N  O  B  T  D  T  M  E
Z  L  Y  A  F  A  N  T  Y  G  D  A  F  N  P  F  N  B  I  R
W  H  H  E  D  Z  L  R  K  T  I  K  T  Y  C  M  O  G  N  B
T  F  T  E  Q  B  K  F  H  M  C  N  L  C  N  Z  M  Y  T  R
D  U  M  F  T  T  A  Z  T  A  T  A  G  H  H  R  E  X  G  E
O  X  N  F  R  K  K  K  L  L  C  W  X  E  P  O  L  J  M  A
O  F  Z  O  M  L  B  I  I  U  P  W  B  H  R  M  U  M  D  D
W  B  Q  C  C  M  L  R  E  N  R  E  D  N  E  V  A  L  C  L
L  L  Y  N  D  O  P  E  K  F  G  Y  P  B  L  W  T  I  I  K
A  T  G  X  T  B  C  B  J  R  C  I  D  Q  Y  X  T  V  G  C
D  G  V  M  R  X  V  M  D  W  N  L  H  L  R  R  B  Q  P  T
N  M  X  Z  B  G  J  A  G  E  K  L  T  M  U  S  K  C  G  P
A  L  M  D  D  B  A  R  B  E  C  U  E  S  M  O  K  E  H  P
S  X  Q  F  R  E  S  H  C  U  T  G  R  A  S  S  N  C  R  F
```

AMBER	FRESH CUT GRASS	PEPPERMINT
APPLE	GINGER	PINE
BARBECUE SMOKE	GINGERBREAD	POPCORN
BREAD BAKING	JASMINE	ROSE
CINNAMON	LAVENDER	SAGE
CITRUS	LEATHER	SANDALWOOD
CLOVE	LEMON	THYME
COCONUT	LILAC	VANILLA
COFFEE	MUSK	
EUCALYPTUS	PATCHOULI	

#129 Scentsational Finds

```
K  N  T  L  J  V  Q  Y  B  V  K  J  D  M  K  K  B  W  C  J
S  G  F  R  T  B  K  N  C  R  U  M  K  W  Z  P  Q  M  X  W
U  N  T  L  K  Y  T  P  K  N  U  K  H  F  E  V  O  L  C  N
M  A  Q  C  W  R  Y  N  I  I  R  B  E  R  G  A  M  O  T  T
B  L  C  M  R  K  K  P  N  P  M  N  N  E  R  O  L  I  V  T
M  Y  Q  R  L  N  E  A  C  E  R  E  D  N  E  V  A  L  A  N
K  G  L  E  X  R  R  I  C  S  S  C  B  F  J  Y  M  P  N  I
H  N  T  B  L  E  T  Q  I  N  W  U  K  Y  R  Q  T  C  I  M
T  A  C  M  G  R  M  N  N  E  J  B  T  W  T  M  R  H  L  R
Z  L  Z  A  U  M  N  X  N  C  L  L  P  P  L  T  B  V  L  E
C  Y  G  S  E  R  L  K  A  N  F  Q  J  I  Y  V  N  M  A  P
B  E  N  R  E  G  J  M  M  I  P  T  A  Z  N  L  M  X  P  P
T  C  D  L  A  R  A  M  O  K  U  M  S  T  N  E  A  A  R  E
Z  H  P  A  T  P  L  S  N  N  M  P  M  K  T  K  T  C  E  P
L  P  Y  H  R  B  E  K  D  A  P  B  I  X  R  C  T  E  U  H
A  N  B  M  D  W  N  F  M  R  K  K  N  Y  H  M  R  T  R  E
D  R  O  J  E  P  O  P  R  F  I  V  E  O  B  T  N  R  R  J
M  K  D  M  J  R  C  O  C  U  N  P  U  N  A  F  Y  G  X  N
G  I  N  G  E  R  D  R  D  F  I  L  H  E  H  M  R  H  J  T
S  A  N  D  A  L  W  O  O  D  I  T  T  M  C  Y  E  S  O  R
```

AMBER	GINGER	PEPPERMINT
APPLE	GRAPEFRUIT	PINE
BERGAMOT	JASMINE	PUMPKIN
CEDARWOOD	JUNIPER	ROSE
CINNAMON	LAVENDER	SAGE
CITRUS	LEMON	SANDALWOOD
CLOVE	MUSK	TEA TREE
EUCALYPTUS	MYRRH	THYME
FRANKINCENSE	NEROLI	VANILLA
GERANIUM	PATCHOULI	YLANG YLANG

#130 WOMEN OF NOTE

```
N  M  A  L  A  L  A  Y  O  U  S  A  F  Z  A  I  K  H  L  Z
N  A  H  H  N  I  L  K  N  A  R  F  D  N  I  L  A  S  O  R
R  U  J  M  A  R  I  L  Y  N  M  O  N  R  O  E  R  Q  J  F
M  D  M  Y  M  O  T  H  E  R  T  E  R  E  S  A  Q  K  N  C
K  R  C  G  K  D  S  I  M  O  N  E  B  I  L  E  S  O  L  F
N  E  O  A  M  A  B  O  E  L  L  E  H  C  I  M  T  E  T  K
A  Y  P  E  D  I  R  Y  L  L  A  S  W  R  Z  N  O  R  D  E
M  H  R  L  L  E  N  A  H  C  O  C  O  C  I  P  A  M  M  C
B  E  A  N  G  E  L  A  M  E  R  K  E  L  A  H  C  A  M  A
U  P  H  Q  M  H  J  O  W  R  G  Y  C  T  R  Z  Y  Y  A  L
T  B  W  K  Q  Y  B  L  L  Y  J  Y  R  A  M  A  M  F  R  E
T  U  I  Y  M  H  V  A  K  H  R  A  E  R  A  B  T  B  I  V
E  R  N  K  K  T  V  K  N  A  A  A  N  N  L  F  Z  Q  E  O
I  N  F  M  B  H  L  L  L  N  I  K  G  E  V  B  K  V  C  L
R  L  R  L  Q  Q  M  L  Q  L  E  E  A  Y  A  K  H  J  U  A
R  B  E  N  C  J  I  T  E  Q  L  F  J  D  W  U  L  B  R  D
A  H  Y  T  W  H  P  M  H  O  N  H  R  L  I  R  S  K  I  A
H  T  N  D  K  Z  A  B  U  J  B  V  J  A  N  R  N  T  E  K
N  P  R  I  N  C  E  S  S  D  I  A  N  A  N  X  F  N  E  K
L  Z  R  I  N  D  I  R  A  G  A  N  D  H  I  K  B  Q  W  N
```

ADA LOVELACE
AMELIA EARHART
ANGELA MERKEL
ANNE FRANK
AUDREY HEPBURN
CLEOPATRA
COCO CHANEL
FRIDA KAHLO
HARRIET TUBMAN

HILLARY CLINTON
INDIRA GANDHI
JANE AUSTEN
MALALA YOUSAFZAI
MARIE CURIE
MARILYN MONROE
MAYA ANGELOU
MICHELLE OBAMA
MOTHER TERESA

OPRAH WINFREY
PRINCESS DIANA
ROSALIND
FRANKLIN
SALLY RIDE
SIMONE BILES

#131 Exploring Planet Earth

```
N  F  V  V  O  L  C  A  N  O  T  C  N  T  K  N  N  G  Y  M
L  N  O  I  T  C  U  D  B  U  S  L  K  J  E  Q  K  M  E  K
I  S  L  A  N  D  E  K  A  U  Q  H  T  R  A  E  N  D  R  C
N  J  R  C  Y  R  R  A  L  O  S  G  E  H  C  I  E  W  E  R
M  Q  M  T  C  Y  I  Z  C  H  E  H  X  Y  A  G  R  E  H  U
C  L  I  M  A  T  E  V  L  R  P  G  Z  T  Y  F  E  T  P  S
T  L  M  M  F  M  N  I  E  S  X  R  N  X  N  C  H  A  S  T
Y  B  R  E  C  P  M  H  O  R  W  U  X  M  L  S  P  L  O  B
F  P  M  V  T  A  P  I  M  L  O  R  T  T  E  V  S  P  T  R
W  R  C  L  N  S  B  B  W  M  L  J  P  I  D  M  O  V  A  A
E  X  V  U  I  L  Y  B  L  F  L  R  S  R  L  A  M  P  R  I
A  T  S  M  J  A  C  S  W  V  X  M  K  E  Y  N  T  J  T  N
T  T  E  C  C  E  O  O  B  I  T  J  I  Q  T  A  B  S  F
H  H  R  C  L  N  T  A  N  C  G  K  P  C  K  L  V  L  N  O
E  F  J  K  T  O  I  D  G  T  E  T  R  A  G  E  N  J  F  R
R  H  M  U  C  O  E  A  B  N  I  K  Y  L  X  P  M  T  R  E
I  H  N  E  N  S  N  J  R  N  A  N  R  G  P  O  L  A  R  S
N  K  A  C  E  G  L  I  Q  R  N  P  E  T  D  H  R  R  K  T
G  N  G  R  C  M  L  R  C  K  E  J  M  N  L  E  N  O  Z  O
J  W  T  W  M  N  J  E  D  C  T  T  L  W  T  Z  K  T  B  F
```

ATMOSPHERE
BIOSPHERE
CLIMATE
CONTINENT
CRUST
DESERT
EARTHQUAKE
ECOSYSTEM
GLACIER
HEMISPHERE

ISLAND
JUNGLE
MANTLE
MOUNTAIN
OCEAN
OZONE
PANGAEA
PLATE
POLAR
RAINFOREST

RIVER
SEISMIC
SOLAR
STRATOSPHERE
SUBDUCTION
TECTONIC
TERRAIN
TSUNAMI
VOLCANO
WEATHERING

#132 OUT OF THIS WORLD

```
J  K  G  Y  X  A  L  A  G  L  F  M  O  O  N  M  K  Z  E  M
U  V  R  N  S  O  L  A  R  F  L  A  R  E  Z  K  N  T  P  G
P  P  U  Q  H  R  W  N  W  H  L  Z  J  K  P  W  I  T  B  D
I  S  M  X  N  L  P  V  Y  F  E  A  R  T  H  L  R  P  E  B
T  H  E  G  C  C  A  I  D  O  Z  R  L  A  L  N  N  Z  S  T
E  R  T  Q  L  J  G  R  A  V  I  T  Y  E  T  N  V  L  P  K
R  W  E  S  U  N  A  R  U  Z  M  Q  T  N  S  S  G  G  I  P
M  P  O  N  H  G  K  D  K  N  Z  A  N  U  Z  M  Z  D  L  M
I  L  R  N  U  C  F  A  M  M  S  X  N  R  Y  L  A  H  C  C
L  T  V  N  N  T  S  M  Q  K  R  E  Q  O  R  D  J  R  E  J
K  L  E  K  G  T  P  Z  G  K  V  S  R  C  U  T  T  N  S  Z
Y  Z  R  L  E  N  F  E  M  P  A  I  I  E  C  F  Y  D  W  P
W  J  T  R  E  J  A  Z  N  T  O  M  V  L  R  A  F  N  K  N
A  M  O  Y  Y  S  X  B  U  N  S  H  Y  O  E  R  N  I  Q  M
Y  I  K  D  C  C  R  G  O  H  M  C  H  M  C  V  W  J  N
D  F  Q  W  O  O  N  O  C  I  R  C  B  K  Q  E  L  R  X  B
V  D  K  N  T  T  M  F  P  T  B  Z  H  C  K  C  Q  A  G  K
X  K  P  W  U  W  R  E  Z  E  B  K  L  A  W  A  G  L  F  K
H  U  B  B  L  E  K  G  T  F  K  K  Q  L  T  P  B  O  Q  R
J  H  Z  L  P  V  X  Z  T  K  L  Z  V  B  W  S  M  S  C  Y
```

ASTEROID	JUPITER	SATURN
BIG BANG	MARS	SOLAR FLARE
BLACK HOLE	MERCURY	SOLAR WIND
COMET	METEOR	SPACECRAFT
COSMIC	MILKY WAY	STAR
EARTH	MOON	SUN
ECLIPSE	NEPTUNE	TELESCOPE
GALAXY	ORION	URANUS
GRAVITY	PLUTO	VENUS
HUBBLE	SATELLITE	ZODIAC

#133 Close Encounters

W	P	F	C	N	R	E	T	N	U	O	C	N	E	E	S	O	L	C	F
J	K	A	L	I	E	N	A	T	I	O	N	N	Z	F	W	L	R	N	Q
N	Z	Z	M	U	F	O	Z	G	L	G	N	I	B	O	R	P	L	B	D
E	L	E	X	T	R	A	T	E	R	R	E	S	T	R	I	A	L	K	R
M	V	C	P	Y	C	E	N	L	T	A	R	N	L	P	H	A	T	P	C
N	M	R	L	T	K	T	R	D	L	A	Y	L	N	F	C	M	P	W	Q
E	D	A	E	H	M	R	N	G	R	R	R	A	L	K	J	R	R	K	S
E	N	N	I	E	N	M	Y	R	X	O	I	E	K	E	O	D	J	J	E
R	O	N	A	V	O	B	E	P	A	T	M	N	T	B	W	K	G	D	L
G	I	U	D	I	I	T	H	N	R	L	I	E	E	I	N	S	I	F	C
E	S	N	I	S	T	H	C	A	I	G	L	G	D	A	C	R	O	G	R
L	A	A	A	I	C	J	M	A	H	N	T	E	I	A	B	U	R	R	I
T	V	K	N	T	U	X	Z	T	T	T	B	L	T	Y	K	E	L	R	C
T	N	I	S	O	D	N	G	K	H	N	I	L	H	S	Y	C	L	I	P
I	I	X	C	R	B	P	M	E	P	T	O	N	A	A	R	B	T	L	O
L	T	D	M	S	A	G	G	N	P	G	E	C	L	C	M	E	Q	X	R
N	O	R	D	I	C	R	X	E	K	I	K	I	Q	H	K	J	T	F	C
H	L	D	K	Y	E	A	R	W	L	C	E	G	B	J	H	H	H	N	N
N	M	T	L	Y	R	Y	F	A	R	N	K	H	Q	K	K	N	L	H	I
P	L	T	S	C	G	S	K	L	S	D	I	O	T	C	E	S	N	I	M

ABDUCTION	EXTRATERRESTRIAL	NORDIC
ALIEN HYBRID	GRAY	PLEIADIANS
ALIENATION	GRAYS	PROBE
ANDROMEDA	GREY ALIENS	PROBING
ANNUNAKI	INSECTOID	REPTILIAN
BLACK KNIGHT	INTERSTELLAR	ROSWELL
CLOSE ENCOUNTER	INVASION	THE GREYS
CONTACT	LITTLE GREEN MEN	THE VISITORS
CROP CIRCLES	MARTIAN	UFO
E.T.	MEN IN BLACK	ZETA RETICULI

#134 Classified

```
D X E X T R A T E R R E S T R I A L L X
W Z P M X J U M B F V S L Z N T B N F P
V Z L C X Z C N G L E B X K N E C K N T
T G R J R M L P I C A F G E L L V T M E
K B A S E H F H R D I C M N A C K A K R
F D M D C G T E P L E N K S I C X A D P
L N E R U W T O E P R N S M F T L V J A
W U N O A W T S P E U I T W A M H T R M
U O I S S C J E V S F - H I O I P G K K
F R N W G A H O R I E L R O F P L H I W
O G B E N M G M E L T C R E D I T B N S
M R L L I O L D E G R G R V V L E P O W
L E A L Y U G N Y F E W X E A O X D Q X
C D C Q L F A X F N S M Q E T J C V G B
M N K Y F L P K Q E E R T H C H Y B P N
Q U H N P A P R T I D S L N B R B G D T
N Y X R M G W M L L T P N Y L G K C T L
K G I F K E L F P A C Y T I R U C E S R
D A 1 5 A E R A S U R V E I L L A N C E
Z C M N N P Y C A R I P S N O C B B K M
```

AIRPLANE
ALIEN
AREA 51
BASE
BLACK MAILBOX
CAMOUFLAGE
CLASSIFIED
CONSPIRACY
COVER-UP
DESERT

E.T.
EXTRATERRESTRIAL
FLYING SAUCER
GOVERNMENT
GROOM LAKE
MEN IN BLACK
NEVADA
ROSWELL
SECRET
SECURITY

SIGHTING
STEALTH
SURVEILLANCE
TOP SECRET
UFO
UNDERGROUND
UNIDENTIFIED
X-FILES

#135 Painfully Obvious

```
S  D  N  Q  R  T  R  O  F  M  O  C  S  I  D  Q  J  S  K  K
S  F  K  O  W  F  C  R  G  N  A  W  I  N  G  C  O  T  G  P
E  G  L  M  I  V  G  N  I  B  B  A  T  S  R  R  K  E  H  X
N  W  G  I  Y  S  C  T  H  R  Z  G  P  A  E  H  K  I  H  Q
R  M  N  S  Y  T  N  H  G  P  N  K  M  N  T  H  D  U  H  A
E  T  I  E  F  R  W  E  Q  I  C  P  E  Z  C  Z  N  Q  M  N
D  V  N  R  Z  D  I  S  T  R  E  S  S  P  M  R  O  S  N  X
N  A  R  Y  K  C  P  O  R  N  S  S  Q  T  N  B  I  I  W  I
E  G  U  J  K  K  O  R  G  C  S  A  M  N  T  T  T  D  V  E
T  I  B  N  V  H  M  R  I  E  L  C  T  R  U  H  A  N  G  T
P  T  N  S  S  B  J  K  N  C  B  H  D  Q  L  F  T  M  N  Y
I  A  J  G  N  H  F  S  L  K  K  E  W  R  F  G  I  G  I  Q
N  T  N  N  W  D  S  N  T  M  G  L  T  L  N  B  R  X  R  T
C  I  Z  A  V  E  C  I  Q  W  Q  N  I  O  Y  T  R  X  E  R
H  O  R  P  L  K  M  R  U  W  I  C  I  N  R  X  I  J  F  R
I  N  T  T  X  Y  T  F  J  G  T  N  O  T  G  M  Z  M  F  R
N  K  S  W  T  J  M  G  R  I  N  G  G  Y  R  M  E  E  U  V
G  E  L  F  K  M  G  D  O  V  A  A  N  E  B  A  O  N  S  B
R  C  Z  R  Q  P  L  N  T  H  V  D  V  L  H  W  M  K  T  R
M  R  T  H  R  O  B  B  I  N  G  L  P  M  N  K  K  S  M  T
```

ACHE	DISTRESS	SMARTING
AFFLICTION	GNAWING	SORENESS
AGITATION	HURT	STABBING
AGONY	IRRITATION	SUFFERING
ANGUISH	MISERY	TENDERNESS
ANXIETY	PANGS	TENSION
BURNING	PINCHING	THROBBING
CRAMP	PRICKLING	TORMENT
DISCOMFORT	RESTLESSNESS	TWINGE
DISQUIET	SHOOTING	WOE

#136 Healthy Habits

```
Z  M  M  G  O  J  I  B  E  R  R  I  E  S  R  M  N  J  Z  R
L  X  C  Z  I  Y  E  R  B  A  M  A  T  E  M  N  K  W  Y  W
N  H  V  X  N  W  L  E  T  A  L  O  C  O  H  C  K  R  A  D
J  N  Q  K  R  N  I  H  C  A  N  I  P  S  Z  P  Z  L  J  N
B  R  R  W  Q  T  D  K  D  T  K  A  V  N  K  P  H  T  R  T
B  L  Q  K  R  R  S  E  W  S  Z  C  Q  T  L  W  Z  M  S  P
N  L  U  Y  N  A  R  S  E  J  T  A  K  G  Q  C  H  S  Z  T
O  Y  C  E  L  T  D  C  D  S  K  U  R  C  I  N  A  G  C  Q
L  X  R  M  B  N  L  H  Y  R  X  E  N  N  N  R  Q  P  L  U
E  K  O  N  O  E  K  I  V  D  E  A  N  L  G  R  Z  V  L  I
M  N  F  M  N  R  R  A  L  K  G  A  L  T  A  Z  N  K  G  N
R  L  L  B  B  E  P  R  Y  X  M  Y  A  F  F  W  G  G  M  O
E  A  M  L  G  L  K  O  I  O  G  E  T  U  N  O  C  O  C  A
T  L  X  N  R  T  G  P  N  E  H  R  O  K  R  M  T  C  S  H
A  N  I  X  N  U  P  T  R  W  S  N  E  A  B  N  Y  I  L  H
W  G  R  A  R  T  A  V  O  C  A  D  O  E  T  W  V  L  I  F
V  K  C  T  W  I  L  D  S  A  L  M  O  N  N  S  P  R  T  N
H  A  L  T  H  D  Q  J  D  M  A  T  C  H  A  T  G  A  N  L
M  L  W  S  E  O  T  A  T  O  P  T  E  E  W  S  E  G  E  N
Q  E  C  T  N  B  Z  C  C  I  R  E  M  R  U  T  F  A  L  Y
```

Acai	Ginger	Quinoa
Almonds	Goji berries	Salmon
Avocado	Greek yogurt	Spinach
Blueberries	Green tea	Sweet potatoes
Chia	Kale	Turmeric
Cinnamon	Kiwi	Walnuts
Coconut	Lentils	Watermelon
Dark chocolate	Maca	Wheatgrass
Flaxseed	Matcha	Wild salmon
Garlic	Oats	Yerba mate

#137 Refrigerator Raid

```
B  S  Q  N  L  R  B  L  Y  T  C  G  M  G  Z  G  G  N  B  G
Z  E  M  I  L  K  N  E  X  O  K  R  R  E  C  I  U  J  K  K
Q  I  N  Z  M  L  T  R  L  R  G  A  R  W  A  T  E  R  T  B
T  R  W  M  V  U  M  K  H  L  P  U  L  V  B  L  B  S  O  L
G  R  N  M  K  G  S  B  X  E  P  H  R  N  P  R  L  N  M  U
R  E  M  A  D  A  C  T  S  R  R  E  F  T  N  M  R  O  A  E
N  B  R  Y  A  R  L  K  A  O  P  B  P  L  Y  L  T  M  T  B
D  W  R  O  L  L  H  T  N  R  W  M  G  P  E  C  K  E  O  E
J  A  E  N  A  I  M  I  K  N  D  L  T  S  E  K  G  L  E  R
K  R  W  N  S  C  O  B  E  E  R  R  E  N  T  R  C  H  S  R
R  T  O  A  J  N  N  Y  S  L  D  E  H  X  M  B  B  X  M  I
T  S  L  I  N  Y  D  E  P  H  S  D  S  R  D  A  B  F  E
M  Y  F  S  N  P  D  N  L  C  U  W  E  O  T  D  E  J  Y  S
Y  B  I  E  T  G  M  M  P  H  K  H  C  L  O  O  M  G  K  W
B  H  L  T  R  B  L  X  P  K  X  C  C  S  K  S  R  P  G  B
G  T  U  F  F  M  K  G  A  M  O  N  N  T  E  C  C  R  Y  S
V  L  A  N  T  P  L  Q  P  L  O  P  J  M  E  V  I  R  A  B
Z  V  C  M  X  C  T  M  I  C  T  L  I  L  G  K  V  P  K  C
C  U  C  U  M  B  E  R  A  M  Q  L  N  Q  R  E  T  T  U  B
V  Y  M  M  W  Y  T  B  L  T  S  E  G  N  A  R  O  H  L  C
```

APPLES	CUCUMBER	MUSTARD
BACON	EGGS	ONION
BEER	GARLIC	ORANGES
BELL PEPPER	GRAPES	PICKLES
BLUEBERRIES	JUICE	SALAD
BROCCOLI	KETCHUP	SODA
BUTTER	LEMONS	STRAWBERRIES
CARROTS	LIMES	TOMATOES
CAULIFLOWER	MAYONNAISE	WATER
CHEESE	MILK	YOGURT

#138 Frozen Finds

```
J  Y  S  E  H  C  I  W  D  N  A  S  M  A  E  R  C  E  C  I
T  D  K  I  C  E  C  R  E  A  M  C  O  N  E  S  N  R  P  P
B  S  E  L  B  A  T  E  G  E  V  D  X  P  M  I  R  H  S  J
B  R  E  A  K  F  A  S  T  S  A  N  D  W  I  C  H  E  S  F
F  R  O  Z  E  N  D  U  M  P  L  I  N  G  S  B  T  W  T  X
I  C  E  C  R  E  A  M  B  A  R  S  Z  D  X  U  R  A  E  R
S  R  E  N  N  I  D  N  E  Z  O  R  F  W  F  R  U  F  G  P
D  N  F  R  O  Z  E  N  B  E  R  R  I  E  S  G  G  F  G  I
A  S  P  V  M  Q  L  L  M  T  R  J  P  Q  L  E  O  L  U  E
E  N  E  H  H  H  R  A  T  D  C  C  P  M  L  R  Y  E  N  R
R  X  H  I  F  C  E  R  F  G  O  G  R  B  T  S  S  S  N  O
B  C  J  N  R  R  A  J  I  O  P  T  B  P  L  K  K  S  E  G
C  R  B  N  C  F  Z  N  K  C  M  E  O  R  C  Q  L  P  K  I
I  Y  T  E  Y  G  H  I  I  P  E  P  A  I  O  L  F  W  C  E
L  Z  C  R  T  R  E  C  I  P  S  C  T  S  A  C  Q  T  I  S
R  I  B  G  B  D  G  Z  N  I  S  S  U  B  P  N  C  R  H  T
A  N  J  L  O  M  Z  N  C  E  H  L  T  B  Q  M  R  O  C  T
G  M  T  U  L  A  N  L  M  S  R  A  K  N  E  L  Z  L  L  N
K  K  G  T  R  X  E  Q  I  M  E  F  R  K  Z  S  P  D  X  I
T  H  J  D  J  S  R  F  C  M  M  K  Z  M  C  B  Y  M  B  M
```

CHICKEN NUGGETS	FRENCH FRIES	ICE CREAM
FISH STICKS	GARLIC BREAD	ICE CREAM BARS
FROZEN BERRIES	MEATBALLS	ICE CREAM CONES
BREAKFAST SANDWICHES	PEAS	ICE CREAM
BROCCOLI	PIEROGIES	SANDWICHES
BURGERS	PIZZA	ICE CUBES
COOKIE DOUGH	SHRIMP	POPSICLES
FROZEN DINNERS	SPINACH	VEGETABLES
FROZEN DUMPLINGS	YOGURT	WAFFLES

#139 Summer Sports

```
X  W  K  K  K  R  D  J  J  G  N  I  K  I  H  D  J  H  R  B
F  G  G  N  I  K  I  B  N  I  A  T  N  U  O  M  H  K  X  B
D  L  K  N  P  A  D  D  L  E  B  O  A  R  D  I  N  G  T  C
P  G  V  J  R  H  Z  Y  N  Y  G  B  L  L  G  N  I  V  I  D
R  L  L  J  T  J  Z  R  R  W  J  X  G  L  T  Y  Z  J  T  G
G  G  B  Y  K  M  Y  E  N  W  F  R  I  S  B  E  E  Q  N  N
N  Y  T  E  T  N  C  H  R  B  A  S  K  E  T  B  A  L  L  I
I  M  J  V  A  C  M  C  M  N  S  Y  G  L  T  W  M  H  N  L
C  N  C  A  O  C  J  R  P  G  E  U  V  Y  C  B  A  E  R  I
N  A  A  S  V  K  H  A  G  K  N  G  R  C  X  N  N  S  O  A
E  S  H  I  B  E  Q  V  C  N  N  I  A  F  D  W  J  S  C  S
F  T  L  P  R  M  L  O  O  I  I  N  K  B  I  L  C  O  K  B
L  I  G  S  Q  T  H  I  D  L  O  M  A  A  L  N  R  R  C  O
C  C  C  V  I  D  S  I  N  E  L  L  M  A  Y  O  G  C  L  C
X  S  G  C  L  N  L  E  I  T  L  E  B  I  W  A  M  A  I  C
Y  K  K  E  Z  G  N  N  U  N  H  E  Y  I  W  K  K  L  M  E
F  B  I  N  A  G  G  E  K  Q  S  R  N  B  G  S  Q  T  B  B
H  F  G  R  M  G  O  K  T  A  E  G  O  N  A  V  T  M  I  A
L  C  A  U  N  Y  C  L  B  H  H  N  P  W  J  L  K  Q  N  L
W  P  T  R  R  Y  S  O  F  T  B  A  L  L  V  Q  L  T  G  L
```

Archery
Baseball
Basketball
Beach volleyball
Bocce ball
Canoeing
Diving
Equestrian
Fencing
Field hockey

Frisbee
Golf
Gymnastics
Handball
Hiking
Javelin throw
Kayaking
Lacrosse
Mountain biking
Paddleboarding

Paragliding
Rock climbing
Rowing
Rugby
Sailing
Soccer
Softball
Surfing
Swimming
Tennis

#140 Frozen Fun

```
R  X  L  G  T  V  G  G  I  C  E  H  O  C  K  E  Y  G  C  W
C  P  G  N  M  F  N  N  P  N  D  G  H  R  G  J  N  K  P  K
N  G  N  I  S  G  I  K  I  N  I  N  Y  N  F  I  B  D  I  R
Q  N  I  D  N  X  V  G  W  C  Q  C  I  C  I  R  F  Q  C  R
B  I  E  R  O  M  I  X  U  Y  N  D  E  K  X  S  K  I  E  T
M  P  O  A  W  T  D  F  M  R  D  A  S  L  N  T  C  K  B  W
I  M  H  O  G  K  E  X  R  E  E  D  D  O  U  E  Y  F  O  C
C  U  S  B  O  V  C  G  L  G  Q  S  W  E  B  G  H  P  A  Y
E  J  W  W  L  W  I  S  N  C  N  M  K  O  C  M  E  C  T  K
S  I  O  O  F  K  B  I  G  I  O  S  W  A  I  I  X  R  I  N
A  K  N  N  K  O  H  N  Y  B  T  L  L  C  T  J  N  H  N  I
I  S  S  S  B  S  N  O  I  Y  I  A  E  E  J  I  N  X  G  R
L  N  D  M  I  N  X  L  T  N  R  S  K  X  D  R  N  K  V  G
I  Z  T  F  V  H  I  H  G  M  K  M  D  S  B  D  X  G  T  N
N  E  E  Y  K  N  N  T  V  A  X  X  L  V  G  F  I  N  R  I
G  C  G  T  G  V  D  A  T  C  U  R  L  I  N  G  K  N  Y  T
I  L  F  U  L  G  N  I  T  P  L  U  C  S  E  C  I  F  G  A
V  M  H  T  L  L  N  B  Y  S  K  I  J  O  R  I  N  G  M  K
K  R  Z  D  R  G  G  N  I  B  M  I  L  C  E  C  I  J  J  S
G  H  G  H  N  G  N  I  T  H  C  A  Y  E  C  I  V  L  B  F
```

BIATHLON
BOBSLEDDING
CURLING
FIGURE SKATING
ICE BOATING
ICE BOWLING
ICE CLIMBING
ICE DANCING
ICE DIVING
ICE FISHING

ICE HOCKEY
ICE LUGE
ICE SAILING
ICE SCULPTING
ICE SKATING
ICE YACHTING
LUGE
SKATING RINK
SKI JUMPING
SKIING

SKIJORING
SLEDDING
SNOW GOLF
SNOWBOARDING
SNOWMOBILING
SNOWSHOEING
SKATING

#141 Spring Fling

```
M F Z W R N N W D S B E N I H S N U S S
L X J E K T B N S E A X Y V G T H Y T Q
F X B K P K N Z R E L Y W K Q T L C V M
P W Q H N H N N O D L L N T N F E V T G
D F X R R W Y D O L E F G X R S G T N E
M J L D Z F T R D I R V W E N M N M M A
J W A R M T H F T N B P T I Y D Z O P S
K L T S L W B X U G M T M L C N V S W T
L N Q L M L T L O F U I R I S K M S I E
M W J H M I I Z L B H C R A M G G O L R
H M D L E L N O V Y P Q B K N Q N L D Y
T P R A A R W E L T R C H E R R Y B F N
N J I C F E U G R S F E Y X K T K N L N
I P R L R F M T P M R N N M J Q D Q O B
C C K T U N O R A L W E N E L R M H W K
A Z I Y T T O D D N O E N A E T G L E T
Y Q T L Z U L M I Z L K N E D R A G R Z
H L E C T R A I N L L R T V W J G Z S N
N P R V J W C T O N E Z R L T A X W N B
D J T M B Y Q P M V Y T N V J L L T W K
```

BLOSSOM	IRIS	SEEDLING
BUTTERFLY	JASMINE	SPROUT
CHERRY	KITE	SUNSHINE
DAFFODIL	LILAC	TULIP
EASTER	MARCH	UMBRELLA
FLOWER	NATURE	VERNAL
GARDEN	OUTDOORS	WARMTH
GREENERY	POLLEN	WILDFLOWERS
HYACINTH	RAIN	YELLOW
INSECTS	RENEWAL	ZEPHYR

#142 Pumpkin Spice and Everything Nice

```
N  K  D  G  B  X  G  N  W  M  M  A  P  L  E  Z  N  R  Q  C
F  W  J  F  N  T  Z  R  L  O  H  M  W  J  R  W  E  D  C  T
C  I  T  S  U  R  Z  O  N  G  R  E  D  I  C  T  M  Y  G  F
B  F  Z  S  R  B  N  C  J  X  X  C  F  R  A  M  N  R  P  O
R  K  V  E  T  L  K  A  Y  R  Q  K  E  E  R  L  M  H  L  R
I  T  L  V  A  U  T  U  M  N  A  L  W  R  J  F  A  L  L  A
S  Y  T  A  H  W  D  K  Y  B  E  S  Y  C  A  Q  T  M  D  N
K  T  B  E  X  H  Z  T  Z  T  O  D  P  N  X  C  Y  L  N  G
B  Q  Y  L  E  A  M  P  O  Z  C  N  I  R  R  F  S  M  R  E
O  F  K  L  T  V  I  L  C  C  C  H  F  R  N  N  F  N  E  M
H  C  P  J  C  U  Y  P  M  F  A  M  L  I  Y  C  G  L  B  P
Z  P  T  R  Q  Y  R  K  O  L  O  C  R  Y  R  A  R  K  M  H
A  N  B  O  P  Q  C  Q  L  C  H  L  R  H  P  E  H  R  E  N
M  V  R  R  B  K  R  O  U  E  U  R  I  U  S  G  K  L  T  H
F  M  N  K  K  E  W  B  S  O  E  N  M  A  K  A  Q  M  P  L
G  Z  M  R  W  E  R  T  E  B  I  P  R  L  G  K  U  G  E  Q
O  T  Y  T  E  L  N  Z  N  N  K  S  V  O  L  E  L  Q  S  F
U  W  W  N  M  U  I  A  B  I  K  L  E  N  C  P  J  W  S  J
R  V  K  G  T  A  R  J  N  T  S  E  V  R  A  H  V  L  R  K
D  M  B  S  M  C  V  T  H  A  N  K  S  G  I  V  I  N  G  W
```

ACORN	FALL	ORANGE
APPLE	FOLIAGE	PUMPKIN
AUTUMNAL	GOURD	RUSTIC
BONFIRE	HALLOWEEN	SCARECROW
BRISK	HARVEST	SEPTEMBER
CHESTNUTS	HAYRIDE	SQUASH
CIDER	LEAVES	SWEATER
CORNUCOPIA	MAIZE	THANKSGIVING
COZY	MAPLE	TURQUOISE
CRANBERRY	OCTOBER	

#143 Sunny Days

```
L  P  Y  T  I  D  I  M  U  H  M  M  Y  N  K  G  F  H  W  K
N  D  Z  G  G  N  I  N  N  A  T  T  X  M  A  F  E  X  S  S
D  Z  R  N  T  H  F  L  K  C  L  L  M  E  K  A  T  U  L  Y
R  M  B  I  B  E  A  C  H  N  T  N  T  T  T  N  A  K  V
R  W  L  N  H  T  X  L  C  L  X  D  H  W  T  G  D  M  L  R
A  J  P  O  T  Z  M  F  L  M  E  L  A  N  L  N  P  A  N  N
L  S  O  I  T  R  R  L  C  C  P  V  R  A  A  A  N  E  Z  O
L  W  T  T  L  H  O  I  I  O  E  L  S  S  L  J  E  R  N  L
E  E  K  I  G  R  T  P  S  J  R  S  I  M  G  R  R  C  K  E
R  L  N  D  N  K  S  F  R  H  E  N  T  G  C  D  M  E  U  M
B  T  A  N  O  C  R  L  E  S  O  R  O  S  H  S  N  C  F  R
M  E  T  O  C  P  E  O  Q  N  E  R  N  N  U  T  E  I  K  E
U  R  E  C  E  Z  D  P  L  E  A  U  T  N  T  B  N  X  Q  T
S  I  L  R  A  T  N  S  Q  O  S  C  B  S  R  H  Z  I  N  A
U  N  C  I  N  P  U  M  K  M  O  U  I  A  T  M  E  Y  N  W
N  G  I  A  D  M  H  H  T  Y  R  P  B  R  J  M  L  C  L  G
H  W  S  T  T  T  N  K  N  Y  N  D  H  R  M  K  C  O  N
A  W  P  T  L  E  M  O  N  A  D  E  B  L  W  U  F  Z  X  B
T  G  O  G  Z  M  N  H  J  H  C  I  N  C  I  P  H  Z  Y  K
C  T  P  N  Q  Z  S  E  A  S  H  E  L  L  S  X  M  K  J  G
```

AIR CONDITIONING	LEMONADE	SUN HAT
BARBECUE	LIGHTNING	SUNBURN
BEACH	OCEAN	SUNGLASSES
CORN ON THE COB	PALM TREE	SUNSCREEN
FLIP FLOPS	PICNIC	SWELTERING
HEATWAVE	POOL	TANK TOP
HUMIDITY	POPSICLE	TANNING
HURRICANE	SANDALS	THUNDERSTORM
ICE CREAM	SEASHELLS	UMBRELLA
ICED TEA	SHORTS	WATERMELON

#144 Microscopic Marvels

```
L  E  P  S  T  R  E  P  T  O  C  O  C  C  U  S  F  V  M  T
Z  A  R  T  R  B  W  F  Y  P  O  C  S  O  R  C  I  M  N  V
Z  G  R  P  O  A  C  Y  M  A  N  T  I  B  O  D  Y  V  C  Y
Q  L  X  R  M  M  S  I  N  A  G  R  O  O  R  C  I  M  L  S
C  A  C  O  N  H  P  L  B  F  J  D  K  H  L  M  A  N  L  T
J  I  E  T  C  K  D  M  G  L  W  Z  K  K  Y  Y  I  I  L  A
M  B  J  O  V  N  P  H  A  G  O  C  Y  T  E  C  R  B  L  P
A  Y  W  Z  N  E  W  P  A  R  A  S  I  T  E  E  E  O  E  H
D  T  K  O  R  L  M  C  N  E  P  W  H  R  C  L  T  L  C  Y
J  C  F  A  H  E  N  O  L  M  U  A  L  X  F  I  C  G  P  L
A  Z  M  F  R  V  S  B  S  H  U  K  T  G  L  U  A  O  R  O
I  X  B  O  U  U  Z  S  N  O  N  L  A  H  D  M  B  M  O  C
L  Y  P  N  E  N  C  T  U  G  M  D  L  R  O  K  R  E  K  O
I  S  B  L  R  S  G  D  P  L  P  O  M  E  Y  G  T  H  A  C
C  L  C  N  U  R  I  U  W  H  L  I  R  R  G  O  E  Y  R  C
N  U  B  R  J  A  W  N  S  K  T  I  K  H  L  A  T  N  Y  U
N  N  I  M  T  N  F  T  L  O  K  T  C  N  C  Z  L  E  O  S
L  V  B  O  M  H  R  H  S  M  M  G  D  A  K  M  W  F  T  R
F  K  M  S  I  S  O  I  E  M  G  R  Z  Q  B  M  C  L  E  D
M  Y  K  D  T  K  S  L  D  K  Y  S  P  I  R  I  L  L  U  M
```

ALGAE	FLAGELLUM	PARASITE
AMOEBA	FUNGUS	PATHOGEN
ANTIBODY	HEMOGLOBIN	PHAGOCYTE
BACILLUS	MEIOSIS	PROKARYOTE
BACTERIA	MICROBE	PROTOZOA
CELL	MICROORGANISM	SPIRILLUM
CHROMOSOME	MICROSCOPY	SPORE
CILIA	MITOSIS	STAPHYLOCOCCUS
DIATOM	MYCELIUM	STREPTOCOCCUS
EUKARYOTE	NUCLEUS	VIRUS

#145 Giddy Up!

```
E  L  D  D  A  S  V  F  S  T  I  R  R  U  P  Q  K  X  W  B
R  X  L  T  M  K  N  A  I  R  T  S  E  U  Q  E  M  T  R  M
Z  K  K  K  R  R  L  B  T  N  M  C  X  Y  W  Q  A  F  Z  K
P  M  P  H  N  E  T  W  R  A  M  D  A  N  B  R  R  C  T  V
R  N  H  D  H  L  E  N  Z  Y  C  L  H  N  E  Q  E  G  K  X
D  D  V  C  Y  D  O  W  R  T  D  K  R  I  T  H  P  N  V  N
E  P  Q  O  M  I  H  M  V  R  G  D  N  Z  H  E  K  X  R  N
M  N  N  L  X  R  S  D  E  M  L  S  L  Y  R  M  R  M  L  R
K  A  I  T  L  B  E  S  F  X  B  R  I  D  L  E  W  A  Y  E
X  K  N  U  Q  K  S  W  C  L  Q  N  N  R  R  P  H  B  T  I
G  M  J  E  Q  A  R  T  O  G  J  O  Y  W  K  T  Z  M  W  R
N  R  L  G  G  E  O  W  R  P  I  N  O  G  A  T  L  K  H  R
F  L  O  E  K  M  H  T  M  L  E  H  V  P  P  M  T  E  Y  A
H  Y  B  O  H  C  K  K  L  R  S  S  E  Y  J  G  H  L  M  F
Z  Z  Z  F  M  F  O  A  V  E  R  L  R  L  F  O  N  B  H  W
J  M  P  W  H  I  T  D  S  B  D  L  A  O  O  M  K  A  D  C
H  J  J  L  A  S  N  R  D  I  Z  O  G  F  H  T  Y  T  K  V
C  K  Y  T  Y  X  O  G  R  A  F  G  A  L  L  O  P  S  N  Z
M  B  P  G  L  H  W  B  Z  K  P  T  X  O  B  E  S  R  O  H
J  O  C  K  E  Y  Z  N  R  M  R  W  B  T  W  L  Q  L  M  H
```

BRIDLE	GALLOP	MARE
BRIDLE PATH	GROOMING	PADDOCK
BRIDLEWAY	HAY	REINS
CANTER	HOOF	SADDLE
COLT	HORSEBOX	STABLE
DRESSAGE	HORSEPOWER	STALLION
EQUESTRIAN	HORSESHOE	STIRRUP
EQUINE	HORSESHOW	TACK
FARRIER	JOCKEY	
FOAL	MANE	

#146 STADIUM SHOWDOWN

```
Z  S  X  V  K  L  X  F  D  N  S  V  Q  T  N  P  B  N  L  M
V  W  R  W  D  R  A  O  B  E  R  O  C  S  R  K  L  Z  W  B
I  D  P  E  T  D  G  H  T  M  Y  C  L  R  E  Y  E  H  R  G
C  F  R  K  D  X  D  E  F  E  A  T  L  R  C  L  A  M  N  R
T  D  N  M  M  A  L  D  T  K  X  K  E  K  N  M  C  U  O  E
O  X  N  M  A  H  E  E  V  F  S  P  R  T  U  P  H  I  I  F
R  W  O  P  T  E  K  L  W  C  L  R  M  C  O  V  E  D  S  E
Y  F  R  A  A  C  T  X  R  A  R  L  O  N  N  K  R  A  S  R
Z  I  T  M  I  R  X  E  Y  E  M  F  B  T  N  T  S  T  E  E
Y  E  O  T  N  C  K  T  M  O  E  Y  A  A  A  D  L  S  C  E
Z  L  B  V  N  F  A  I  O  O  G  H  B  N  N  T  G  H  N  F
G  D  M  T  T  I  J  R  N  O  H  O  C  N  F  D  C  G  O  R
G  N  U  N  L  V  R  D  A  G  X  T  Q  P  R  A  P  E  C  N
K  T  J  G  K  E  W  L  C  O  L  Q  U  Y  F  L  R  T  P  Z
P  N  A  R  K  O  P  R  F  J  G  O  D  R  Q  V  M  E  T  S
T  T  K  C  R  O  V  F  R  V  Q  G  T  N  F  K  L  Z  L  C
E  H  O  C  S  G  I  C  P  I  H  S  N  O  I  P  M  A  H  C
G  L  W  T  L  C  A  W  A  Y  T  E  A  M  X  G  V  N  G  W
X  Y  D  H  E  Q  M  A  S  C  O  T  Q  R  Y  N  D  B  R  T
M  Q  S  I  D  E  L  I  N  E  S  B  E  M  I  T  F  L  A  H
```

ANNOUNCER	DEFEAT	REFEREE
ATHLETES	FANFARE	REPLAY
AWAY TEAM	FIELD	SCOREBOARD
BAND	GOALPOST	SIDELINES
BLEACHERS	HALFTIME	SPECTATORS
BOX OFFICE	HOME TEAM	STADIUM
CHAMPIONSHIP	JUMBOTRON	TAILGATE
CHEERLEADERS	LOCKER ROOM	TICKET
CONCESSION	MASCOT	TURF
CROWD	PARKING LOT	VICTORY

#147 GROOMING GOALS

```
Q  H  V  B  R  U  S  H  L  F  T  N  A  R  O  D  O  E  D  N
H  A  Q  W  K  B  H  T  H  A  I  R  D  Y  E  K  G  Q  T  F
N  I  T  R  T  O  O  T  H  B  R  U  S  H  T  W  B  M  V  Y
O  R  M  H  E  L  H  K  M  A  E  R  C  G  N  I  V  A  H  S
I  S  K  L  B  S  K  A  P  N  H  B  R  G  Z  X  R  F  V  X
T  E  Q  N  A  T  N  K  I  A  R  E  X  Z  P  E  K  H  Z  L
O  R  Y  P  X  B  L  A  I  R  Z  D  C  K  M  L  S  H  V  W
L  U  M  O  Q  E  P  R  E  I  M  O  P  M  N  A  Y  K  T  L
S  M  D  M  G  N  C  I  R  L  N  A  I  A  W  V  P  E  M  D
S  Z  P  A  F  U  R  U  L  D  C  R  S  Y  O  H  X  T  Q  Y
O  N  P  D  T  Y  T  B  I  K  T  L  D  K  J  S  G  S  W  B
L  E  K  E  L  S  T  T  L  H  Z  O  A  O  O  P  M  A  H  S
F  E  M  T  I  T  I  M  I  P  B  C  L  I  R  M  W  P  W  R
Q  R  C  O  W  O  G  L  O  C  E  W  R  H  C  W  T  H  M  E
N  C  M  O  N  P  K  K  D  F  W  R  V  M  O  A  F  T  Z  Z
M  S  X  E  L  N  P  M  R  M  D  L  F  R  M  K  F  O  H  E
N  N  R  N  H  O  M  D  A  Y  G  Q  A  U  B  G  X  O  M  E
J  U  Y  Y  K  R  G  N  E  Z  P  Z  K  F  M  Z  M  T  M  W
J  S  X  R  K  L  K  N  B  M  O  T  Y  T  K  E  Z  H  R  T
N  N  A  I  L  F  I  L  E  R  P  Y  A  R  P  S  R  I  A  H
```

BEARD OIL
BODY WASH
BRUSH
COLOGNE
COMB
CONDITIONER
DEODORANT
FACIAL CLEANSER
FLOSS
GEL

HAIR DYE
HAIR MASK
HAIR SERUM
HAIRCUT
HAIRSPRAY
LIP BALM
LOTION
MOISTURIZER
NAIL FILE
PERFUME

POMADE
RAZOR
SHAMPOO
SHAVING CREAM
SOAP
SUNSCREEN
TOOTHBRUSH
TOOTHPASTE
TRIMMER
TWEEZERS

#148 Speedy Gonzales

```
Z  L  V  K  Z  E  K  X  T  P  W  V  T  N  C  F  P  X  M  J
O  B  K  D  L  E  B  R  Q  N  D  F  T  L  L  L  F  F  T  D
O  D  O  I  K  T  R  R  H  Y  E  D  L  T  Q  Y  V  X  T  N
M  Z  G  L  W  A  I  Y  V  X  E  B  F  E  H  S  U  R  H  N
J  A  R  C  T  R  S  K  T  W  P  M  M  C  E  K  B  L  Z  F
R  G  X  P  C  E  K  M  M  I  S  C  H  V  R  T  R  K  N  F
K  N  D  B  N  L  B  T  M  V  C  A  Z  S  Q  P  R  M  T  N
N  X  Z  D  T  E  Q  J  N  V  R  O  W  G  A  M  Q  S  W  N
H  T  Z  K  N  C  F  T  R  G  R  T  L  H  G  D  A  L  G  Z
C  C  N  Y  R  C  N  K  E  M  G  J  B  E  I  F  J  B  R  F
K  K  R  C  K  A  T  R  N  E  T  S  A  H  V  Z  R  B  W  N
Q  N  L  O  J  K  Y  Q  X  F  L  A  S  H  W  A  Z  T  Y  M
L  Q  Y  H  C  L  B  F  P  R  O  M  P  T  P  J  N  Z  X  N
K  M  U  K  M  S  D  L  R  E  K  N  N  I  J  I  C  G  S  N
M  P  K  I  J  M  K  B  L  A  Z  E  D  Y  R  G  A  W  S  Y
T  R  A  D  C  L  C  B  F  G  Y  T  R  P  T  L  K  F  E  P
M  W  K  X  R  K  M  R  M  M  R  L  S  R  L  S  M  L  R  K
S  W  I  F  T  I  J  A  M  P  R  Q  Q  O  D  W  A  Q  P  T
Q  B  H  G  N  X  L  C  H  V  U  K  P  J  H  F  N  H  X  T
V  C  B  B  T  V  B  E  D  Z  H  K  Q  F  L  K  B  K  E  Z
```

ACCELERATE	FLASH	RACE
AGILE	FLEET	RAPID
BLAZE	FLY	RUSH
BOLT	GALLOP	SCORCH
BRISK	HASTEN	SPEED
CHARGE	HASTY	SPRINT
DART	HURRY	SWIFT
DASH	NIMBLE	VELOCITY
EXPRESS	PROMPT	WHIZZ
FAST	QUICK	ZOOM

#149 Fresh and Clean

```
M  M  C  M  D  N  J  R  D  F  M  P  K  V  Y  W  J  R  D  B
C  F  N  W  E  Z  R  R  M  L  I  N  T  R  O  L  L  E  R  W
P  F  R  B  G  M  E  E  L  K  L  T  M  N  S  B  G  K  Y  F
T  E  K  C  R  T  N  B  M  U  U  C  A  V  Z  P  Y  F  L  G
M  R  E  Y  E  R  E  B  T  P  C  B  R  O  O  M  O  K  G  C
V  W  D  W  A  B  H  U  L  C  V  L  P  R  N  X  T  N  H  M
P  I  W  B  S  W  S  R  P  Q  E  S  E  L  N  Y  R  K  G  W
T  K  D  B  E  P  E  C  D  R  A  F  Z  A  L  J  Y  M  G  E
Y  E  S  N  I  R  R  S  Y  N  B  P  N  C  N  Q  R  G  S  K
K  P  W  R  R  B  F  N  I  C  U  L  D  I  P  S  D  B  P  E
N  O  I  P  X  B  R  T  J  R  K  E  J  Y  S  X  E  T  R  Z
F  L  P  J  K  B  I  K  I  N  O  N  M  M  Q  I  S  K  A  I
B  I  E  X  Z  Z  A  F  H  D  W  K  K  L  O  U  D  M  Y  L
L  S  N  D  E  T  Y  C  O  T  B  M  T  L  D  P  V  L  N  I
M  H  R  M  N  R  A  R  R  W  D  U  S  T  P  A  N  C  F  R
T  V  J  N  G  E  I  C  P  P  A  K  R  G  P  J  K  C  X  E
N  D  M  C  L  Z  J  A  G  L  Y  S  T  C  N  N  W  G  N  T
P  N  D  B  E  R  O  M  M  N  C  H  H  D  S  D  X  P  V  S
P  B  T  J  X  S  J  T  G  T  E  E  G  E  E  U  Q  S  W  D
T  R  A  S  H  B  A  G  T  Z  H  T  N  E  G  R  E  T  E  D
```

AIR FRESHENER	DUSTPAN	SPONGE
BLEACH	LINT ROLLER	SPRAY
BROOM	MOP	SQUEEGEE
CLEANSE	POLISH	STERILIZE
DEGREASE	PURIFY	SWEEP
DEODORIZE	RINSE	TIDY
DETERGENT	SANITIZE	TRASH BAG
DISINFECT	SCRUB	VACUUM
DRY	SCRUBBER	WASH
DUST	SOAP	WIPE

#150 So Gross!

```
L  M  Y  Z  W  C  T  N  C  Y  K  M  N  Y  M  U  D  X  J  R
X  G  M  D  F  M  N  F  R  L  S  S  E  M  D  M  R  L  K  R
Y  W  C  I  Q  Y  M  R  E  P  C  T  R  L  Y  E  Y  C  G  K
W  D  T  R  N  R  R  V  C  D  R  K  Y  F  T  B  U  O  K  N
J  B  J  T  J  N  A  Z  U  A  N  L  C  T  M  M  M  Q  M  R
D  K  F  H  N  R  M  S  S  V  W  G  U  D  N  S  N  D  T  A
R  T  H  N  G  F  T  H  N  J  P  L  C  R  U  D  L  Y  B  E
U  Y  S  L  B  R  G  K  P  Z  C  D  D  N  T  K  J  Q  B  M
S  W  A  P  D  M  R  K  H  O  H  T  L  I  F  C  K  M  K  S
T  D  E  G  Y  M  U  T  L  T  L  E  G  Y  X  M  J  L  R  Z
T  K  E  D  H  V  N  Y  N  U  J  L  G  R  J  T  M  N  Z  N
T  F  Q  B  L  F  G  L  M  M  O  Q  U  D  I  Q  B  N  Y  R
R  P  M  K  R  I  E  E  Z  K  N  F  X  T  U  M  W  Q  T  B
S  K  R  Z  K  I  M  G  L  E  M  Q  G  J  I  L  E  K  G  G
R  O  T  R  M  C  S  A  G  R  E  A  S  E  P  O  S  R  U  S
X  P  O  K  R  G  M  B  M  I  G  P  W  F  C  P  N  N  K  T
H  T  Y  T  N  S  L  R  S  M  U  T  F  Z  N  M  K  V  B  A
F  V  Z  J  C  R  P  A  C  N  W  Z  T  L  V  L  Q  Z  K  I
Q  Q  Y  U  X  P  T  G  L  Q  J  W  N  N  N  J  W  B  Q  N
B  W  M  E  G  A  W  E  S  L  P  T  N  H  D  Y  H  G  L  T
```

ASH	GREASE	RUST
CLUTTER	GRIME	SCUM
CRUD	GRUNGE	SEWAGE
DEBRIS	GUNK	SLUDGE
DIRT	MESS	SMEAR
DUST	MILDEW	SMOG
FILTH	MIRE	SMUT
FOUL	MUCK	SOOT
GARBAGE	MUD	STAIN
GRAVEL	POLLUTION	TRASH

#151 Oil Obsession

S	S	A	R	G	N	O	M	E	L	Y	R	A	M	E	S	O	R	P	H
H	D	R	C	T	P	V	N	B	F	E	N	P	M	V	P	V	D	E	L
R	M	T	F	X	N	A	T	C	G	S	N	F	D	M	E	E	L	P	A
R	U	C	J	T	T	W	T	N	C	T	U	O	K	T	M	M	H	P	V
Y	I	I	T	A	M	N	I	C	T	H	O	T	I	K	X	Y	X	E	E
M	N	N	L	B	S	G	L	O	H	W	A	V	P	W	F	H	Z	R	N
B	A	N	D	Y	G	M	M	E	L	O	E	M	L	Y	H	T	G	M	D
R	R	A	Q	L	K	A	I	A	S	R	U	Y	O	L	L	D	H	I	E
Y	E	M	B	Y	G	P	D	N	C	N	T	L	J	M	Y	A	D	N	R
G	G	O	M	R	Q	N	L	R	E	G	E	Q	I	L	I	G	C	T	F
S	Y	N	E	W	A	L	J	W	C	R	X	C	A	T	C	L	R	U	G
P	M	B	K	S	L	O	R	A	N	G	E	N	N	L	N	T	E	L	E
E	V	O	L	C	L	T	P	X	T	X	G	L	A	I	R	V	Q	I	D
A	C	E	D	A	R	W	O	O	D	Y	E	R	B	K	K	G	H	S	H
R	Z	G	M	H	R	H	M	R	L	M	Y	E	D	W	E	N	N	A	Q
M	T	W	Q	O	T	T	H	A	O	S	H	J	R	M	P	N	A	B	N
I	N	N	S	J	X	Z	N	N	A	M	X	T	T	T	M	Z	Y	R	T
N	V	E	K	T	M	G	L	G	L	N	W	U	P	K	A	R	N	N	F
T	N	R	T	B	C	P	E	R	D	N	N	W	R	X	M	E	D	D	G
G	R	A	P	E	F	R	U	I	T	K	M	H	D	M	L	N	T	G	B

BASIL
BERGAMOT
CEDARWOOD
CHAMOMILE
CINNAMON
CLARY SAGE
CLOVE
EUCALYPTUS
FRANKINCENSE
GERANIUM

GINGER
GRAPEFRUIT
JASMINE
LAVENDER
LEMON
LEMONGRASS
MYRRH
NUTMEG
ORANGE
PATCHOULI

PEPPERMINT
ROSE
ROSEMARY
SANDALWOOD
SPEARMINT
TEA TREE
THYME
VETIVER
YLANG-YLANG

#152 TASTY TOPPINGS

P	L	F	K	R	G	L	G	H	V	S	R	E	B	M	U	C	U	C	X
S	E	T	B	N	E	K	C	I	H	C	D	E	L	L	I	R	G	S	R
D	S	C	S	D	E	E	S	N	I	K	P	M	U	P	K	P	K	E	N
E	E	L	A	O	L	I	V	E	S	L	M	R	H	N	O	M	J	G	Y
E	E	W	K	N	K	R	D	R	T	S	M	T	V	L	D	I	M	N	M
S	H	B	M	C	S	K	V	B	R	L	R	G	L	L	A	R	T	A	H
E	C	Y	S	H	T	M	J	E	R	W	R	J	L	R	C	H	K	R	A
M	A	Z	N	I	Z	S	P	C	A	R	R	O	T	S	O	S	D	O	R
A	T	K	O	C	X	P	N	T	J	R	V	H	L	K	V	D	S	N	D
S	E	K	I	K	E	K	M	O	K	H	H	S	V	N	A	E	T	I	B
E	F	D	L	P	F	L	N	M	I	R	O	C	M	H	D	L	I	R	O
S	L	M	L	E	C	B	K	M	E	N	R	K	B	H	E	L	B	A	I
K	B	L	A	A	M	N	Q	D	E	O	O	R	D	G	C	I	N	D	L
M	E	N	C	S	R	P	O	P	U	S	C	D	T	X	I	R	O	N	E
B	R	N	S	Q	N	N	A	T	T	M	T	H	E	T	L	G	C	A	D
M	N	M	M	T	I	L	O	V	F	K	J	U	E	C	S	N	A	M	E
Y	X	R	C	O	A	N	K	L	Q	K	C	N	N	E	I	V	B	J	G
K	K	G	N	J	S	X	Q	C	L	Q	J	Q	D	L	S	D	M	C	G
P	A	R	M	E	S	A	N	C	H	E	E	S	E	T	A	E	M	Y	S
N	R	O	C	D	E	T	S	A	O	R	V	N	X	Y	Z	W	Z	F	D

BACON BITS
BELL PEPPERS
CARROTS
CHEESE
CHICKPEAS
CROUTONS
CUCUMBERS
DICED ONIONS
FETA CHEESE

GRILLED CHICKEN
GRILLED SHRIMP
HARD-BOILED EGGS
JALAPENOS
OLIVES
MANDARIN ORANGES
PARMESAN CHEESE
PECANS
RED ONION

ROASTED CORN
PUMPKIN SEEDS
SCALLIONS
SESAME SEEDS
SLICED
AVOCADO
WALNUTS

#153 WILD WEST

```
N  K  G  L  T  U  M  B  L  E  W  E  E  D  M  L  J  L  K  R
H  S  U  D  Q  R  N  X  T  B  M  U  N  R  O  D  E  O  N  P
C  A  N  B  Y  W  T  F  G  C  C  Q  L  R  P  Q  F  Z  L  M
A  D  F  N  R  T  T  K  K  E  R  B  D  L  U  D  G  J  R  R
O  D  I  T  H  N  F  X  B  O  S  S  A  L  P  S  G  P  E  K
C  L  G  M  M  D  P  R  H  F  F  V  R  M  A  F  T  V  P  L
E  E  H  B  T  L  A  O  R  T  L  P  Y  U  V  R  L  L  T  J
G  C  T  U  M  B  R  T  Z  R  T  Y  H  Z  P  O  R  D  E  M
A  L  E  L  K  S  D  P  I  N  C  O  Y  J  V  S  K  O  R  R
T  W  R  L  E  N  K  G  Z  A  S  B  K  E  B  K  R  E  C  H
S  R  K  S  F  R  W  P  M  A  D  W  R  W  T  R  L  N  R  R
Y  N  H  J  Q  O  N  P  L  J  W  O  K  X  A  G  O  G  V  M
L  O  Z  J  C  O  F  O  R  F  T  C  D  G  N  L  F  N  C  Q
E  K  T  T  S  I  O  V  B  O  O  T  S  A  H  D  T  M  C  K
C  R  W  T  R  N  R  J  P  H  K  Z  R  N  C  W  W  U  D  O
F  C  E  E  E  L  T  T  A  C  A  W  M  A  N  D  T  R  O  G
H  T  F  R  O  N  T  I  E  R  J  T  F  D  A  C  R  H  L  Y
S  Y  W  I  N  C  H  E  S  T  E  R  D  N  R  C  Z  P  Z  M
Q  F  F  I  R  E  H  S  T  B  Z  N  K  A  G  K  V  C  X  V
L  T  R  A  I  L  T  H  D  P  Q  D  M  B  J  Z  D  V  L  T
```

BANDANA	FRONTIER	SADDLE
BARBECUE	GUNFIGHTER	SALOON
BOOTS	HAT	SHERIFF
BRONCO	HORSESHOE	SPURS
BULL	LASSO	STAGECOACH
CAMPFIRE	OUTLAW	STETSON
CATTLE	RANCH	TRAIL
CORRAL	REVOLVER	TUMBLEWEED
COWBOY	RODEO	WINCHESTER
COWGIRL	RUSTLER	WRANGLER

#154 Countryside Quest

```
G  V  E  S  U  O  H  M  R  A  F  P  K  L  V  N  R  G  D  H
W  O  O  D  S  L  W  O  D  A  E  M  I  Y  E  H  U  K  L  R
G  M  B  T  P  B  N  M  D  Q  N  V  Y  L  M  N  R  H  R  N
D  O  H  P  Z  E  A  N  F  L  E  D  T  J  R  K  A  D  M  L
R  L  T  W  T  E  E  A  B  S  T  T  L  D  E  J  L  N  T  E
A  I  X  R  R  V  R  H  T  M  A  D  D  L  R  R  P  N  R  H
Y  S  M  T  X  M  T  O  S  C  H  G  K  E  H  T  U  U  K  X
E  K  S  C  H  I  C  K  E  N  C  K  C  I  D  N  T  T  V  L
N  Q  Y  A  O  K  C  R  F  K  O  Z  C  F  D  S  L  B  A  V
I  M  N  W  P  T  O  T  L  G  U  Z  H  K  A  Q  K  L  B  N
V  D  H  K  W  T  T  R  J  P  N  J  O  P  R  C  N  N  E  L
F  Z  T  A  C  L  U  A  Y  N  T  R  M  R  M  C  Q  N  F  D
K  W  P  A  Y  S  N  R  G  N  R  N  E  F  I  H  X  G  I  B
X  M  R  R  T  S  E  K  P  E  Y  K  S  L  W  V  K  M  L  D
H  T  Y  I  R  N  T  B  X  G  R  D  T  M  D  N  E  L  D  R
H  J  C  R  E  E  W  A  R  N  O  H  E  B  Q  R  D  R  L  A
J  Y  D  E  D  F  C  R  C  Y  A  D  A  Z  W  A  M  L  I  H
R  J  R  M  L  V  D  N  D  K  D  C  D  X  W  B  Z  V  W  C
R  G  J  Z  T  W  T  T  E  Y  P  X  C  I  N  E  C  S  P  R
R  P  H  A  R  V  E  S  T  F  P  E  A  C  E  F  U  L  X  O
```

BARN	HARVEST	RURAL
CATTLE	HAYSTACK	RUSTIC
CHICKEN	HOMESTEAD	SCENIC
COTTAGE	LIVESTOCK	SHEEP
COUNTRY ROAD	MEADOW	SILO
FARMHAND	NATURE	STREAM
FARMHOUSE	ORCHARD	TRACTOR
FENCE	PASTURE	VINEYARD
FIELD	PEACEFUL	WILDLIFE
GREENERY	RIVER	WOODS

#155 Down on the Farm

```
D  M  Q  F  O  D  D  E  R  Q  J  K  Y  D  R  P  R  W  K  K
K  T  Q  Y  V  H  R  T  L  N  Q  Z  K  X  E  H  R  K  R  N
R  F  R  N  T  T  R  H  Z  K  M  G  X  R  R  E  C  R  B  Y
Y  C  E  C  U  D  O  R  P  Q  X  V  T  Z  M  L  F  N  P  L
C  V  B  R  Y  A  H  G  Q  L  I  V  E  S  T  O  C  K  A  D
P  C  L  G  N  W  R  R  R  P  G  X  M  B  Y  N  P  P  X  R
R  H  C  R  N  X  M  A  C  H  I  C  K  E  N  H  L  P  C  L
P  N  A  L  R  I  K  I  X  K  N  Y  R  N  H  O  Y  R  R  N
M  B  N  L  E  N  Y  N  H  W  M  L  O  N  W  R  J  V  O  P
N  H  D  C  T  F  V  A  L  G  V  I  N  T  H  E  B  C  P  T
E  E  C  W  S  T  N  P  H  F  T  C  J  A  K  L  X  T  S  R
H  C  L  Z  O  R  E  M  R  A  F  S  R  R  Q  A  M  R  J  A
M  N  B  B  O  K  T  D  G  L  X  V  T  L  C  B  X  P  Z  C
J  E  W  R  R  R  A  I  Y  O  E  Q  W  A  J  O  E  R  K  T
T  F  F  T  O  I  R  R  G  S  R  Q  P  X  B  E  W  B  M  O
L  Y  G  U  R  R  M  H  T  A  Z  C  C  C  H  L  D  F  V  R
Z  J  G  Y  I  P  Q  J  R  G  R  R  H  S  J  L  E  T  M  M
B  H  K  M  T  I  B  M  L  Z  K  D  P  A  E  J  J  K  Z  P
M  S  I  L  O  G  M  L  K  M  Z  T  E  I  R  Z  P  K  Z  M
X  Z  P  C  W  G  N  N  G  M  C  C  F  N  B  D  J  N  F  X
```

BALER	FODDER	PIG
BARN	GARDEN	PLOW
CHICKEN	GRAIN	PRODUCE
COW	HARVEST	RANCH
CROPS	HAY	ROOSTER
DAIRY	HAYING	SHEEP
FARMER	HEN	SILO
FEED	IRRIGATION	STABLE
FENCE	LIVESTOCK	TRACTOR
FIELD	ORCHARD	TROUGH

#156 Orchard Adventure

```
R  R  C  J  W  R  X  K  Z  T  L  Y  M  G  R  V  M  N  H  B
D  K  Z  K  A  P  R  I  C  O  T  N  N  Y  N  E  B  M  J  A
P  O  M  E  G  R  A  N  A  T  E  T  X  M  L  A  U  Y  K  N
T  U  N  T  S  E  H  C  T  W  P  D  B  P  Z  L  C  C  R  A
V  R  W  C  J  D  K  Q  D  W  A  Q  P  G  P  R  Q  E  Q  N
C  B  K  B  B  M  R  G  G  A  P  A  N  Z  G  E  N  M  P  A
N  D  Z  Z  Z  R  D  L  I  L  A  A  T  Q  N  N  N  N  E  N
D  J  G  R  B  T  N  X  F  N  Y  J  V  I  U  K  T  P  K  P
L  T  C  Y  R  H  O  X  J  U  A  N  R  O  J  I  A  B  I  V
G  M  N  R  P  F  M  H  K  T  R  A  I  L  C  R  N  L  W  Y
M  H  R  F  R  P  L  K  M  B  T  Y  H  R  G  A  L  C  I  T
M  E  A  Q  P  W  A  D  Q  C  W  H  N  T  A  P  D  R  E  N
Y  L  O  Z  G  R  A  P  E  F  R  U  I  T  L  D  P  O  R  O
T  P  G  Z  E  L  T  N  O  B  O  L  I  V  E  P  N  X  Q  M
C  P  N  T  K  L  R  U  P  R  C  Y  D  N  E  X  L  A  R  M
M  A  A  Z  M  P  N  T  N  H  A  N  N  A  N  E  R  L  M  I
X  E  M  Q  T  X  R  U  E  O  P  N  C  G  M  N  M  V  G  S
J  N  H  V  Y  K  P  R  T  L  C  H  G  O  Y  L  X  F  N  R
Y  I  D  H  P  R  R  E  M  I  L  O  N  E  B  J  H  B  N  E
D  P  N  N  J  Y  Q  F  R  A  E  P  C  X  V  D  K  X  X  P
```

ALMOND	GRAPEFRUIT	PAPAYA
APPLE	HAZELNUT	PEACH
APRICOT	KIWI	PEAR
AVOCADO	LEMON	PECAN
BANANA	LIME	PERSIMMON
CHERRY	MANDARIN	PINEAPPLE
CHESTNUT	MANGO	PLUM
COCONUT	NECTARINE	POMEGRANATE
FIG	OLIVE	QUINCE
GRAPE	ORANGE	WALNUT

#157 Exotic Escape

Z	B	R	W	M	T	R	O	P	I	C	S	J	T	L	L	S	Z	R	M
P	T	O	X	Y	M	T	D	T	W	A	C	A	M	F	A	I	T	J	L
I	X	F	G	Y	D	K	J	T	Z	F	R	K	T	G	Z	S	R	K	M
N	M	J	W	N	N	T	I	Z	M	E	L	T	U	D	W	A	D	D	L
E	T	X	V	F	A	W	R	W	H	Z	L	A	R	W	K	O	Q	Q	R
A	T	Z	Z	W	Z	M	L	T	I	L	R	D	G	L	N	L	T	L	L
P	D	H	L	L	X	E	N	Z	R	O	K	G	X	H	C	G	H	N	E
P	R	F	K	Z	R	A	B	C	H	A	M	E	L	E	O	N	R	X	M
L	A	Q	W	R	P	N	W	R	Z	P	Q	E	N	P	X	A	S	D	U
E	G	C	J	R	R	A	G	X	A	R	O	R	K	F	U	U	K	R	R
P	O	C	S	J	U	N	G	L	E	P	T	Y	Q	G	T	K	E	F	A
A	N	C	O	U	X	A	R	Y	A	N	V	Y	A	C	G	G	L	F	L
N	F	D	K	C	C	B	P	R	N	T	E	J	A	K	I	A	H	P	U
A	L	K	J	W	O	S	D	A	M	W	D	C	P	T	M	B	P	Q	T
U	Y	P	D	W	K	N	I	K	R	P	B	K	I	I	W	L	E	K	N
G	V	T	L	Q	C	D	U	B	C	R	V	K	N	P	J	B	A	X	A
I	C	O	K	C	E	G	Z	T	I	Z	O	G	M	J	S	C	C	K	R
Q	R	P	A	P	A	Y	A	Q	K	H	O	T	T	K	X	N	O	M	A
J	T	P	T	O	U	C	A	N	X	T	N	E	P	R	E	S	C	B	T
G	F	N	D	N	N	L	X	C	X	T	R	R	M	Z	K	T	K	X	C

BANANA	JUNGLE	PEACOCK
CACTUS	KIWI	PINEAPPLE
CHAMELEON	LEMUR	SAGUARO
COCONUT	LEOPARD	SERPENT
DRAGONFLY	MACAW	SPICE
FLAMINGO	MANGO	TARANTULA
GECKO	OASIS	TIGER
HIBISCUS	PANTHER	TOUCAN
IGUANA	PAPAYA	TROPICS
JAGUAR	PARROT	ZEBRA

#158 JOB HUNT

```
Y  M  G  W  C  L  N  O  S  R  E  P  S  E  L  A  S  R  T  N
J  K  Z  A  D  A  R  E  N  G  I  S  E  D  F  D  E  K  Y  M
N  T  H  N  R  G  R  M  B  A  K  E  R  P  N  T  M  W  K  G
R  P  R  C  J  D  B  P  T  W  J  D  L  C  H  V  G  C  C  J
K  E  A  K  I  K  E  N  E  V  R  U  H  G  W  T  T  H  B  B
J  Z  H  I  N  N  V  N  L  N  M  I  I  M  C  N  F  A  N  N
N  L  C  C  N  W  A  M  E  B  T  F  T  J  T  A  W  I  A  Z
K  L  H  N  A  T  J  H  E  R  E  E  A  E  R  T  J  R  I  F
N  L  E  J  L  E  E  R  C  R  Q  N  R  E  R  N  T  S  C  V
A  R  F  Q  V  R  T  R  I  E  I  B  E  O  R  U  R  T  I  N
I  V  T  M  N  M  O  F  T  T  M  N  T  E  K  O  N  Y  R  A
R  R  E  Y  W  A  L  T  O  J  I  C  T  H  P  C  P  L  T  I
A  F  A  R  M  E  R  R  C  G  A  I  N  D  I  C  X  I  C  C
N  U  R  S  E  L  M  R  N  O  A  X  N  D  L  A  L  S  E  I
I  N  N  B  H  H  Z  E  T  W  D  Y  E  P  O  Z  V  T  L  S
R  K  K  L  C  K  P  N  Z  Z  G  N  Y  T  T  D  Q  V  E  U
E  S  C  I  E  N  T  I  S  T  T  K  M  Q  Y  V  N  H  Y  M
T  K  R  N  T  T  R  E  C  I  F  F  O  E  C  I  L  O  P  J
E  F  Z  L  R  W  Q  W  S  P  R  O  F  E  S  S  O  R  D  M
V  L  R  C  W  Z  F  T  L  V  R  G  T  V  Q  X  K  P  T  G
```

ACCOUNTANT
ACTOR
BAKER
CARPENTER
CHEF
DENTIST
DESIGNER
DOCTOR
ELECTRICIAN
ENGINEER

FARMER
FIREFIGHTER
GARDENER
HAIRSTYLIST
JANITOR
LAWYER
MECHANIC
MUSICIAN
NURSE
PAINTER

PILOT
PLUMBER
POLICE OFFICER
PROFESSOR
SALESPERSON
SCIENTIST
TEACHER
VETERINARIAN
WAITER/WAITRESS
WRITER

#159 Bready or Not, Here I Crumb!

```
S  O  U  R  D  O  U  G  H  N  W  K  T  Y  R  B  H  T  M  D
R  D  B  A  N  A  N  A  B  R  E  A  D  T  R  C  R  A  W  A
F  O  C  A  C  C  I  A  T  N  K  C  N  C  P  D  W  E  H  E
D  N  D  M  L  J  P  M  N  R  F  A  T  W  N  A  D  H  I  R
C  A  A  R  V  A  B  I  J  K  S  K  M  N  W  E  A  W  T  B
I  K  E  A  M  N  V  P  T  S  L  F  B  D  O  R  E  E  E  Y
N  V  G  R  N  X  N  A  I  A  R  L  A  Y  R  B  R  L  B  R
N  P  T  V  B  T  M  O  S  E  N  E  W  G  B  A  B  O  R  R
A  R  T  H  R  N  R  L  N  H  R  C  A  G  H  M  E  H  E  E
M  E  C  F  B  C  R  C  K  B  H  R  M  D  S  A  Y  W  A  B
O  T  H  N  Y  R  H  O  I  O  L  C  A  Q  I  D  R  K  D  N
N  Z  A  H  N  B  I  N  C  I  Q  E  T  E  R  A  N  L  L  A
S  E  L  F  R  G  I  O  C  D  R  Q  T  Y  I  N  C  W  K  R
W  L  L  E  L  H  L  B  C  B  Z  T  P  G  B  A  B  R  T  C
I  K  A  W  C  A  R  L  E  H  E  A  T  T  A  B  A  I  C  N
R  D  H  C  T  E  R  V  K  U  E  L  Y  T  N  M  V  R  B  F
L  K  U  E  A  L  I  L  G  D  A  E  R  B  N  I  S  I  A  R
L  Z  W  D  B  L  R  A  D  A  E  R  B  N  O  M  E  L  B  W
G  L  V  K  O  X  B  J  D  A  E  R  B  N  I  K  P  M  U  P
I  R  I  S  H  S  O  D  A  B  R  E  A  D  L  Y  P  K  G  B
```

ANADAMA BREAD	CROISSANT	PITA
BAGUETTE	FOCACCIA	PRETZEL
BANANA BREAD	FRENCH BREAD	PUMPKIN BREAD
BRIOCHE	GARLIC BREAD	RAISIN BREAD
CHALLAH	IRISH BROWN	RYE BREAD
CHOCOLATE	IRISH SODA BREAD	SOURDOUGH
CIABATTA	LAVASH	WHITE BREAD
CINNAMON SWIRL	LEMON BREAD	WHOLE WHEAT
CORNBREAD	NAAN	ZUCCHINI BREAD
CRANBERRY BREAD	OLIVE BREAD	

#160 Pickled Paradise

```
S  T  O  R  R  A  C  N  M  R  E  D  C  A  B  B  A  G  E  P
X  B  S  A  U  E  R  K  R  A  U  T  H  C  I  L  R  A  G  R
T  P  R  P  X  B  E  R  K  L  K  G  O  L  R  D  I  L  L  E
Y  N  N  J  P  K  G  Z  D  W  N  K  K  S  V  N  X  W  Z  K
B  N  C  X  K  L  N  Y  G  I  Z  G  R  E  I  O  F  Y  H  O
R  B  W  G  L  C  I  B  R  L  Y  D  A  L  N  H  Q  L  W  H
I  M  R  N  J  Y  G  R  Z  R  H  C  M  K  E  C  M  X  M  C
N  M  X  E  G  K  E  Z  L  R  T  W  F  C  G  I  T  T  C  I
E  P  K  F  A  H  C  O  R  T  S  C  F  I  A  N  F  X  K  T
L  T  Z  I  J  D  N  D  L  E  N  R  R  P  R  R  R  K  T  R
D  F  U  L  M  I  A  M  N  R  W  E  E  M  C  O  V  O  C  A
L  I  W  R  O  C  N  N  D  I  B  O  L  P  H  C  O  B  P  G
R  S  Q  N  N  Q  H  R  D  M  K  D  L  S  P  R  Y  R  V  C
F  H  M  D  Z  I  N  I  U  B  G  R  I  F  T  E  G  H  A  T
H  B  E  E  T  S  P  C  M  H  U  D  E  E  I  A  P  R  M  L
Z  P  T  D  M  E  U  S  D  M  A  T  E  H  R  L  R  V  N  J
M  Q  B  D  H  C  G  R  N  R  Y  B  T  L  G  O  U  Z  N  D
N  G  L  P  T  D  K  G  J  R  K  N  I  E  T  N  P  A  X  N
L  Q  W  Y  Y  Y  F  K  S  T  Z  C  F  Y  R  L  Y  C  C  L
J  A  L  A  P  E  N  O  Y  M  S  N  O  I  N  O  R  Q  B  D
```

ARTICHOKE	DILL	OKRA
BEETROOT	EGGS	ONION
BEETS	FISH	ONIONS
BREAD AND BUTTER	GARLIC	PEPPERS
BRINE	GARLIC	PICKLES
CARROT	GHERKIN	RADISH
CARROTS	GINGER	RED CABBAGE
CAULIFLOWER	HERRING	SAUERKRAUT
CORNICHON	JALAPENO	TURNIPS
CUCUMBER	KIMCHI	VINEGAR

#161 AND THE WINNER IS...

```
C  Z  N  B  L  W  Q  R  J  M  E  M  O  R  A  B  I  L  I  A
L  P  L  A  Q  U  E  I  N  O  I  T  I  N  G  O  C  E  R  K
M  L  N  N  Y  X  L  B  P  F  R  M  M  T  V  M  U  S  I  C
P  S  N  Q  N  E  D  B  T  A  I  N  G  I  S  N  I  G  C  N
Z  C  L  T  B  C  M  O  X  L  K  C  N  L  D  T  N  Z  O  E
T  R  J  O  R  E  E  N  Y  M  M  A  R  G  V  O  Y  I  M  B
C  E  N  C  T  C  Y  R  M  R  K  M  N  Q  I  L  T  M  E  W
G  E  X  O  N  I  I  N  T  J  P  V  Y  T  V  A  Y  N  B  Y
O  N  M  M  E  O  R  T  O  I  P  A  C  N  N  Z  G  H  W  H
L  A  X  M  M  H  J  N  A  T  F  N  L  I  B  R  X  L  K  P
D  C  L  E  E  C  R  T  M  T  I  I  M  M  A  K  A  V  M  O
E  T  B  N  V  S  L  M  L  T  I  O  C  V  E  D  L  Y  D  R
N  O  J  D  E  E  C  D  S  E  N  O  I  A  E  D  C  M  O  T
G  R  O  A  I  L  F  I  J  Y  R  N  N  M  T  M  O  K  T  N
L  S  S  T  H  P  D  R  R  R  G  U  T  Z  M  E  D  R  N  M
O  G  C  I  C  O  D  T  J  O  P  K  A  P  X  P  P  M  E  H
B  U  A  O  A  E  L  N  P  Y  N  M  B  L  D  R  Q  R  M  L
E  I  R  N  M  P  M  T  C  N  P  O  T  Q  I  F  D  R  E  T
L  L  A  C  C  O  L  A  D  E  L  L  H  Z  Y  J  H  C  M  R
W  D  C  A  N  N  E  S  F  I  L  M  E  Q  T  Z  P  M  C  Y
```

TROPHY	ACCOLADE	OSCAR
MEDAL	CITATION	EMMY
PLAQUE	COMMENDATION	GRAMMY
CERTIFICATE	ENGRAVING	GOLDEN GLOBE
RIBBON	INSIGNIA	TONY
PRIZE	LAUREL	PEOPLE'S CHOICE
RECOGNITION	MEMENTO	SCREEN ACTORS GUILD
HONOR	MEMORABILIA	MTV MUSIC
ACHIEVEMENT	NOMINATION	CANNES FILM
DISTINCTION	PALME D'OR	NOBEL

#162 D-Town Delight

```
R  H  T  N  A  L  P  D  R  A  K  C  A  P  M  N  Q  R  Y  X
M  J  N  N  C  P  M  K  P  S  H  I  N  O  L  A  T  M  F  X
E  D  H  C  A  M  P  U  S  M  A  R  T  I  U  S  Z  R  B  N
X  L  Z  I  L  P  L  R  T  H  V  L  W  O  B  R  E  P  U  S
I  F  I  N  T  E  K  R  A  M  N  R  E  T  S  A  E  D  J  B
C  T  M  M  G  S  T  L  L  Y  B  W  N  K  S  E  E  J  Q  S
A  K  I  C  T  R  V  R  J  N  T  W  B  '  G  T  O  Y  J  P
N  K  T  G  O  H  X  I  T  H  K  C  H  U  R  W  G  R  O  I
T  W  W  B  E  N  G  V  L  W  N  O  O  O  E  D  Y  I  E  R
O  B  T  T  T  R  E  I  L  L  R  R  I  E  T  N  A  V  L  I
W  R  R  M  D  R  S  Y  E  T  E  T  L  C  A  G  F  E  O  T
N  N  N  N  D  S  K  S  L  L  S  R  O  T  N  L  R  U  O
N  K  L  O  R  M  W  N  L  I  I  P  N  R  S  E  Q  F  I  F
P  J  R  O  O  O  J  Q  O  E  J  M  N  K  E  C  Z  R  S  D
W  S  F  T  J  T  L  N  L  T  P  J  B  T  N  N  R  O  A  E
Y  H  O  R  B  U  S  L  R  N  S  J  R  O  Y  E  T  N  R  T
T  W  P  L  J  A  E  J  Y  H  B  I  V  W  A  R  R  T  E  R
N  R  R  G  Q  B  T  T  N  L  T  G  P  N  W  L  P  M  N  O
K  R  Y  K  T  Y  G  R  E  E  K  T  O  W  N  W  Q  M  A  I
Q  J  Y  B  K  L  E  V  A  D  R  A  W  D  O  O  W  V  Q  T
```

Auto	Greektown	Shinola
Belle Isle	Hitsville	Spirit of
Campus Martius	Joe Louis Arena	Detroit
Coney	Mexicantown	Stroh's
Corktown	Motown	Super Bowl
Detroit Lions	Packard Plant	Tigers
Eastern Market	Pistons	Vernors
Eight Mile	Ren Cen	Wayne State
Faygo	Riverfront	Woodward Ave
Ford	Rouge	

#163 Lights, Camera, Action!

```
J  P  S  T  U  D  I  O  L  P  R  M  K  Z  L  Z  Q  K  D  K
G  R  R  M  G  X  Y  M  H  Q  U  P  M  N  V  R  R  L  X  J
H  L  N  O  I  T  A  C  O  L  X  E  A  G  A  M  H  Y  M  Y
D  O  S  C  A  R  N  Z  P  V  C  Q  K  P  G  M  Q  R  H  K
W  L  L  G  M  R  L  R  M  I  F  M  V  A  A  L  A  I  W  X
R  P  G  L  A  P  N  K  S  A  G  E  N  T  M  R  N  R  F  Z
J  W  I  T  Y  W  V  U  Z  L  M  C  R  D  P  D  A  X  D  F
J  F  S  W  Q  W  M  M  L  P  E  L  C  M  U  I  F  Z  R  Y
Z  X  F  K  W  F  O  J  R  L  G  W  L  S  N  C  R  M  Z  Z
L  T  N  W  T  Y  V  O  E  M  A  S  T  Y  R  O  W  C  G  I
W  G  W  M  B  D  D  B  D  R  S  R  K  A  G  N  W  Q  S  H
T  D  Y  W  R  U  R  W  D  E  Y  N  X  X  W  L  F  Y  M  W
E  L  T  K  C  I  D  R  R  W  D  L  R  P  T  A  V  R  Z  Z
S  B  B  E  T  T  O  T  K  K  R  J  K  R  R  V  R  R  E  J
C  T  R  Y  N  B  C  C  K  Y  O  M  N  E  A  R  F  D  I  E
A  M  U  H  E  A  X  N  P  R  T  G  M  M  I  Z  N  F  V  M
M  P  L  N  X  V  N  L  N  K  C  R  K  I  L  N  X  M  O  A
E  R  R  O  T  C  E  R  I  D  A  Z  B  E  E  R  K  R  M  F
R  Q  B  K  X  L  G  L  A  M  O  U  R  R  R  L  X  M  L  N
A  T  E  P  R  A  C  D  E  R  M  K  N  E  Y  F  V  L  C  T
```

Actor	Glamour	Premiere
Actress	Hollywood	Producer
Agent	Icon	Red carpet
Award	Industry	Script
Camera	Location	Set
Celebrity	Makeup	Star
Director	Movie	Studio
Drama	Music	Stunt
Fame	Oscar	Trailer
Film	Paparazzi	Wardrobe

#164 Justice is Served

```
T  N  N  M  Y  K  D  L  R  M  G  G  L  T  F  E  B  T  Z  G
K  G  H  T  I  U  S  W  A  L  N  B  G  B  K  C  N  N  Q  L
M  L  M  I  R  A  N  D  A  G  J  R  Y  J  G  N  M  E  N  N
N  J  C  M  K  Y  W  Y  D  V  E  U  D  X  N  E  N  D  E  O
J  L  C  Y  O  M  L  E  D  P  B  L  D  P  T  D  J  E  G  I
M  C  N  C  R  T  F  A  C  G  J  N  L  G  Z  I  P  C  O  T
X  N  T  R  O  E  I  K  E  T  C  I  D  R  E  V  Y  E  T  A
H  T  G  L  N  N  V  O  N  L  X  B  X  T  M  E  W  R  I  G
R  F  A  D  L  P  T  O  N  M  P  V  Q  W  R  D  Y  P  A  I
S  W  A  A  P  F  I  R  C  I  N  D  I  C  T  M  E  N  T  T
E  N  I  D  E  T  M  F  A  S  M  F  T  V  G  O  N  F  I  I
T  R  G  I  A  A  K  L  H  C  I  L  W  N  B  N  R  Z  O  L
T  T  R  I  N  N  F  F  N  F  T  D  I  J  D  T  O  Q  N  F
L  B  D  W  G  E  P  C  N  M  W  R  E  Y  F  C  T  K  M  M
E  E  B  Q  J  O  K  O  M  L  A  C  A  S  E  W  T  R  D  F
M  Q  L  G  U  P  L  U  T  E  T  T  L  Z  K  M  A  P  V  X
E  R  Q  H  R  B  X  R  H  I  P  R  O  S  E  C  U  T  O  R
N  Y  J  T  Y  U  Z  T  O  T  Z  F  F  I  T  N  I  A  L  P
T  J  L  N  D  S  K  N  Y  Y  X  N  M  X  B  Y  J  Q  Y  R
K  K  Y  T  K  B  N  O  I  T  I  S  O  P  E  D  G  L  M  R
```

ATTORNEY	INDICTMENT	NEGOTIATION
BRIEF	JUDGE	OBJECTION
CASE	JURY	PLAINTIFF
CONTRACT	LAW	PLEA
COURT	LAWSUIT	PRECEDENT
DEFENDANT	LEGAL	PROSECUTOR
DEPOSITION	LITIGATION	SETTLEMENT
DISCOVERY	MEDIATION	SUBPOENA
EVIDENCE	MIRANDA	TRIAL
HEARING	MOTION	VERDICT

#165 Detective Dash

```
S  E  M  L  O  H  K  C  O  L  R  E  H  S  G  C  M  Y  E  R
E  V  I  D  E  N  C  E  R  P  M  J  T  N  M  E  T  N  B  T
B  K  K  X  Z  V  Y  P  M  C  G  H  I  M  V  K  I  H  E  D
N  T  R  H  C  T  C  A  S  E  Z  R  H  I  W  G  D  R  G  E
L  W  O  K  Y  X  T  L  K  L  R  S  T  T  M  J  C  Q  V  T
F  I  W  T  Q  C  K  M  B  E  T  C  U  A  U  E  J  I  T  G
E  T  E  R  L  L  D  N  H  T  E  R  T  S  S  E  T  T  M  W
L  N  V  Y  N  N  T  D  O  T  T  I  K  G  P  O  L  U  M  S
Z  E  I  R  C  Z  E  N  E  I  M  M  Y  T  M  E  R  S  M  L
Z  S  T  E  T  R  N  D  K  T  T  E  C  Z  R  D  C  M  P  E
U  S  C  T  X  B  Y  A  R  C  W  A  Y  L  E  W  H  T  R  U
P  F  E  S  X  Y  L  T  N  N  I  H  G  R  U  N  T  M  D  T
T  X  T  Y  D  I  H  Z  B  F  Z  S  O  I  R  E  T  P  W  H
H  K  E  M  B  H  Y  D  C  B  T  C  N  D  T  M  S  N  Y  I
R  V  D  I  N  S  P  E  C  T  O  R  Q  E  U  S  C  N  R  N
I  B  E  N  N  N  E  U  G  I  R  T  N  I  R  N  E  M  N  G
L  W  U  N  X  D  O  M  D  R  M  B  V  F  Y  O  I  V  K  R
L  W  L  V  D  Q  J  I  T  N  Z  T  F  J  Y  Q  F  T  N  C
E  R  C  F  T  H  H  H  R  Q  N  O  I  T  U  L  O  S  Q  I
R  T  S  L  E  U  T  H  E  R  Y  Y  W  T  N  T  O  L  P  K
```

ALIBI	INSPECTOR	SECRET
CASE	INTRIGUE	SHERLOCK HOLMES
CLUE	INVESTIGATION	SLEUTH
CLUES	MOTIVE	SLEUTHERY
CRIME	MURDER	SLEUTHING
DETECTIVE	MYSTERY	SOLUTION
DETECTIVE WORK	NOIR	SUSPECT
ENIGMA	PLOT	THRILLER
EVIDENCE	PUZZLE	WHODUNIT
FORENSIC	RED HERRING	WITNESS

#166 CAN YOU HEAR ME NOW?

```
G  M  M  T  M  M  G  T  X  S  R  Q  R  E  K  A  E  P  S  Z
Z  X  H  D  D  B  D  L  X  G  M  V  J  E  K  L  J  X  K  X
W  J  A  V  K  R  C  C  K  U  L  G  P  S  J  B  N  X  S  N
V  K  R  D  M  L  J  H  N  L  F  N  P  I  T  C  H  D  A  B
Q  G  M  Y  A  R  V  O  Q  P  V  H  P  O  B  M  Q  T  X  M
Q  W  O  P  G  C  K  R  R  R  P  O  J  N  S  E  R  N  O  P
C  D  N  Z  M  H  I  D  T  A  O  Z  L  O  D  N  N  Y  P  L
G  R  Y  H  N  N  T  S  L  E  H  E  N  U  X  O  P  C  H  H
H  U  H  C  N  X  Y  K  U  T  F  G  R  D  M  T  P  I  O  B
P  T  I  Y  Y  D  O  L  E  M  N  R  I  E  R  E  D  T  N  M
C  N  D  T  T  P  B  V  R  O  Y  N  W  B  T  Z  Z  S  E  F
R  Q  M  T  A  H  N  T  I  F  S  R  H  X  E  S  C  U  T  N
H  M  T  W  P  R  M  T  I  T  K  D  R  T  W  A  Q  O  L  L
N  Q  N  Q  O  T  A  L  R  R  O  T  H  C  Y  L  T  C  K  N
J  N  R  H  H  R  P  U  Q  N  L  M  A  U  D  I  O  A  K  N
B  X  C  M  B  M  M  J  A  R  J  F  R  E  Q  U  E  N  C  Y
B  E  Q  I  A  E  M  I  K  J  L  E  B  I  C  E  D  G  P  K
V  J  V  X  N  Y  P  U  B  K  L  R  E  S  O  N  A  N  C  E
R  H  R  T  M  L  W  Y  R  R  X  Z  V  C  K  L  N  Z  N  P
B  R  K  M  H  R  Z  L  K  D  S  O  U  N  D  W  A  V  E  K
```

ACOUSTIC	FREQUENCY	RHYTHM
AMPLIFY	GUITAR	SAXOPHONE
AUDIO	HARMONY	SONG
BEAT	INSTRUMENT	SOUNDWAVE
CHORD	MELODY	SPEAKER
CLAP	MUSIC	STEREO
DECIBEL	NOISE	TONE
DRUM	PIANO	VIBRATION
EARPLUGS	PITCH	VOLUME
ECHO	RESONANCE	

#167 S.T.E.M. Search

```
V M T N D Y G O L O R I V Y N A T O B T
D B L Y G O L O N U M M I Z J P M G M T
R R I C J M Y T G H E N T O M O L O G Y
L L Y O C P D R N E U R O S C I E N C E
M F P G C J E P T G N Y K J L K Y Y V W
J K O E Y H D T T S G E T N Y R B G K K
N Y C O K V E D R O I B T G G I P O K P
A H S L R N L M L O P M O I O Y A L Y M
N P O O Y M B O I H L L E T C R L O R K
O A R G R G C N Y S O O E H P S E I V Y
T R T Y L E O S Z I T C G G C H O B L G
E G C M F B I L B F H R E Y Y J N O B O
C O E C Q C T O O N R O Y G M Z T R I L
H N P T S T R M O R P G O F O T O C O O
N A S B L T Q L F H O L H C T V L I L T
O E Y L S C O T Y L O E C K A Z O M O A
L C G A X G L S O O R W T K N Y G J G M
O O T C Y K I C Z J N L K E A Z Y X Y I
G H L Z L C Y A S T R O N O M Y J Y Y L
Y C P B S M N P Y Y G O L O M S I E S C
```

ANATOMY
ASTROBIOLOGY
ASTRONOMY
BIOCHEMISTRY
BIOLOGY
BIOTECHNOLOGY
BOTANY
CHEMISTRY
CLIMATOLOGY
ECOLOGY

ENTOMOLOGY
GENETICS
GEOLOGY
GEOPHYSICS
IMMUNOLOGY
METEOROLOGY
MICROBIOLOGY
MYCOLOGY
NANOTECHNOLOGY
NEUROSCIENCE

OCEANOGRAPHY
PALEONTOLOGY
PETROLOGY
PHYSICS
SEISMOLOGY
SPECTROSCOPY
VIROLOGY
ZOOLOGY

#168 FIND YOUR ZEN

```
J  G  M  H  Y  L  Y  K  W  R  H  M  L  M  N  R  R  M  T  Z
R  K  Q  T  M  K  W  R  N  C  V  M  K  C  K  T  K  K  F  T
N  G  Y  H  A  M  R  S  E  R  E  N  I  T  Y  T  T  C  R  H
D  N  Y  M  G  E  E  R  F  S  S  E  R  T  S  H  L  Q  T  R
K  I  V  D  Z  J  R  X  G  M  R  R  K  L  N  U  Q  D  R  T
L  H  G  Q  L  R  U  T  H  K  H  D  Y  B  F  Z  S  E  L  S
N  T  U  D  E  S  T  R  E  S  S  L  C  E  F  T  N  T  K  O
L  A  L  N  G  B  A  S  N  R  M  R  C  X  I  E  H  X  Y  U
Q  E  P  N  K  K  N  G  I  T  W  A  E  L  W  E  T  R  Y  L
X  R  N  X  Q  U  I  E  T  L  E  E  L  F  A  G  A  R  E  F
E  B  U  L  K  V  L  X  F  P  E  N  L  L  R  U  W  L  V  U
M  T  R  H  I  V  M  Y  R  Z  E  N  I  L  T  E  L  Z  I  L
R  R  A  K  W  U  M  Q  E  S  L  N  C  C  N  N  S  Y  V  W
J  R  V  T  G  V  Q  N  S  V  G  Y  N  E  N  E  D  H  E  Y
C  V  E  T  I  M  B  N  H  K  L  A  G  Q  L  N  S  R  R  O
Q  R  Y  S  L  D  Z  R  A  B  S  R  G  N  I  V  K  S  M  G
N  E  Z  A  C  K  E  N  I  R  B  Y  A  W  A  E  D  I  H  A
B  L  C  Z  J  A  K  M  R  M  T  Z  N  G  G  H  J  K  T  J
N  A  Y  K  R  R  P  N  X  K  N  U  V  A  C  A  T  I  O  N
D  X  T  L  H  Z  T  E  D  V  T  S  E  R  M  M  M  F  W  R
```

BREATHING	QUIET	SOULFUL
CALM	REFRESH	STILLNESS
DE-STRESS	RELAX	STRESS-FREE
ESCAPE	RENEW	TRANQUIL
FRESH AIR	REST	UNPLUG
HEALING	RETREAT	UNWIND
HIDEAWAY	REVIVE	VACATION
MEDITATE	SANCTUARY	WELLNESS
NATURE	SERENITY	YOGA
PEACEFUL	SILENCE	ZEN

#169 Bed & Breakfast

```
G  L  P  R  O  O  M  S  E  R  V  I  C  E  Y  K  N  Z  E  N
H  R  E  M  I  N  N  K  E  E  P  E  R  R  F  L  L  L  T  N
C  V  E  G  L  D  H  C  Y  E  M  O  C  L  E  W  G  R  W  J
M  P  L  Z  T  O  X  K  H  M  R  B  T  H  Q  G  E  Y  M  T
J  K  S  N  Q  M  D  M  L  A  L  H  M  Q  U  L  M  C  S  B
D  L  X  Q  K  L  N  G  G  B  R  Z  L  N  A  C  V  H  W  J
D  R  H  K  X  K  X  R  I  R  V  M  S  X  O  K  K  E  E  N
B  R  E  A  K  F  A  S  T  N  K  F  A  M  I  M  Y  C  E  O
D  L  H  F  W  Q  K  B  R  K  G  T  F  F  S  T  E  K  T  I
T  M  T  J  K  N  L  B  H  Z  I  O  -  E  I  T  D  -  D  T
R  C  M  M  Q  W  Y  Y  D  O  R  I  I  L  Q  R  A  I  R  A
A  H  R  Q  O  C  W  T  N  T  W  T  A  G  K  G  M  N  E  D
N  N  A  S  P  O  W  C  I  O  I  T  T  R  B  P  E  D  A  O
Q  X  W  B  T  F  R  L  K  N  I  Q  H  B  R  I  M  P  M  M
U  G  W  D  C  A  Y  T  E  P  E  T  Q  L  Z  L  O  N  S  M
I  H  T  K  Z  V  Y  M  S  T  T  R  A  Q  P  L  H  B  P  O
L  Y  Z  O  C  P  A  O  E  E  P  C  E  C  G  O  H  P  K  C
I  P  R  R  Z  G  H  A  Q  T  U  V  N  S  A  W  P  V  L  C
T  W  G  L  E  W  O  T  Q  Q  X  G  B  Q  P  V  G  M  N  A
Y  Q  L  T  A  E  R  T  E  R  X  M  T  V  F  W  R  Z  P  B
```

ACCOMMODATION	INNKEEPER	SWEET DREAMS
AMENITIES	LODGING	TEA
BREAKFAST	PILLOW	TOWEL
CHARM	RELAXATION	TRANQUILITY
CHECK-IN	RETREAT	VACATION
COMFORT	ROOM SERVICE	WARMTH
COZY	SERENITY	WELCOME
GUESTROOM	SLEEP	WI-FI
HOMEMADE	SNUGGLE	ZEN
HOSPITALITY	STAY	

#170 Deep Sea

```
Y  Q  F  U  N  D  E  R  W  A  T  E  R  V  O  L  C  A  N  O
C  Z  E  V  M  T  S  U  N  A  M  I  G  F  C  W  C  R  K  T
W  N  E  K  R  A  K  E  N  D  I  U  Q  S  U  E  I  X  Z  T
T  W  R  C  E  P  H  A  L  O  P  O  D  N  R  H  N  L  E  E
Q  N  D  N  J  K  T  G  G  T  R  G  A  U  R  S  A  Q  T  X
Y  R  E  L  T  N  D  E  M  E  R  U  S  T  E  I  T  M  Q  Y
S  T  R  V  Y  R  L  D  T  X  T  A  V  C  N  F  I  A  N  N
H  M  I  K  L  A  H  A  B  I  E  G  N  D  T  Y  T  R  V  S
I  W  H  C  H  A  W  V  L  R  T  E  E  Z  V  L  V  I  R  U
P  K  W  W  N  T  M  U  T  Q  C  E  Y  F  W  L  M  A  B  B
W  P  M  Z  L  E  S  R  H  S  P  V  C  Z  R  E  G  N  S  M
R  D  J  A  K  L  K  L  E  S  F  L  F  O  Z  J  H  A  S  A
E  V  S  X  P  R  F  N  E  H  V  H  E  Y  R  N  G  T  Y  R
C  M  K  L  P  S  I  A  U  R  T  K  L  V  R  A  G  R  B  I
K  V  E  M  I  M  M  R  T  S  U  O  X  N  I  N  L  E  A  N
P  K  L  R  U  I  M  F  K  K  Z  S  R  J  S  A  D  N  N  E
B  T  E  L  N  S  U  P  O  T  C  O  S  D  K  H  T  C  Y  Y
J  N  O  I  X  F  H  W  R  N  N  Z  N  E  Y  M  A  H  B  K
L  I  N  J  S  E  A  W  E  E  D  B  B  T  R  H  N  R  A  P
B  G  T  L  Q  R  W  G  F  T  L  J  H  T  T  P  T  N  K  N
```

ABYSS	KRAKEN	SHIPWRECK
BIOLUMINESCENCE	LEVIATHAN	SIREN
CEPHALOPOD	MARIANA TRENCH	SQUID
CORAL	NAUTILUS	SUBMARINE
CURRENT	OCTOPUS	SUNKEN CITY
DEEP-SEA MINING	PRESSURE	TITANIC
EEL	REEF	TREASURE
HYDROTHERMAL VENT	SALTWATER	TSUNAMI
JELLYFISH	SEAWEED	UNDERWATER VOLCANO
KELP	SHARK	WHALE

#171 Exploring the Outback

```
V  B  T  U  M  E  N  J  J  D  G  X  D  E  I  W  O  Y  M  K
Y  A  B  B  I  E  T  V  I  A  I  N  A  M  S  A  T  Q  Y  E
R  F  R  M  T  C  N  D  Y  Z  M  P  R  R  X  X  C  U  G  D
X  B  P  W  Y  S  G  T  R  E  M  T  V  M  F  R  C  G  G  I
V  R  B  K  Y  E  A  H  L  P  X  T  J  G  E  M  A  G  K  A
V  V  X  D  R  B  T  B  A  R  B  I  E  C  E  C  D  B  X  L
C  Q  N  I  M  R  O  K  H  W  F  Z  K  T  R  A  L  O  F  E
C  E  D  O  E  U  K  Q  C  K  G  X  R  A  R  N  I  O  X  D
Y  O  W  P  R  L  R  X  G  A  J  A  I  N  E  G  T  T  T  A
O  L  S  N  Y  M  T  O  Y  D  B  L  P  L  I  U  A  S  T  N
L  J  E  R  M  B  P  K  O  O  A  T  M  T  R  R  M  C  P  T
B  Z  B  R  E  C  A  X  H  R  Z  K  U  V  R  U  G  S  G  L
M  O  T  O  F  T  R  L  T  X  W  P  K  O  A  V  N  H  M  R
Z  T  K  T  O  G  S  S  L  K  R  K  H  B  B  E  I  E  K  L
W  V  R  I  Y  M  U  O  T  A  F  M  L  J  T  G  Z  I  O  M
T  F  N  L  W  A  E  N  F  T  W  Y  T  H  A  E  T  L  A  T
K  R  K  N  L  I  R  R  T  K  Q  D  Q  L  E  M  L  A  L  D
Q  X  L  D  D  N  A  L  A  E  Z  W  E  N  R  I  A  R  A  T
M  Q  U  E  E  N  S  L  A  N  D  Q  T  Z  G  T  W  B  Z  Y
K  A  N  G  A  R  O  O  N  L  G  G  F  M  B  E  M  N  B  T
```

Adelaide	Kangaroo	Sheila
Australia	Kiwi	Sydney
Barbie	Koala	Tasmania
Boomerang	Melbourne	Ugg boots
Canguru	New zealand	Vegemite
Didgeridoo	Outback	Wallaby
Emu	Oz	Waltzing matilda
Fosters	Perth	Wombat
Great barrier reef	Queensland	Yabbie
Hobart	Roo	Yowie

#172 Plumbob Pursuit

```
K  R  V  K  P  Z  Z  N  L  R  H  F  C  F  G  Y  N  T  T  H
F  X  G  N  I  K  S  A  T  I  T  L  U  M  O  Y  N  X  X  V
G  M  N  P  Z  J  Y  Q  G  V  L  L  P  U  R  O  T  K  R  W
W  J  D  L  C  M  W  D  R  Z  U  R  N  E  I  O  T  F  R  R
B  M  P  D  L  I  H  C  Y  Q  D  G  L  T  D  M  R  H  E  D
P  U  I  V  W  S  M  L  Y  V  A  L  A  D  O  G  S  S  D  O
V  G  I  S  P  D  K  M  V  D  A  R  L  O  G  I  T  N  L  O
Z  H  K  L  A  P  L  I  U  G  I  E  D  M  L  I  Y  M  E  H
H  M  L  F  D  E  N  L  L  P  R  L  G  M  A  N  R  N  M  R
S  V  T  A  K  B  T  B  S  L  E  M  I  R  W  L  M  B  T  O
I  S  M  M  R  N  U  A  O  T  S  S  T  C  D  T  V  H  X  B
W  T  V  I  V  G  L  Y  E  B  U  I  L  D  M  O  D  E  S  H
E  U  J  L  L  H  A  C  C  R  M  E  G  Y  H  K  R  B  O  G
M  F  F  Y  W  V  A  M  W  A  C  U  I  C  K  P  M  U  C  I
I  F  B  T  R  R  H  T  E  O  T  M  L  N  T  T  F  Y  I  E
T  P  H  R  E  V  X  H  R  P  O  A  X  P  W  Y  T  M  A  N
E  A  P  E  W  H  I  M  G  D  A  H  L  V  X  O  L  O  L  T
F  C  R  E  G  A  N  E  E  T  K  C  O  O  W  C  T  D  I  H
I  K  S  I  M  O  L  E  O  N  L  L  K  O  G  H  M  E  Z  M
L  E  X  P  A  N  S  I  O  N  P  A  C  K  Q  P  M  J  E  C
```

ADULT
ASPIRATION
BUILD MODE
BUILD/BUY CATALOG
BUY MODE
CAREER
CHILD
CREATE-A-SIM
ELDER
EXPANSION PACK

FAMILY TREE
GALLERY
GAME PACK
LIFETIME WISH
MOODLET
MULTITASKING
NEIGHBORHOOD
PLUMBOB
SIMLISH
SIMOLEON

SKILLS
SOCIALIZE
STUFF PACK
TEENAGER
TODDLER
TOWNIE
TRAITS
WHIM
WOOHOO
YOUNG ADULT

#173 Bibliophile's Delight

```
M  X  C  F  N  F  Q  Y  T  G  N  O  I  T  C  I  F  D  C  Q
C  M  E  M  O  I  R  P  K  Q  B  R  M  K  G  F  F  C  M  D
B  N  M  M  N  C  H  A  R  D  C  O  V  E  R  T  X  Q  H  E
J  Y  C  M  K  Y  W  T  N  O  V  E  L  H  L  K  R  B  N  R
M  G  R  R  A  H  S  V  J  Y  S  P  T  C  L  B  E  C  L  N
Y  K  N  P  J  G  K  A  H  Y  K  E  Y  X  L  Q  L  L  A  E
S  R  A  N  M  Y  A  P  T  L  P  R  N  D  N  K  L  A  U  G
T  Q  Q  U  R  Z  A  Z  I  N  A  N  F  K  C  G  E  S  T  N
E  D  R  T  T  R  N  T  I  R  A  K  M  A  T  R  S  S  H  B
R  K  E  E  G  O  E  N  B  N  C  F  B  J  E  N  T  I  O  L
Y  O  J  O  T  R  B  I  N  H  E  R  G  Z  X  M  S  C  R  M
P  O  I  F  A  C  L  I  A  O  E  Z  T  R  T  T  E  L  F  D
E  B  F  T  G  W  A  P  O  P  I  H  Q  R  B  M  B  M  J  D
S  L  U  P  N  F  T  R  A  G  R  T  M  R  O  R  R  R  J  N
N  R  K  W  A  E  M  P  A  I  R  P  C  X  O  T  O  L  P  Z
E  O  L  V  R  G  J  H  L  H  C  A  M  I  K  G  J  Z  G  L
P  R  B  M  K  F  E  L  L  H  C  N  P  W  F  L  X  P  M  W
S  R  D  G  J  R  E  L  J  V  L  V  J  H  N  N  M  H  R  J
U  O  Z  K  W  R  E  C  N  A  M  O  R  D  Y  Q  O  N  J  J
S  H  S  C  I  E  N  C  E  F  I  C  T  I  O  N  P  N  Q  C
```

AUTHOR	GENRE	PAGE
AUTOBIOGRAPHY	HARDCOVER	PAPERBACK
BESTSELLER	HORROR	PLOT
BIOGRAPHY	LIBRARY	POETRY
BOOK	LITERATURE	PROSE
CHAPTER	MAGAZINE	ROMANCE
CHARACTER	MEMOIR	SCIENCE FICTION
CLASSIC	MYSTERY	SUSPENSE
FANTASY	NON-FICTION	TEXTBOOK
FICTION	NOVEL	THRILLER

#174 Tea Time Treasures

```
W  P  V  T  L  L  B  K  I  A  H  C  T  R  Z  K  P  K  P  O
S  I  L  V  E  R  N  E  E  D  L  E  R  N  K  M  P  R  K  R
L  F  A  E  C  A  N  I  H  C  E  G  B  A  Z  W  H  T  G  U
C  E  P  N  L  K  L  Z  G  L  M  C  R  V  H  K  R  K  N  K
G  H  N  L  D  Y  X  H  H  W  H  I  T  E  N  C  N  M  M  O
S  R  A  I  X  Q  K  G  L  J  O  K  T  B  T  A  N  R  L  Y
U  P  L  M  M  Z  M  J  T  H  F  O  C  J  V  L  D  E  G  G
C  N  I  N  O  S  M  Q  K  E  T  P  L  J  T  B  M  N  S  G
S  D  B  H  F  M  A  R  M  R  N  V  B  O  H  O  I  H  Q  I
I  T  L  C  E  N  I  J  L  B  L  L  P  T  N  L  T  Y  V  N
B  N  Y  F  N  S  Z  L  Z  A  L  W  E  J  E  G  R  E  J  G
I  I  R  E  N  Y  O  M  E  L  N  M  K  E  L  O  X  R  L  E
H  M  E  K  E  Q  J  R  E  Y  Y  E  J  V  O  Z  V  G  W  R
K  R  M  M  L  L  M  W  U  H  Z  R  T  I  N  M  D  L  K  K
G  E  X  Q  K  R  N  N  T  C  A  W  B  T  N  D  N  R  E  M
G  P  Z  Z  P  O  N  B  D  D  E  O  J  R  L  K  Q  A  E  M
Z  P  Z  B  G  A  D  L  Q  N  S  Y  Y  G  K  E  R  E  M  T
R  E  B  A  N  A  H  C  T  A  M  P  L  A  S  S  A  M  U  M
W  P  R  B  J  L  A  V  E  N  D  E  R  O  L  Q  T  R  N  J
D  D  X  M  K  T  N  C  L  T  Y  K  L  X  N  M  N  G  K  B
```

BLACK	ASSAM	CHAMOMILE
GREEN	CEYLON	GINGER
WHITE	KEEMUN	LEMON
OOLONG	YUNNAN	ECHINACEA
HERBAL	MATCHA	HIBISCUS
ROOIBOS	SENCHA	LAVENDER
CHAI	GYOKURO	ROSEHIP
JASMINE	DRAGONWELL	THYME
EARL GREY	SILVER NEEDLE	NETTLE
DARJEELING	PEPPERMINT	FENNEL

#175 Holy Grains

```
C  M  R  J  O  B  S  T  E  A  R  S  Q  N  X  X  L  G  P  N
Q  Y  F  X  K  T  S  G  T  Z  B  E  F  O  N  I  O  S  S  D
G  C  V  A  G  O  L  Z  D  H  X  Q  M  F  T  N  Z  U  E  P
J  N  M  W  R  H  Y  E  J  C  Q  C  D  M  R  K  Z  N  S  Q
N  U  J  G  C  E  E  R  M  M  P  M  F  T  E  Z  Y  F  A  S
T  M  H  O  L  S  J  B  U  C  K  W  H  E  A  T  A  L  M  D
N  U  R  R  X  C  K  N  B  L  B  R  B  C  K  O  S  O  E  E
M  N  A  A  L  H  K  Z  E  N  L  U  R  K  N  H  T  W  S  E
X  B  L  Q  G  I  B  L  O  L  X  M  L  I  J  T  A  E  E  S
X  F  Y  C  D  A  A  K  R  W  N  V  U  G  T  N  O  R  E  Y
P  Z  Z  T  W  C  X  M  R  W  I  Q  T  B  U  A  V  S  D  P
T  G  F  Z  I  K  W  Y  A  H  V  L  Z  N  M  R  M  E  S  P
Z  L  D  T  H  M  C  W  F  J  L  V  D  P  C  A  N  E  H  O
F  M  I  T  E  X  A  W  I  N  A  K  R  R  R  M  G  D  F  P
F  R  M  G  M  H  T  R  G  R  T  P  M  I  I  A  F  S  T  K
T  F  E  D  P  G  F  E  B  Y  T  G  Y  T  C  C  B  Q  N  R
Y  M  E  E  R  L  R  V  L  E  R  F  H  F  H  E  E  K  T  M
X  C  K  T  K  H  G  H  T  L  E  P  S  N  R  O  K  N  I  E
W  H  E  A  T  E  N  G  R  P  I  K  Y  N  Y  N  K  G  Z  L
R  L  N  T  R  X  H  N  M  D  N  M  N  B  L  T  R  N  R  Y
```

AMARANTH	FONIO	RICE
BARLEY	FREEKEH	RYE
BUCKWHEAT	HEMP	SESAME SEEDS
BULGUR	JOB'S TEARS	SORGHUM
CHIA	KAMUT	SPELT
CORN	KANIWA	SUNFLOWER SEEDS
EINKORN	MILLET	TEFF
EMMER	OATS	TRITICALE
FARRO	POPPY SEEDS	WHEAT
FLAXSEED	QUINOA	WILD RICE

#176 STORMY SKIES

```
W  Z  G  K  X  Y  T  L  O  B  R  E  D  N  U  H  T  L  J  Q
N  Q  X  P  F  L  O  O  D  P  Z  R  I  X  P  Z  K  R  A  D
H  W  X  K  M  M  R  O  T  S  Z  N  E  N  Y  T  T  V  H  M
L  R  U  M  B  L  I  N  G  P  T  L  R  D  N  M  R  V  L  K
Q  D  K  P  V  B  W  X  G  E  V  C  E  L  N  K  Y  R  R  Q
J  A  J  B  K  B  P  L  N  R  N  X  H  D  M  U  R  P  W  H
K  E  W  J  O  M  T  S  K  B  E  C  P  X  Z  R  H  Z  R  M
D  H  C  I  R  O  I  F  C  D  C  Y  S  B  B  O  L  T  S  R
Z  R  Y  Q  N  T  M  L  R  X  B  O  O  Y  F  J  Q  B  R  F
U  E  T  J  Y  D  O  I  H  V  D  Y  M  G  G  R  C  N  E  M
M  D  I  Z  J  U  X  S  N  A  Z  C  T  S  E  H  L  N  W  C
B  N  C  L  D  M  A  K  N  G  C  V  A  T  H  H  A  L  O  Q
R  U  I  S  V  L  D  R  C  Q  X  R  E  K  L  E  P  J  P  M
E  H  R  B  F  V  O  D  N  F  L  M  U  R  J  P  L  F  M  T
L  T  T  G  M  T  B  S  T  N  O  N  T  O  U  T  T  T  N  Y
L  S  C  R  V  Z  K  P  N  R  N  Y  C  W  P  T  J  J  E  F
A  H  E  Y  H  Y  M  R  A  Z  W  N  T  K  M  N  A  L  M  R
J  O  L  R  A  Y  L  B  W  Q  I  N  R  P  N  Z  W  N  L  L
R  C  E  F  I  F  L  W  E  A  T  H  E  R  P  K  D  O  H  W
V  K  M  N  L  R  M  Y  R  G  N  I  N  T  H  G  I  L  D  W
```

ATMOSPHERE	FLOOD	SHOCK
BAROMETER	GREY	SKY
BOLTS	HAIL	STORM
BOOMING	INTENSITY	THUNDER
CLAP	LIGHTNING	THUNDERBOLT
CLOUDS	NATURE	THUNDERHEAD
DARK	POWER	TORNADO
DOWNPOUR	RAIN	UMBRELLA
ELECTRICITY	RUMBLING	WEATHER
FLASH	SHELTER	WIND

#177 Euro Capitals

```
N  D  S  L  E  S  S  U  R  B  W  Z  T  A  G  I  R  R  P  D
R  L  M  T  M  O  S  C  O  W  T  R  Y  W  K  H  G  Y  L  W
P  A  N  A  J  L  B  U  J  L  S  J  J  D  M  P  G  V  T  C
A  T  R  V  I  E  N  N  A  N  N  C  K  D  U  B  L  I  N  R
R  D  S  C  K  Q  F  Y  E  B  K  L  D  V  C  M  M  P  T  N
I  G  M  E  T  V  Z  H  W  T  E  F  K  J  R  A  Q  L  L  H
S  R  L  Q  R  F  T  N  N  D  G  R  R  K  R  D  T  R  F  F
B  U  O  Z  K  A  B  G  I  O  N  K  L  H  N  R  L  E  M  B
K  O  H  X  I  K  H  R  M  E  D  W  T  I  Y  E  T  Y  K  P
D  B  K  M  E  J  D  C  G  Z  M  N  G  X  N  T  D  K  Q  B
M  M  C  X  V  A  V  A  U  T  L  O  O  P  H  S  R  J  R  H
O  E  O  H  M  M  H  P  Q  B  P  J  R  L  G  M  W  A  K  V
V  X  T  M  B  N  J  K  P  Y  P  H  L  M  N  A  T  V  Q  T
E  U  S  B  E  L  G  R  A  D  E  R  E  N  T  I  M  I  L  S
J  L  N  P  V  J  X  W  X  N  L  D  I  L  S  L  P  K  T  E
A  K  O  G  M  D  K  L  A  I  W  L  R  L  S  R  N  D  K  P
R  C  B  B  H  K  T  O  S  R  L  K  A  Q  A  I  K  L  H  A
A  Y  E  K  L  W  K  B  S  A  S  V  Q  G  K  R  N  R  N  D
S  V  R  L  M  Z  O  Z  T  L  A  A  U  R  L  H  W  K  Y  U
Z  T  N  G  T  N  L  L  N  Z  O  E  W  L  N  H  K  Y  I  B
```

AMSTERDAM	DUBLIN	PARIS
ATHENS	HELSINKI	PRAGUE
BELGRADE	KIEV	REYKJAVIK
BERLIN	LISBON	RIGA
BERN	LJUBLJANA	ROME
BRATISLAVA	LONDON	SARAJEVO
BRUSSELS	LUXEMBOURG	STOCKHOLM
BUCHAREST	MADRID	TALLINN
BUDAPEST	MOSCOW	VIENNA
COPENHAGEN	OSLO	WARSAW

#178 That's All Folks

```
K  K  B  K  L  G  H  E  N  E  R  Y  H  A  W  K  K  M  J  X
K  F  L  M  D  I  H  G  L  G  F  Y  K  M  W  R  K  S  J  X
G  E  F  P  P  Z  V  F  V  M  G  C  K  G  M  R  V  R  R  K
P  I  O  G  T  E  Z  E  N  N  U  W  O  L  E  Y  G  A  B  R
R  T  G  C  Y  G  P  T  D  D  T  S  P  N  M  O  K  E  E  B
E  R  H  Y  J  E  G  E  Y  N  S  K  N  L  D  S  M  B  A  E
P  E  O  N  C  N  L  F  L  A  A  U  P  E  X  E  H  E  K  T
P  B  R  N  L  L  F  M  M  E  R  I  I  P  T  M  J  E  Y  O
O  D  N  U  R  A  A  E  E  D  P  L  N  W  R  I  L  R  B  Y
H  N  L  B  D  Y  R  U  A  R  R  E  E  A  J  T  T  H  U  O
Y  A  E  S  Q  R  N  O  D  A  F  E  W  P  M  E  N  T  Z  C
T  E  G  G  B  J  R  N  H  E  T  U  L  N  T  S  Y  E  Z  E
E  I  H  U  M  D  X  C  A  Y  C  K  D  R  Y  A  A  H  A  E
P  B  O  B  M  K  K  G  B  R  J  A  J  D  H  M  T  T  R  L
P  U  R  N  N  R  Y  I  M  Y  G  X  T  M  D  L  Q  N  D  I
I  H  N  Q  T  C  R  G  O  O  F  Y  G  O  P  H  E  R  S  W
H  F  C  W  M  D  S  P  E  E  D  Y  G  O  N  Z  A  L  E  S
L  E  Z  A  H  H  C  T  I  W  M  L  A  M  U  P  E  T  E  P
M  M  P  P  H  L  P  O  R  K  Y  P  I  G  R  J  B  H  R  D
T  Z  P  V  B  K  T  A  C  R  E  T  S  E  V  L  Y  S  R  K
```

Bugs Bunny	Road Runner	Hubie and Bertie
Daffy Duck	Speedy Gonzales	Goofy Gophers
Porky Pig	Foghorn Leghorn	Granny
Elmer Fudd	Pepe Le Pew	Claude Cat
Yosemite Sam	Gossamer	Hippety Hopper
Tweety Bird	Witch Hazel	The Three Bears
Sylvester Cat	Beaky Buzzard	Pete Puma
Tasmanian Devil	Henery Hawk	
Wile E. Coyote	Charlie Dog	

#179 90's Cartoons

```
C  N  Y  R  N  Y  O  O  D  Y  B  O  O  C  S  K  B  L  T  T
A  S  G  B  Q  T  H  E  F  L  I  N  T  S  T  O  N  E  S  L
T  C  J  L  U  L  Z  R  T  E  E  R  T  S  E  M  A  S  E  S
D  A  N  O  N  T  V  R  H  H  C  J  E  W  S  K  J  M  G  N
O  I  F  K  H  G  T  C  P  V  W  C  X  T  B  B  Y  I  U  N
G  N  J  M  D  N  M  H  L  D  O  C  A  L  X  R  K  G  O  D
Y  A  R  D  G  K  N  P  E  W  N  K  D  K  U  E  R  H  D  F
R  M  F  R  C  T  O  Y  C  A  T  S  N  H  V  Z  D  T  K  F
R  I  N  F  Z  K  R  H  B  A  D  T  T  V  G  L  K  Y  F  U
E  N  M  L  E  R  I  T  W  R  T  R  C  A  B  L  K  M  T  P
J  A  Y  M  B  C  T  S  C  T  A  H  A  I  R  A  D  A  J  R
D  V  O  L  K  B  E  A  V  I  S  V  Y  X  P  G  K  X  S  E
N  N  L  E  G  H  N  Q  R  V  K  R  O  H  M  L  U  E  L  W
A  K  N  K  W  N  H  X  R  R  P  H  Z  W  J  E  L  R  N  O
M  K  B  C  X  F  Z  R  E  N  S  T  I  M  P  Y  N  L  D  P
O  F  N  I  N  J  A  T  U  R  T  L  E  S  O  F  V  Y  R  Y
T  S  N  O  S  P  M  I  S  E  H  T  J  G  Z  V  K  T  N  W
Y  N  O  P  E  L  T  T  I  L  Y  M  R  K  W  X  F  Q  H  Q
H  E  Y  A  R  N  O  L  D  H  F  A  C  K  M  X  L  N  L  G
Z  B  O  B  E  G  N  O  P  S  G  Y  L  F  C  K  K  B  D  M
```

ANIMANIACS
ARTHUR
BEAVIS
BUTT-HEAD
CATDOG
COWCHICKEN
DARIA
DEXTER
DOUG

GARGOYLES
HEYARNOLD
JOHNNYBRAVO
MIGHTYMAX
MYLITTLEPONY
POKEMON
POWERPUFF
RENSTIMPY
RUGRATS

SCOOBYDOO
SESAMESTREET
SPONGEBOB
SWATKATS
NINJA TURTLES
THEFLINTSTONES
THESIMPSONS
TOMANDJERRY
X-MEN

#180 Biology Blitz

```
C  Z  L  R  N  S  L  L  E  C  Z  G  R  R  Q  Y  L  M  Q  M
K  F  B  M  F  E  L  F  N  O  I  T  E  R  C  X  E  D  G  Y
N  O  R  U  E  N  G  P  T  E  C  O  L  O  G  Y  B  M  T  M
O  M  P  R  Q  B  I  O  C  H  E  M  I  S  T  R  Y  I  C  I
I  H  H  X  V  R  M  L  R  R  J  D  J  E  B  M  D  A  T  C
T  L  O  T  H  Y  C  E  F  T  Q  Z  V  M  S  E  R  T  X  R
C  N  T  M  Q  L  H  Q  T  N  I  O  T  I  R  B  N  D  E  O
U  Y  O  S  Y  N  W  E  B  A  L  N  N  E  O  C  M  P  N  O
D  M  S  A  B  V  R  H  M  U  B  A  H  H  K  I  T  T  Z  R
O  O  Y  L  J  I  M  E  T  O  G  O  Y  Q  T  T  P  W  Y  G
R  T  N  P  L  C  O  I  N  R  S  D  L  O  T  D  Q  T  M  A
P  A  T  O  S  K  O  L  O  D  R  O  S  I  R  N  V  N  E  N
E  N  H  T  C  N  B  Z  O  A  O  I  M  Z  S  A  T  E  C  I
R  A  E  Y  I  Q  L  K  T  G  S  C  Y  O  I  M  T  I  G  S
P  M  S  C  T  K  O  E  N  A  Y  B  R  R  R  B  T  R  M  M
L  V  I  M  E  Q  O  B  N  J  M  Q  E  I  K  H  V  T  N  K
T  E  S  K  N  R  D  D  M  Z  R  T  H  M  N  H  C  U  D  R
W  Y  N  R  E  J  H  M  L  N  C  P  R  O  T  E  I  N  N  H
L  W  J  E  G  N  O  I  T  A  R  I  P  S  E  R  X  P  Q  W
H  K  K  Y  G  F  W  Y  B  I  M  M  U  N  I  T  Y  F  C  X
```

ANATOMY	ECOLOGY	MICROORGANISM
BACTERIA	ENDOCRINE	MITOSIS
BIOCHEMISTRY	ENZYME	NEURON
BIOLOGY	EVOLUTION	NITROGEN
BLOOD	EXCRETION	NUTRIENT
CARBOHYDRATE	GENE	ORGANISM
CELLS	GENETICS	PHOTOSYNTHESIS
CHROMOSOME	HEREDITY	PROTEIN
CYTOPLASM	IMMUNITY	REPRODUCTION
DNA	METABOLISM	RESPIRATION

#181 Down in the bayou

```
R  L  M  C  A  R  E  Z  A  S  V  O  O  D  O  O  T  W  F  E
H  S  I  F  T  A  C  P  P  B  T  T  C  V  N  F  M  Y  L  R
N  O  T  I  L  R  I  M  W  O  N  T  C  N  T  K  O  I  L  T
H  T  E  H  J  L  B  M  O  U  J  T  G  J  M  B  F  X  E  K
W  R  T  Y  A  T  Q  R  D  D  J  K  L  R  '  D  M  N  R  Y
Z  E  O  L  M  N  M  E  O  I  Q  T  W  O  R  A  G  R  C  C
Z  M  U  O  B  M  R  L  D  N  P  B  P  X  R  I  W  T  A  Y
E  O  F  S  A  T  F  L  S  R  F  M  J  D  E  V  X  J  C  X
U  U  F  S  L  L  F  I  I  H  M  B  I  B  N  H  U  R  R  V
G  L  é  A  A  P  Z  U  A  R  S  G  L  E  Z  N  M  L  R  V
O  A  E  T  Y  Q  F  O  F  V  R  I  K  A  P  Y  T  F  M  F
R  D  C  N  A  Q  K  D  R  A  N  C  F  J  C  W  D  F  N  N
I  E  G  R  I  T  S  N  S  E  U  M  R  W  A  K  Y  E  N  Y
P  Y  K  K  Z  L  G  A  V  D  D  X  O  T  A  R  E  Z  C  H
Q  K  Q  Z  D  V  R  U  R  L  V  B  Q  C  N  R  K  N  Z  O
L  N  Q  C  D  O  L  U  M  R  B  K  E  K  S  K  C  O  E  G
K  M  K  W  U  T  T  C  K  B  J  P  V  A  K  A  R  Q  Y  D
G  P  K  X  B  I  S  Q  U  E  O  K  V  Y  N  P  B  K  D  C
R  E  S  S  I  V  E  R  C  E  M  Q  Y  B  D  S  G  A  T  R
Q  C  M  P  R  A  L  I  N  E  Z  Y  L  R  M  L  R  W  T  K
```

ANDOUILLE	GRITS	REMOULADE
BEIGNET	GUMBO	ROUX
BISQUE	JAMBALAYA	SAZERAC
BLACKENED	MARDI GRAS	TABASCO
BOUDIN	MIRLITON	TASSO
CAJUN	OKRA	TURDUCKEN
CATFISH	PIROGUE	VOODOO
CRAWFISH	PO' BOY	ZYDECO
FAIS-DO-DO	PRALINE	ÉCREVISSE
FILÉ	RED BEANS	ÉTOUFFÉE

#182 HEAT IT UP!

```
R  W  Q  S  T  E  K  C  A  P  E  C  U  A  S  T  O  H  B  L
N  P  H  G  H  O  S  T  P  E  P  P  E  R  K  D  R  C  M  O
K  T  O  W  M  E  X  I  C  A  N  H  O  T  S  A  U  C  E  U
T  M  T  B  U  F  F  A  L  O  W  I  N  G  S  Q  W  E  E  I
A  O  C  R  R  Q  L  T  G  A  M  C  M  Y  Y  D  C  H  T  S
B  I  H  N  V  W  X  M  D  N  T  R  K  T  K  U  T  E  I  I
A  T  I  C  A  L  U  L  O  H  C  S  Q  Y  A  C  T  L  H  A
S  A  L  K  A  J  X  D  K  S  T  M  Y  S  P  O  M  L  W  N
C  P  I  S  H  J  Y  Z  C  E  C  R  H  R  H  M  Y  I  A  A
O  A  S  B  R  Z  U  O  W  H  J  T  C  D  C  G  T  V  M  H
M  T  A  A  P  I  R  N  I  W  A  A  E  M  K  Z  M  O  A  O
B  S  U  M  T  P  R  P  S  E  R  R  T  I  W  A  C  C  B  T
Q  K  C  H  I  E  O  A  D  E  S  I  R  M  D  C  A  S  A  S
K  U  E  O  A  T  U  S  C  K  A  E  S  D  X  C  Y  E  L  A
N  O  N  Q  L  B  R  G  N  H  P  S  O  I  M  T  E  G  A  U
I  T  Z  E  Y  I  A  A  A  I  A  G  O  Y  N  T  N  R  M  C
J  A  G  Z  A  R  R  N  R  L  L  M  R  N  K  G  N  R  P  E
A  M  F  L  M  F  K  E  E  K  A  M  A  G  I  T  E  B  H  X
T  L  B  N  M  F  P  R  R  R  D  M  M  Y  P  N  M  D  P  K
A  H  C  A  R  I  R  S  B  H  O  Z  M  G  O  T  G  N  T  M
```

ALABAMA WHITE	GHOST PEPPER	RISING
BLAIR'S DEATH SAUCE	HABANERO	SCORPION
BUFFALO WINGS	HOT CHILI SAUCE	SRIRACHA
CAJUN SEASONING	HOT SAUCE PACKETS	SRIRACHA MAYO
CAYENNE	LOUISIANA HOT SAUCE	TABASCO
CHIPOTLE	MAD DOG	TAJEK
CHOLULA	MALAGUETA	TAJIN
CRYSTAL	MATOUK'S	TAPATIO
ESCOVILLE	MEXICAN HOT SAUCE	
FRANK'S RED HOT	PERI PERI	

#183 Savoring Citrus

```
Q  T  A  U  Q  E  M  I  L  D  Z  Z  M  C  P  L  Q  Z  D  L
J  K  M  Z  V  T  N  L  L  R  W  J  O  X  D  Z  H  J  V  R
B  N  O  M  E  L  R  E  Y  E  M  T  S  M  R  G  Y  B  M  Q
Y  B  L  E  Y  S  U  R  T  I  C  O  S  T  L  U  X  T  X  Q
H  N  S  C  N  N  Y  Z  F  K  P  M  O  M  Z  E  K  T  E  P
R  L  I  A  A  I  T  M  T  N  F  A  L  U  L  Q  M  G  H  E
Y  F  Y  R  T  L  T  N  P  M  M  G  B  Z  J  K  N  O  M  K
T  X  R  V  A  S  A  N  H  K  J  R  S  N  H  A  L  I  N  E
R  V  K  W  R  D  U  M  E  Q  H  E  U  T  R  L  L  X  G  S
T  Z  L  K  D  B  N  M  A  M  T  B  R  O  L  Y  N  N  N  W
T  L  K  B  D  V  H  A  A  N  E  C  T  W  E  Z  A  U  L  E
I  Y  Q  P  C  Z  J  R  M  M  S  L  I  K  F  R  C  G  E  E
U  T  A  N  G  E  R  I  N  E  P  I  C  W  O  I  I  L  M  T
R  Y  V  E  G  N  A  R  O  R  U  O  S  R  T  J  T  I  O  O
F  X  B  L  O  O  D  O  R  A  N  G  E  R  D  P  R  F  N  R
E  K  U  M  Q  U  A  T  R  P  T  T  U  L  K  Y  O  R  A  A
P  P  O  M  E  L  O  T  R  Z  T  S  I  K  Z  R  N  U  D  N
A  D  W  H  Z  L  H  T  R  I  O  M  E  T  B  K  M  I  E  G
R  M  W  R  V  L  K  D  B  I  E  K  T  Z  N  X  Q  T  Q  E
G  E  G  N  A  R  O  E  L  L  I  V  E  S  G  T  W  G  C  R
```

BERGAMOT	BERGAMOT	SATSUMA
BITTER ORANGE	BITTER ORANGE	SEVILLE ORANGE
BLOOD ORANGE	BLOOD ORANGE	SOUR ORANGE
CALAMANSI	CALAMANSI	SWEET ORANGE
CITRON	CITRON	TANGERINE
CITRUS BLOSSOM	CITRUS BLOSSOM	UGLI FRUIT
CITRUS OIL	CITRUS OIL	YUZU
CITRUSY	CITRUSY	ZEST
CLEMENTINE	CLEMENTINE	
GRAPEFRUIT	GRAPEFRUIT	

#184 Sip & Search

```
M  J  A  G  E  R  M  E  I  S  T  E  R  N  E  G  R  O  N  I
K  K  L  A  T  I  R  A  G  R  A  M  Y  T  I  T  X  R  B  Q
T  T  O  L  A  P  R  E  K  A  S  K  X  M  C  G  E  F  K  Q
T  D  N  L  S  D  I  R  I  U  Q  I  A  D  A  V  W  Z  R  C
X  H  G  D  O  Y  M  T  E  Q  U  I  L  A  I  I  E  T  O  R
E  N  I  N  M  T  I  T  X  L  P  Y  T  R  L  E  T  S  K  Y
L  V  S  X  I  B  M  N  R  C  L  F  D  N  F  Z  M  A  M  X
U  V  L  N  M  K  O  U  I  L  N  W  H  F  W  O  H  M  I  Y
M  W  A  C  L  R  M  L  L  T  E  F  O  J  P  R  A  C  N  O
W  H  N  I  D  L  W  N  D  R  R  C  Y  O  W  N  N  F  T  P
O  I  D  N  Y  C  P  Y  C  F  H  A  L  G  H  L  Y  I  J  I
C  S  I  O  C  I  A  S  C  S  A  I  M  A  N  R  J  N  J  N
S  K  C  T  Y  D  M  I  I  H  T  S  T  G  A  O  C  Z  J  A
O  E  E  D  R  E  C  R  R  A  A  T  H  M  M  T  M  W  H  C
M  Y  D  N  N  R  I  Z  N  G  A  M  Y  I  Q  H  G  T  R  O
R  N  T  A  F  P  H  Q  N  N  N  D  P  V  O  P  K  X  W  L
E  L  E  N  B  R  A  N  D  Y  O  A  W  A  O  N  K  V  G  A
E  N  A  I  L  C  G  Q  F  O  X  I  S  R  G  D  E  T  L  D
B  K  T  G  C  H  H  B  L  G  N  Q  N  V  R  N  K  D  Y  A
L  G  R  Y  C  B  N  B  V  E  K  W  G  R  R  M  E  A  F  M
```

Beer	Jagermeister	Old Fashioned
Bloody Mary	Long Island Iced Tea	Pina Colada
Brandy	Mai Tai	Rum
Champagne	Manhattan	Sake
Cider	Margarita	Sangria
Cosmopolitan	Martini	Screwdriver
Daiquiri	Mimosa	Tequila
Gin	Mojito	Vodka
Gin and Tonic	Moscow Mule	Whiskey
Irish Coffee	Negroni	Wine

#185 Fowl Language

```
M  L  T  K  Z  M  B  A  A  L  F  R  E  D  O  Y  P  Q  X  N
T  S  A  O  R  N  D  D  D  T  T  F  D  Z  K  L  P  Q  J  M
L  X  N  B  B  K  B  R  S  A  W  D  T  E  W  J  T  M  C  D
E  V  W  Q  H  K  E  A  U  J  L  Y  J  K  L  F  D  O  T  C
Z  P  O  T  P  I  E  B  L  M  D  I  Q  F  I  L  R  N  A  T
T  D  F  L  J  R  V  B  A  R  S  H  H  L  T  D  I  S  N  T
I  W  B  Q  B  M  N  B  L  B  K  T  L  C  O  K  S  R  B  W
N  S  I  R  O  O  D  N  A  T  D  E  I  N  N  E  G  H  G  N
H  T  N  T  N  L  H  L  B  E  T  N  B  C  R  E  N  R  F  A
C  I  B  O  Z  F  L  W  K  N  Q  L  R  O  K  T  I  R  C  S
S  R  D  B  L  W  A  A  J  T  E  K  L  S  Q  H  W  K  K  E
X  -  E  T  D  A  B  J  E  U  J  E  T  K  B  B  Q  T  X  M
R  F  I  T  Y  N  F  R  I  G  J  N  Y  E  N  D  B  R  A  R
Q  R  R  J  N  R  I  F  B  T  V  U  Z  W  M  R  A  M  B  A
R  Y  F  L  K  Y  X  J  U  R  A  G  K  E  V  S  R  W  N  P
V  E  I  K  A  Y  F  T  C  B  M  G  Z  R  E  A  J  M  G  F
M  V  L  K  X  A  K  Z  R  R  B  E  L  A  W  T  M  H  D  Q
W  H  I  L  W  T  R  R  L  G  N  T  C  A  N  K  G  F  L  C
B  M  L  R  Y  A  K  F  T  N  J  T  H  T  H  I  G  H  N  G
L  R  G  L  Q  S  G  U  M  B  O  S  W  Z  L  Q  C  V  R  H
```

Alfredo	Fajita	Roast
Baked	Fillet	Satay
BBQ	Fried	Schnitzel
Breast	Grilled	Shawarma
Buffalo	Gumbo	Skewer
Caesar	Kebab	Stir-fry
Casserole	Kiev	Tandoori
Cordon bleu	Nugget	Teriyaki
Drumstick	Parmesan	Thigh
Enchilada	Pot pie	Wing

#186 All in the Family

```
R  K  K  N  I  E  C  E  W  A  L  N  I  R  E  H  T  A  F  W
H  R  H  A  L  F  B  R  O  T  H  E  R  U  N  C  L  E  G  T
N  F  W  R  M  V  R  M  R  E  T  H  G  U  A  D  P  E  T  S
R  E  H  T  A  F  D  N  A  R  G  T  A  E  R  G  B  R  T  Q
V  M  Y  V  G  H  T  W  E  H  P  E  N  T  A  E  R  G  N  C
G  H  C  C  W  R  G  Z  B  M  R  B  L  N  C  Y  N  K  Y  B
Y  B  R  O  T  H  E  R  I  N  L  A  W  E  Y  O  Y  Q  S  R
Z  S  G  R  N  R  G  A  R  C  V  R  I  R  S  N  W  O  E  W
C  I  W  E  R  L  E  R  T  M  S  N  E  P  H  E  N  H  J  A
H  S  J  H  E  E  P  T  H  G  T  I  E  H  H  W  T  M  R  L
D  T  K  T  H  F  T  B  H  A  R  T  S  P  T  O  I  Y  R  N
A  E  M  O  T  P  Q  S  E  G  S  A  E  T  R  O  I  F  F  I
U  R  H  R  A  N  N  R  I  R  U  N  N  B  E  N  M  A  E  R
G  I  U  B  F  X  G  X  Z  S  T  A  V  D  L  R  T  C  Z  E
H  N  S  P  D  C  W  Y  W  T  P  L  D  A  M  H  B  K  H  H
T  L  B  E  N  L  O  K  W  N  Q  E  W  D  E  O  X  D  N  T
E  A  A  T  A  M  K  U  R  U  H  S  T  R  N  Y  T  L  Z  O
R  W  N  S  R  R  R  M  S  A  K  D  R  S  T  A  N  H  D  M
X  L  D  T  G  J  N  J  J  I  D  D  L  M  W  C  R  L  E  R
R  E  T  S  I  S  F  L  A  H  N  V  W  L  W  C  X  G  F  R
```

AUNT
BROTHER
BROTHER-IN-LAW
COUSIN
DAUGHTER
FATHER
FATHER-IN-LAW
GRANDDAUGHTER
GRANDFATHER
GREAT-GRANDFATHER

GREAT-GRANDMOTHER
GREAT-NEPHEW
GREAT-NIECE
HALF-BROTHER
HALF-SISTER
HUSBAND
IN-LAWS
MOTHER
MOTHER-IN-LAW
NEPHEW

NIECE
SISTER
SISTER-IN-LAW
SON
STEPBROTHER
STEPDAUGHTER
STEPSISTER
STEPSON
UNCLE
WIFE

#187 Occupation Obsession

```
N R K R Z X D N N E W S A N C H O R Z W
Q Y E X K E Q M C H V Q P J N F E Y G R
N Y B E N K F P H V F G H Q N N T N R U
L L X T N C Y N E B Z B X A N T N G A E
H R I L F I F M F M W V I A M K P R P N
L S Y B G K G B Y L E C L W M N Z P H E
T K F X G N V N A T I P A R T I S T I R
J Q T I X M W W E S T X T K N G C S C P
V D H N R N Y R U N M C E D A E B I D E
N A N T W E I M E F I W A T T Z K T E R
V A T F R N F V R D N L C I N D T N S T
M X I H A D E I E T X T H J U G L E I N
N K R R L R T M G K R C E D O W T I G E
M U I M A E A C A H R Q R Z C R H C N X
F A R M M R T R N A T D X T C R N S E Y
N K N S A D B E A Y L E X F A R M E R L
Z L Q P E V X I M R C V R P M G M G G P
Y Z L S O C I A L W O R K E R W M L R N
T N A D N E T T A T H G I L F H M G Q L
K V V R O T C O D F J R E T I R W K Z M
```

ACCOUNTANT	EVENT PLANNER	NEWS ANCHOR
ARCHITECT	FARMER	NURSE
ARTIST	FIREFIGHTER	PARAMEDIC
ATHLETE	FLIGHT ATTENDANT	SCIENTIST
CHEF	GRAPHIC DESIGNER	SOCIAL WORKER
DENTIST	LAWYER	TEACHER
DOCTOR	LIBRARIAN	VETERINARIAN
ENGINEER	MANAGER	WRITER
ENTREPRENEUR	MUSICIAN	

#188 Graduation

```
L  X  K  E  D  U  C  A  T  I  O  N  Q  R  K  Z  K  X  R  Q
E  M  K  P  M  O  P  M  T  C  L  E  A  R  N  I  N  G  E  N
S  N  A  I  R  O  T  C  I  D  E  L  A  V  K  I  L  M  D  N
S  E  T  A  U  D  A  R  G  T  K  R  B  Y  N  J  N  O  L  D
A  F  G  B  G  P  B  Q  R  R  F  R  E  M  D  T  T  R  O  K
T  N  E  M  E  C  N  E  M  M  O  C  U  M  T  Z  G  T  H  B
N  J  F  G  N  C  L  V  D  W  T  L  T  K  O  O  K  A  A  Y
M  T  O  P  P  E  R  E  L  U  A  N  X  L  W  N  Z  R  M  M
W  F  N  Q  R  C  T  I  F  N  A  E  M  N  D  K  Y  B  O  J
G  I  B  O  Q  Q  D  H  W  T  G  L  C  A  O  R  L  O  L  E
E  L  S  M  I  L  M  C  Z  D  R  L  M  P  S  S  N  A  P  E
C  X  N  D  M  T  B  A  E  R  A  K  P  U  S  T  F  R  I  R
L  H  C  M  O  F  A  L  K  S  H  O  F  E  C  A  E  D  D  G
A  Y  C  E  Y  M  W  C  S  H  R  L  C  C  M  A  Z  R  N  E
S  L  F  K  L  O  S  M  O  T  N  C  K  O  E  B  M  N  S  D
S  N  U  R  N  L  A  R  U  V  U  H  L  W  D  D  J  M  M  N
R  K  T  K  T  E  N  O  S  N  P  B  C  L  V  I  V  U  F
B  Z  U  C  E  R  I  N  K  N  I  O  C  Y  K  D  L  R  X  S
J  N  R  S  R  T  M  K  C  D  O  P  C  Z  N  Y  R  Y  P  R
X  D  E  Y  Y  C  P  P  X  E  K  H  B  L  N  T  C  A  P  F
```

ACHIEVE	DIPLOMA HOLDER	MORTARBOARD
ALUMNI	EDUCATION	OPPORTUNITY
CAP	EXCELLENCE	POMP
CEREMONY	FUTURE	PRIDE
CLASS	GOWN	SUCCESS
CLASSMATES	GRADUATE	SUMMA CUM LAUDE
COMMENCEMENT	HONORS	TASSEL
CONVOCATION	KNOWLEDGE	TOPPER
DEGREE	LEARNING	VALEDICTORIAN
DIPLOMA	MASTERS	WISDOM

#189 BACK TO ELEMENTARY

```
W  T  T  Y  Y  T  P  K  S  E  T  A  M  S  S  A  L  C  P  K
R  R  L  L  C  P  M  H  N  R  X  O  B  H  C  N  U  L  K  P
I  A  T  Y  I  L  R  O  A  Q  F  T  E  X  T  B  O  O  K  L
T  P  E  C  S  T  E  M  D  Y  P  L  A  Y  G  R  O  U  N  D
I  P  B  T  U  T  H  E  B  B  A  C  K  P  A  C  K  N  N  P
N  E  A  S  M  N  C  W  M  D  P  Y  N  T  G  L  T  C  T  L
G  R  H  N  H  R  A  O  R  R  X  T  S  R  F  V  H  O  J  T
Z  K  P  O  R  H  E  R  W  J  E  E  M  P  K  A  Z  X  Y  T
C  E  L  Y  Q  P  T  K  N  N  T  A  S  L  L  X  T  M  D  S
C  E  A  A  J  T  S  D  J  J  P  C  D  K  T  R  B  K  R  G
G  P  J  R  J  E  Y  L  T  M  I  G  B  I  G  M  C  M  E  R
T  E  T  C  D  N  E  L  V  E  L  O  N  W  N  L  B  Z  C  G
W  R  M  W  R  A  J  R  N  R  A  Z  F  I  L  G  U  Q  E  X
V  Q  K  B  R  W  N  C  E  R  D  M  K  I  L  F  S  E  S  L
D  P  T  N  O  J  E  G  D  T  M  P  C  Z  R  L  H  R  S  W
D  M  I  Y  B  O  M  X  L  X  U  N  W  D  G  Q  E  T  V  R
Q  N  X  X  X  T  K  G  L  X  E  P  N  F  L  W  N  P  A  P
G  M  L  L  J  Q  V  S  V  P  T  N  M  L  V  V  M  M  S  M
F  I  E  L  D  T  R  I  P  H  P  K  T  O  Y  T  M  R  D  C
G  S  E  I  D  U  T  S  L  A  I  C  O  S  C  L  N  W  X  L
```

ALPHABET
ART
BACKPACK
BOOKS
BUS
CHALKBOARD
CLASSMATES
COMPUTER
CRAYONS
DESK

FIELD TRIP
GLUE
HOMEWORK
LEARNING
LUNCHBOX
MATH
MUSIC
PENCIL
PLAYGROUND
READING

RECESS
SCIENCE
SOCIAL STUDIES
SPELLING
TEACHER
TEST
TEXTBOOK
TOYS
TRAPPER KEEPER
WRITING

#190 Middle School Madness

```
D  N  R  R  F  D  D  M  X  L  K  N  C  C  V  R  L  C  C  C
N  X  T  X  N  K  M  R  A  T  N  T  K  H  T  L  A  E  H  A
S  T  U  D  E  N  T  C  C  R  Y  M  Q  T  G  Q  T  T  K  F
P  R  C  F  G  J  I  M  E  R  C  S  U  R  O  H  C  T  W  E
L  E  C  N  O  S  B  A  U  H  B  K  S  B  R  H  Z  V  R  T
A  T  Y  E  Y  O  D  I  E  S  D  T  B  C  Y  X  T  M  I  E
I  U  P  H  G  I  T  M  O  K  I  H  Y  R  I  G  N  T  T  R
C  P  P  K  N  A  I  B  Y  L  N  C  A  R  Y  V  R  K  I  I
O  M  D  G  N  S  U  L  A  Q  O  R  K  M  O  D  I  D  N  A
S  O  G  A  T  K  T  G  F  L  B  G  N  W  N  T  T  C  G  W
G  C  L  R  L  R  T  D  N  I  L  A  Y  A  M  Z  S  Y  T  K
E  O  Y  B  J  O  K  P  L  A  S  Z  B  M  F  K  K  I  L  K
O  R  M  E  Q  W  M  L  S  T  L  P  E  N  G  L  I  S  H  T
G  C  X  G  R  E  A  D  I  P  B  A  S  K  E  T  B  A  L  L
R  H  K  L  W  M  M  C  L  N  E  P  M  W  G  F  K  X  K  J
A  E  B  A  A  O  S  K  T  M  B  L  N  J  T  H  G  V  X  D
P  S  H  R  R  H  K  G  P  V  L  M  L  L  K  L  J  G  R  G
H  T  D  V  Z  M  N  N  F  Z  N  G  T  I  C  R  B  C  X  K
Y  R  X  E  C  N  E  I  C  S  Y  H  Q  D  N  F  X  K  N  R
M  A  T  H  T  S  P  A  N  I  S  H  L  N  M  G  H  K  B  X
```

ALGEBRA	ENGLISH	MUSIC
BAND	FOOTBALL	ORCHESTRA
BASKETBALL	GEOGRAPHY	PHYSICAL
BIOLOGY	GYMNASTICS	READING
CAFETERIA	HEALTH	SCIENCE
CHEMISTRY	HISTORY	SOCIAL
CHORUS	HOMEWORK	SPANISH
CIVICS	LANGUAGE	SPELLING
COMPUTER	LIBRARY	STUDENT
DRAMA	MATH	WRITING

#191 High School Hodgepodge

```
M  R  F  T  L  L  A  B  Y  E  L  L  O  V  L  A  T  I  N  R
V  K  R  O  L  K  W  L  G  H  S  I  N  A  P  S  W  Y  R  F
B  A  K  H  O  Z  R  E  F  Y  R  T  S  I  M  E  H  C  G  R
L  Q  J  W  Q  T  O  N  L  P  S  C  I  S  Y  H  P  T  M  E
M  W  V  T  L  M  B  H  P  S  Y  C  H  O  L  O  G  Y  L  N
P  A  N  H  E  B  G  A  B  N  A  M  R  E  G  R  T  V  J  C
A  N  N  T  F  K  B  V  L  J  K  F  G  Y  G  L  P  D  H  H
R  N  R  D  Y  C  Y  G  O  L  O  I  C  O  S  W  M  E  C  M
B  Y  Y  D  A  R  B  A  S  K  E  T  B  A  L  L  E  E  A  A
E  G  Z  J  K  R  T  T  B  G  Y  M  K  L  D  R  R  S  L  R
G  Q  N  L  H  Z  I  N  X  J  S  R  M  Q  L  L  G  E  C  C
L  T  F  D  K  Q  M  N  U  I  L  X  O  E  Z  M  K  N  U  H
A  E  N  G  L  I  S  H  L  O  J  J  A  T  U  M  Y  A  L  I
M  C  R  D  J  F  Y  A  B  N  C  D  R  S  S  E  M  P  U  N
K  V  L  N  Y  L  N  E  B  I  I  S  I  R  A  I  Z  A  S  G
C  V  B  R  A  R  M  T  L  N  O  C  S  R  E  N  H  J  L  B
A  Q  Z  M  U  B  V  A  G  N  D  L  B  O  Y  C  N  P  X  A
R  V  A  O  X  V  V  B  V  G  K  O  O  N  R  K  C  T  F  N
T  R  J  B  C  D  J  E  H  K  O  T  X  G  W  C  R  O  C  D
D  Y  K  R  N  M  V  D  N  K  N  T  D  J  Y  N  M  G  S  M
```

ALGEBRA
ART
BASKETBALL
BIOLOGY
CALCULUS
CHEERLEADING
CHEMISTRY
CROSS-COUNTRY
DEBATE
DRAMA

ENGLISH
FOOTBALL
FRENCH
GEOMETRY
GERMAN
HISTORY
JAPANESE
JOURNALISM
LATIN
MANDARIN

MARCHING BAND
MUSIC
PHYSICS
PSYCHOLOGY
SOCCER
SOCIOLOGY
SPANISH
TRACK
VOLLEYBALL
YEARBOOK

#192 Campus Crusade

```
J  S  Y  L  L  A  B  U  S  P  I  H  S  N  R  E  T  N  I  E
N  M  I  N  O  R  V  X  L  G  T  K  S  T  Q  M  V  X  S  S
Z  Y  J  L  W  D  E  G  R  E  E  P  L  Z  P  Z  D  S  C  R
F  Z  N  R  S  T  H  E  S  I  S  B  A  X  C  T  A  H  K  Z
R  M  T  R  U  M  K  D  D  G  R  C  N  R  C  Y  O  K  O  W
R  A  Q  J  P  L  G  O  A  M  W  D  I  Z  T  L  Q  N  O  R
G  L  L  L  M  M  T  R  L  O  T  Z  F  B  A  M  A  M  B  M
R  X  H  U  A  R  B  M  J  Y  R  L  N  R  N  M  Y  D  T  W
A  M  N  R  C  Q  V  I  H  J  L  B  S  T  H  F  C  K  X  T
D  T  G  O  W  I  L  T  B  P  U  H  A  S  Z  R  R  H  E  L
U  P  P  R  I  L  R  O  G  L  I  J  E  Y  T  T  O  V  T  J
A  M  R  I  A  T  M  R  C  P  M  R  D  R  D  M  A  X  E  Y
T  R  V  O  R  D  I  Y  U  R  F  K  O  I  E  U  N  R  V  R
I  E  E  Z  F  C  S  U  T  C  F  J  J  W  P  N  T  L  N  A
O  S  Q  R  F  E  S  C  T  N  A  M  O  M  W  L  V  S  R  R
N  E  P  N  U  Z  S  N  H  M  P  R  D  T  Q  N  O  N  M  B
H  A  Y  V  Q  T  G  S  A  O  K  T  T  M  F  K  F  M  N  I
J  R  D  P  L  V  C  T  O  R  O  Y  Q  X  Y  H  L  N  A  L
T  C  L  R  O  I  N  E  S  R  T  L  R  W  E  N  J  Y  T  F
T  H  Z  T  G  P  A  V  L  S  T  U  D  E  N  T  L  I  F  E
```

Campus	GPA	Research
Club	Grad school	Scholarship
Degree	Graduation	Senior
Diploma	Homework	Student life
Dormitory	Internship	Study abroad
Essay	Lecture	Syllabus
Exam	Library	Textbook
Extracurricular	Major	Thesis
Finals	Minor	Transcript
Freshman	Professor	Tuition

#193 Small Town, USA

```
P  T  N  E  M  N  R  E  V  O  G  L  A  C  O  L  M  W  J  C
H  O  Z  Y  Y  V  Z  T  W  P  S  C  H  O  O  L  S  J  L  H
O  Q  L  R  R  J  X  P  S  R  S  E  I  R  A  R  B  I  L  C
M  G  N  I  M  R  A  F  T  L  D  Y  D  Q  E  M  C  D  O  Y
E  J  M  X  C  N  L  Q  F  N  A  L  W  T  L  T  G  M  H  Y
T  X  V  T  X  E  N  Y  T  R  A  V  H  D  N  C  M  C  N  S
O  T  L  D  P  A  R  K  S  N  I  G  I  R  T  U  R  O  R  E
W  S  E  K  N  X  V  B  D  K  I  E  U  T  N  F  I  M  A  S
N  R  R  L  J  X  F  M  L  F  C  R  N  I  S  T  R  M  N  S
K  O  U  M  W  X  A  M  E  S  A  L  T  D  I  E  N  U  C  E
N  B  T  P  K  R  R  R  I  L  P  Y  O  D  L  Q  F  N  H  N
T  H  L  K  K  A  I  P  F  F  C  O  A  S  J  Y  M  I  I  I
Y  G  U  S  H  F  K  M  S  E  N  R  H  M  E  L  J  T  N  S
Z  I  C  C  L  B  G  E  N  H  T  R  R  S  R  K  A  Y  G  U
D  E  I  K  R  P  D  T  C  H  U  R  C  H  E  S  N  C  B  B
K  N  R  P  B  A  E  Z  G  N  I  M  O  C  L  E  W  I  O  L
Q  Z  G  N  R  R  K  C  Y  X  P  L  D  X  L  F  F  Y  T  L
P  R  A  A  S  D  V  O  L  U  N  T  E  E  R  S  T  Z  G  A
R  G  P  G  F  I  R  S  T  R  E  S  P  O  N  D  E  R  S  M
X  P  L  A  Y  G  R  O  U  N  D  S  V  Z  P  D  K  N  T  S
```

AGRICULTURE	FIRST RESPONDERS	PLAYGROUNDS
CHARM	FRIENDLY	POLICE
CHURCHES	HOMETOWN	RANCHING
CLOSE-KNIT	LANDMARKS	RURAL
COMMUNITY	LIBRARIES	SCHOOLS
COMMUNITY CENTERS	LOCAL	SHOPS
FARMING	LOCAL GOVERNMENT	SMALL BUSINESSES
FESTIVALS	NEIGHBORS	TRADITION
FIELDS	PARADES	VOLUNTEERS
FIREFIGHTERS	PARKS	WELCOMING

#194 City Sights and Sounds

```
K L T Q T G R E V L C C E T C Z T Q L M
T T J P M F R T G L Q N U P G L H N A P
T T D L W U R A M M K X N L E R N L V E
L N Y F T Q S N F B J W E D K D L H J D
J F Q L H R D G G F U L V Y L X D T K E
T T U J K D W M T W I I A V A K R L C S
O C H P B Q O C U C A T L C P W B H E T
U G I Z H C R M T E P L I D I R B C R R
R T G N B P C V G R S X K M I F G U F I
I N H P U K H G E Z E U K W N N F T S A
S W R I S Z J F V V Q C M G A H G A X N
T T I X K M I K N Z M L N B C Y X S R G
J X S A W L E M T R A I N O N R S T N T
F D E T T R D O W N T O W N C I F I X T
F K C H T K C R C C N M V Q R N K F G G
B V G A C Y N A Z H O D D E T I N M J V
J I E Y Q V F M F P E V N P B B R R V T
N H G R H E X W Y T N S E T U M M O C F
T F J P A R K F R R E P A R C S Y K S W
Q R R B R I D G E O R T E M P Q K D M B
```

RIBEYE	BLADE	DRY-AGED
FILET	BRISKET	MARBLING
SIRLOIN	RUMP	GRILL
T-BONE	ROUND	BROIL
PORTERHOUSE	TRI-TIP	SEAR
FLANK	TENDERLOIN	BASTE
STRIP	PRIME	RUB
SKIRT	KOBE	CHIMICHURRI
HANGER	WAGYU	A1 SAUCE
CHUCK	GRASS-FED	MEDIUM-RARE

#195 Discovering Diversity

```
T  T  P  Q  N  A  I  S  E  N  Y  L  O  P  N  W  H  F  W  H
Y  K  I  L  X  A  Z  T  E  C  V  L  C  W  A  J  G  K  B  X
C  Z  M  B  J  R  T  N  B  V  I  A  Y  D  T  R  K  N  I  M
C  H  M  H  E  Z  T  W  R  R  K  N  M  Z  I  V  T  R  P  H
F  K  I  M  S  T  B  M  K  Q  I  I  K  N  V  D  O  B  T  S
M  T  B  N  L  I  A  X  K  P  N  G  A  M  E  A  V  R  L  I
Y  E  X  T  E  L  W  N  G  J  G  I  W  Q  M  X  P  H  L  T
K  W  X  H  D  S  J  E  Q  T  T  R  L  T  L  Q  S  N  D  T
R  K  T  I  N  T  E  N  J  I  T  O  R  R  K  I  O  I  U  O
K  B  K  Z  C  V  F  F  A  T  Q  B  R  E  N  R  C  R  T  C
E  K  T  B  K  A  P  H  N  I  F  A  G  A  S  K  J  I  C  S
E  X  D  Q  P  M  N  X  N  Q  S  Y  P  E  R  R  J  S  H  K
R  V  L  Y  V  M  K  M  N  A  P  S  V  D  L  I  I  H  Y  M
G  L  H  I  N  D  U  K  Q  T  M  Y  U  K  C  T  N  N  P  L
N  A  I  S  R  E  P  T  I  R  R  R  Q  R  A  N  N  C  Q  H
T  E  S  E  N  A  P  A  J  R  V  H  E  L  L  A  T  M  A  M
K  V  T  K  X  R  N  L  R  D  S  V  I  G  T  E  K  M  K  T
T  M  G  M  B  F  N  N  B  I  M  A  C  M  G  R  K  L  W  B
B  M  A  Y  A  N  W  N  M  Y  N  B  X  W  X  O  N  N  L  H
T  H  A  I  M  T  N  A  N  H  C  N  E  R  F  K  C  N  J  T
```

ABORIGINAL	HINDU	NATIVE
AMISH	INCA	NORSE
AZTEC	IRISH	PERSIAN
CHINESE	ITALIAN	POLYNESIAN
DUTCH	JAPANESE	RUSSIAN
EGYPTIAN	JEWISH	SCOTTISH
FRENCH	KOREAN	SPANISH
GERMAN	MAORI	THAI
GREEK	MAYAN	TIBETAN
HAITIAN	MEXICAN	VIKING

#196 Anatomy Adventure

```
H  R  C  T  Q  H  H  D  F  Z  H  D  I  A  P  H  R  A  G  M
N  T  D  P  Q  C  A  N  K  C  C  X  L  T  K  V  K  L  R  M
C  M  N  M  T  M  I  J  A  N  I  P  N  G  A  R  T  E  R  Y
M  M  C  K  G  T  R  M  O  D  S  E  N  I  T  S  E  T  N  I
V  Y  V  T  Y  N  O  D  N  Z  M  X  P  T  G  L  Q  Z  N  N
T  Q  N  N  E  T  N  E  Q  A  B  T  W  L  I  V  E  R  R  E
L  H  R  R  S  E  P  F  G  X  D  L  G  P  K  V  N  G  W  E
Y  M  V  H  T  P  M  I  G  W  L  T  A  T  R  K  M  I  M  L
R  E  Z  T  A  Q  L  X  B  L  D  U  J  D  T  M  E  K  K  P
A  M  T  S  W  E  A  T  L  D  M  F  N  F  D  G  J  I  W  S
L  U  T  Y  E  Y  H  K  O  J  F  M  N  G  A  E  M  L  A  R
L  S  Y  E  N  S  V  L  O  Q  H  P  N  L  S  B  R  O  E  R
I  C  D  N  Y  W  O  E  D  H  K  F  I  Z  T  Q  M  E  H  M
P  L  P  D  K  Y  T  P  I  Q  Z  T  F  H  B  C  Y  V  C  V
A  E  G  I  R  F  Y  J  H  N  R  L  T  O  C  F  N  L  A  L
C  K  T  K  K  T  H  L  F  A  T  Q  N  N  N  K  A  R  Z
N  L  X  C  P  E  F  K  C  N  G  E  T  K  I  N  O  L  T  N
P  H  X  S  A  E  R  C  N  A  P  U  M  B  X  O  P  R  Z  K
L  L  N  R  Y  P  K  C  T  D  N  V  S  H  F  J  J  H  B  B
M  H  T  R  N  M  M  N  I  A  R  B  T  R  Z  N  H  Y  B  G
```

ALVEOLI	DIAPHRAGM	MUSCLE
APPENDIX	ESOPHAGUS	NERVE
ARTERY	HAIR	PANCREAS
BLADDER	HEART	SKIN
BLOOD	INTESTINES	SPLEEN
BONE	JOINT	STOMACH
BRAIN	KIDNEY	SWEAT
BRONCHI	LIGAMENT	TENDON
CAPILLARY	LIVER	TRACHEA
CARTILAGE	LUNGS	VEIN

#197 Tread Lightly

```
R  V  G  N  I  L  L  E  W  S  L  T  X  S  Z  L  W  G  K  P
S  O  C  K  S  G  T  K  Y  N  E  Q  T  N  O  K  Q  R  M  D
V  E  R  R  U  C  A  W  T  C  I  E  Q  R  M  L  S  V  F  M
X  H  L  Y  M  L  R  T  A  D  P  A  I  T  T  T  E  Y  N  F
J  T  M  K  J  T  C  R  S  L  J  Y  P  N  G  M  O  M  C  F
P  R  C  M  V  A  B  L  T  C  K  F  K  V  S  J  T  L  K  T
L  C  D  L  L  E  A  R  D  W  M  C  K  N  L  O  V  H  A  X
L  R  Z  L  L  D  A  Z  C  I  T  O  H  T  R  O  L  C  I  N
W  N  U  K  N  E  N  X  T  E  D  I  R  T  S  B  S  E  C  H
R  S  N  A  W  A  T  H  W  H  Q  F  X  N  N  U  P  W  S  D
Z  A  S  T  I  P  B  C  P  R  E  F  L  X  C  N  O  N  A  Q
F  B  O  L  R  A  R  C  H  D  L  Q  C  K  S  I  L  K  F  Z
R  O  L  N  T  L  Q  M  A  Q  K  B  J  R  P  O  F  H  R  B
F  T  R  I  X  W  I  E  B  B  N  M  O  R  R  N  P  R  A  Y
B  J  K  F  S  D  R  A  L  P  A  M  I  R  A  Y  I  T  T  T
R  L  Y  N  B  T  M  X  N  H  M  N  N  P  I  P  L  N  N  J
R  W  C  T  F  M  E  R  P  E  Q  A  T  K  N  R  F  P  A  T
G  A  X  K  Z  C  Q  R  N  R  O  C  R  H  J  B  T  K  L  C
R  R  K  J  C  T  W  V  J  V  X  T  G  C  D  M  N  F  P  C
T  T  K  R  J  R  F  H  E  E  L  C  M  T  N  P  L  G  H  H
```

ANKLE	HEEL	SPRAIN
ANKLE BRACE	INSOLE	STEP
ARCH	JOINT	STRIDE
BLISTER	NAIL	SWELLING
BUNION	ORTHOTIC	TOENAIL
CALLUS	PAIN	TOES
CORN	PLANTAR FASCIA	TREAD
CRAMP	SANDALS	VERRUCA
FLIP-FLOPS	SOCKS	WALK
FOOTWEAR	SOLE	WART

#198 Hands On!

```
W  F  Q  G  Q  F  K  J  V  R  D  C  P  P  K  P  K  C  Y  Z
K  W  Q  P  W  A  T  C  H  M  M  J  U  G  O  T  I  C  W  H
K  L  T  E  Q  N  G  I  S  J  N  Y  X  F  E  I  C  R  N  C
X  K  T  K  M  D  E  W  B  C  W  K  Y  L  F  X  N  E  G  U
L  N  V  A  K  G  L  M  R  M  B  A  E  Z  G  L  E  T  G  O
J  L  T  H  J  Y  G  K  L  G  U  C  V  E  L  R  I  N  Y  T
V  I  J  S  T  Q  N  R  B  R  A  H  V  E  C  G  T  N  C  J
B  A  B  D  N  G  A  P  K  R  C  I  T  S  R  N  L  F  K  M
K  N  R  N  M  X  B  F  B  L  F  C  H  K  Z  C  F  J  C  H
N  P  N  A  B  T  I  C  T  H  L  C  P  S  A  R  G  J  J  P
U  L  F  H  N  S  N  Y  G  L  U  K  B  W  W  X  K  Z  Q  O
C  Z  W  R  T  D  K  I  Y  O  C  L  A  P  V  M  M  G  N  I
K  F  R  J  R  P  H  C  T  M  N  C  N  P  R  L  N  B  V  N
L  I  I  R  M  X  D  J  Y  X  M  W  R  G  A  D  Y  H  B  T
E  N  S  E  N  B  T  M  O  D  Q  I  T  P  C  L  T  N  M  E
S  G  T  D  L  K  X  K  P  I  N  K  I  E  O  N  V  T  L  R
M  E  R  H  M  D  T  V  Z  G  N  T  Y  T  B  T  F  C  H  P
T  R  R  H  I  N  D  E  X  M  C  T  I  N  N  K  J  B  H  Y
J  S  C  Y  T  L  M  I  M  T  N  O  W  T  L  J  Z  Q  L  X
Z  L  N  F  L  H  M  P  M  N  N  G  E  R  U  C  I  N  A  M
```

BANGLE	INDEX	POINTER
BRACELET	JOINT	RING
CLAP	KNUCKLES	SIGN
CUFFLINK	LOTION	THUMB
FINGERS	MANICURE	TOUCH
FIST	MIDDLE	TOUCHSCREEN
GRASP	NAIL	WATCH
GRIP	PALM	WAVE
HANDSHAKE	PINKIE	WRIST
HIGH-FIVE	POINT	

#199 RECLUSIVE

```
T  B  D  E  V  R  E  S  E  R  L  C  N  D  D  X  D  T  K  D
B  D  D  N  T  F  H  I  D  D  E  N  P  E  J  M  E  F  E  F
A  N  C  H  O  R  A  G  E  F  V  R  W  R  P  T  S  S  P  R
M  N  L  D  B  N  Y  I  W  Z  K  B  L  E  Z  N  E  M  O  E
J  N  H  F  L  C  M  N  N  D  L  O  C  T  D  R  R  L  R  C
D  N  P  P  A  Q  M  D  E  T  N  X  Y  S  T  J  T  K  H  L
S  R  O  V  C  M  U  T  E  E  R  R  Z  E  W  B  E  V  T  U
T  O  I  I  F  C  A  I  L  T  R  O  D  U  N  D  D  R  N  S
B  R  L  O  S  R  L  I  E  R  C  N  V  Q  P  Y  Q  T  A  I
P  N  O  I  A  U  N  O  E  T  E  E  P  E  X  L  I  F  S  V
R  L  D  P  T  E  L  T  I  S  N  C  N  S  R  M  K  V  I  E
A  I  E  T  S  U  I  C  S  S  Z  E  G  N  R  T  J  J  M  T
L  S  G  S  G  R  D  L  E  J  T  K  S  E  O  E  E  L  L  N
N  O  A  W  E  R  W  E  H  S  R  E  H  S  H  C  N  D  B  E
T  L  G  D  E  H  C  A  T  E  D  N  R  R  P  N  S  O  T  N
D  A  N  F  N  W  A  R  D  H  T  I  W  E  Y  Q  N  I  L  I
F  T  E  W  V  S  A  N  C  T  U  A  R  Y  D  G  N  T  D  T
F  I  S  V  Q  Q  U  A  R  A  N  T  I  N  E  X  C  Z  Y  S
C  O  I  P  T  O  D  A  C  I  N  U  M  M  O  C  N  I  V  B
R  N  D  Z  M  W  R  K  U  N  S  O  C  I  A  B  L  E  T  A
```

ABSTINENT	HIDDEN	RECLUSIVE
ALOOF	INCOMMUNICADO	RESERVED
ANCHORAGE	INTROVERTED	RETIRED
CLOISTERED	ISOLATION	SANCTUARY
DESERTED	LONELINESS	SECLUSION
DESERTEDNESS	LONER	SEPARATED
DETACHED	MISANTHROPE	SEQUESTERED
DISCONNECTED	PRIVACY	SOLITUDE
DISENGAGED	QUARANTINE	UNSOCIABLE
HERMIT	QUIETNESS	WITHDRAWN

#200 Poolside Playtime

```
B  K  B  N  D  R  A  U  G  H  S  A  R  H  Z  R  J  Q  R  F
F  J  S  K  N  U  R  T  M  I  W  S  E  V  Q  X  P  S  I  S
S  P  O  L  F  P  I  L  F  T  N  B  T  R  R  B  R  N  P  L
N  F  T  I  U  S  T  E  W  R  J  W  L  L  W  E  I  E  Y  N
T  T  O  W  E  L  R  B  M  D  P  Q  A  R  M  K  E  H  Y  E
M  K  R  N  Q  M  A  I  L  L  O  T  H  M  N  D  D  S  V  E
S  W  I  M  C  A  P  H  S  G  R  N  A  A  O  M  R  T  L  R
T  B  M  N  F  P  Y  W  B  A  T  J  T  D  M  M  T  R  T  C
H  R  W  F  T  Q  I  W  E  O  T  B  I  K  I  N  I  O  O  S
S  K  I  J  L  M  T  W  S  M  A  I  G  T  R  N  N  H  N  N
Z  W  N  A  T  P  H  V  O  E  R  R  U  M  R  V  L  S  E  U
H  B  I  O  N  C  R  T  G  S  L  M  D  S  G  Q  R  F  P  S
Z  R  P  M  A  G  T  N  W  W  G  G  O  S  M  H  X  R  I  D
N  I  T  E  D  O  L  C  C  I  A  R  G  N  H  I  F  U  E  X
F  E  B  A  B  R  O  E  M  M  B  L  X  O  O  O  W  S  C  T
F  F  T  M  H  V  E  W  X  S  H  N  J  X  G  K  R  S  E  R
L  S  I  G  E  N  Z  S  M  K  C  L  M  H  F  D  I  T  K  U
M  W  M  R  G  Z  U  L  S  I  A  P  W  H  D  M  Q  N  S  N
S  D  U  X  C  L  Q  S  H  R  E  N  T  K  G  R  P  T  I  K
R  P  T  L  T  N  R  C  R  T  B  Z  F  K  J  N  B  V  F  S
```

BEACH BAG	MAILLOT	SWIM DRESS
BEACHWEAR	MONOKINI	SWIM SKIRT
BIKINI	ONE-PIECE	SWIM TOP
BOARDSHORTS	RASHGUARD	SWIM TRUNKS
BRIEFS	SPEEDO	SWIMSUIT
COVERUP	SUNHAT	TANKINI
FLIP-FLOPS	SUNSCREEN	TOWEL
GOGGLES	SURF SHORTS	TRIANGLE
HALTER	SWIM BOTTOM	TRUNKS
JAMMERS	SWIM CAP	WETSUIT

SOLUTIONS

Solution 133

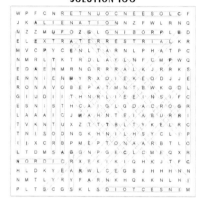

Solution 134

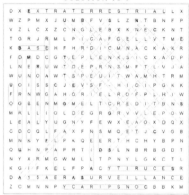

Solution 135

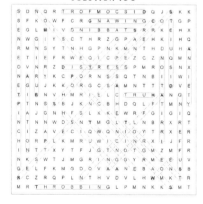

Solution 136

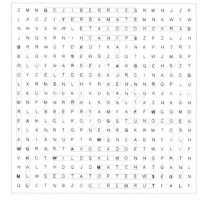

SOLUTIONS

Solution 137

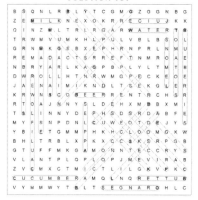

Solution 138

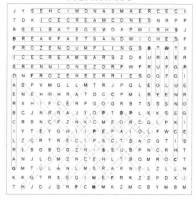

Solution 139

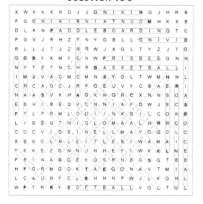

Solution 140

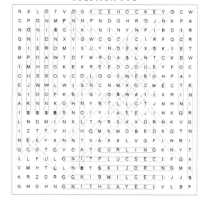

SOLUTIONS

Solution 1

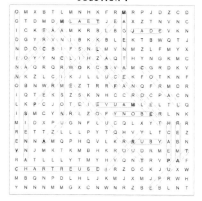

Solution 2

Solution 3

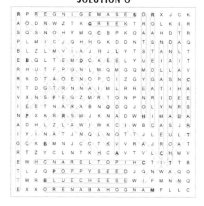

Solution 4

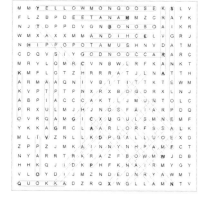

SOLUTIONS

Solution 5

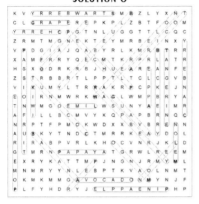

Solution 6

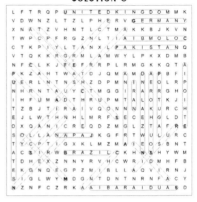

Solution 7

Solution 8

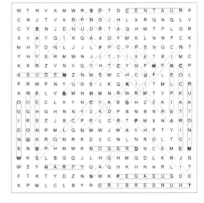

SOLUTIONS

Solution 9

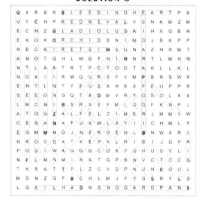

Solution 10

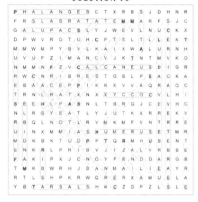

Solution 11

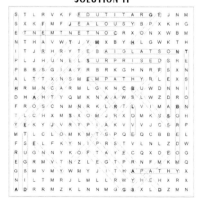

Solution 12

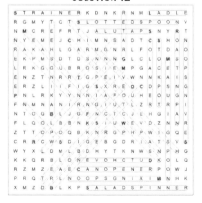

SOLUTIONS

Solution 13

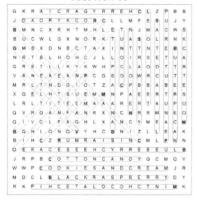

Solution 14

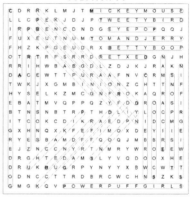

Solution 15

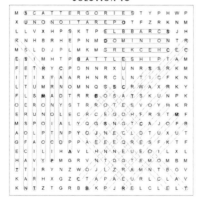

Solution 16

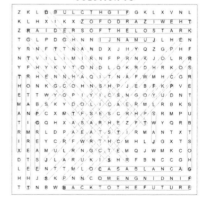

SOLUTIONS

Solution 17

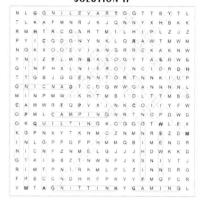

Solution 18

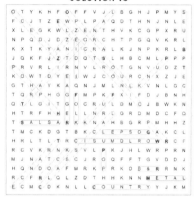

Solution 19

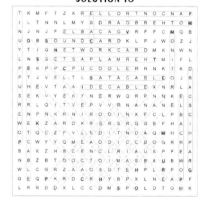

Solution 20

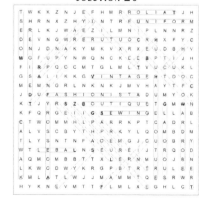

SOLUTIONS

Solution 21

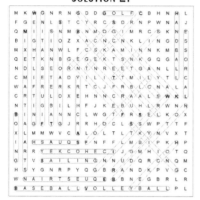

Solution 22

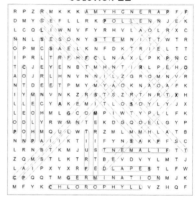

Solution 23

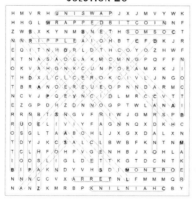

Solution 24

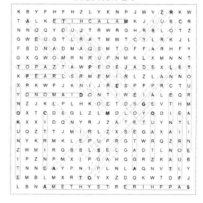

SOLUTIONS

Solution 25

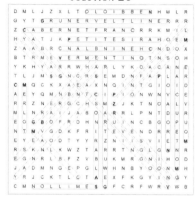

Solution 26

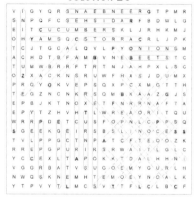

Solution 27

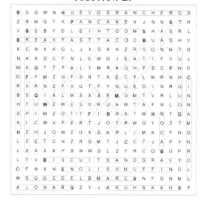

Solution 28

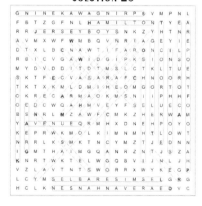

SOLUTIONS

Solution 29

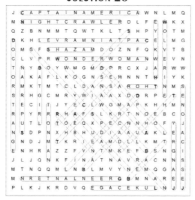

Solution 30

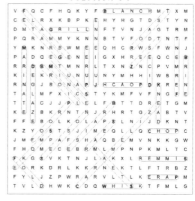

Solution 31

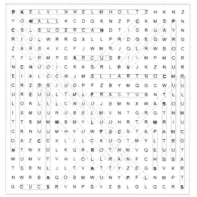

Solution 32

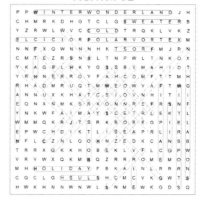

SOLUTIONS

SOLUTION 33

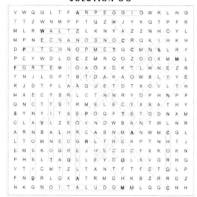

SOLUTION 34

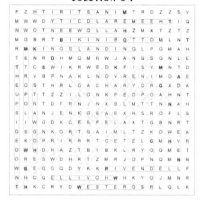

SOLUTION 35

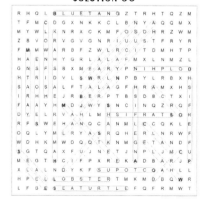

SOLUTION 36

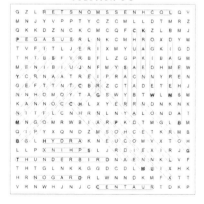

SOLUTIONS

Solution 37

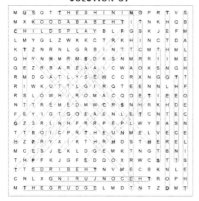

Solution 38

Solution 39

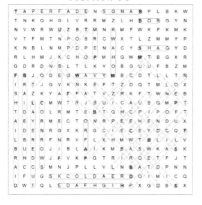

Solution 40

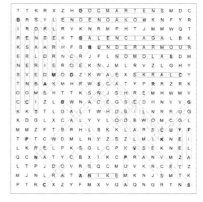

SOLUTIONS

Solution 41

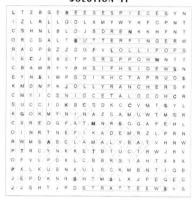

Solution 42

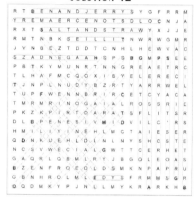

Solution 43

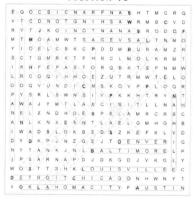

Solution 44

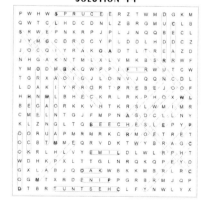

SOLUTIONS

Solution 45

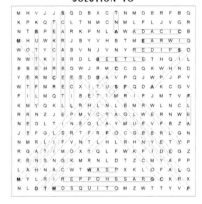

Solution 46

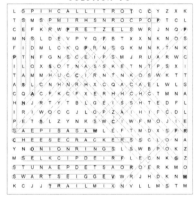

Solution 47

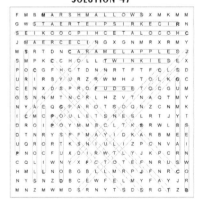

Solution 48

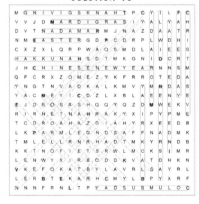

SOLUTIONS

Solution 49

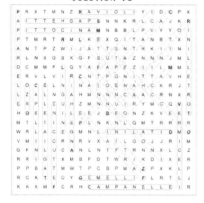

Solution 50

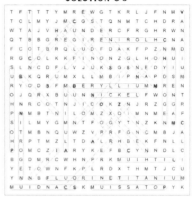

Solution 51

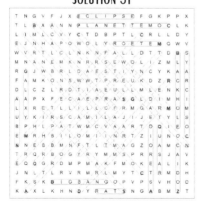

Solution 52

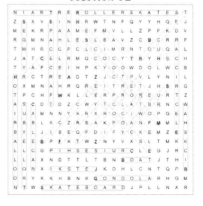

SOLUTIONS

Solution .53

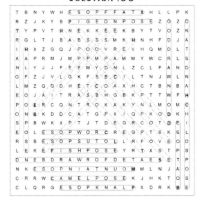

Solution 54

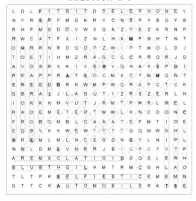

Solution 55

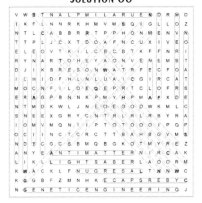

Solution 56

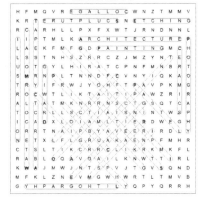

SOLUTIONS

Solution 57

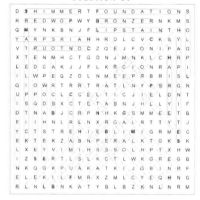

Solution 58

Solution 59

Solution 60

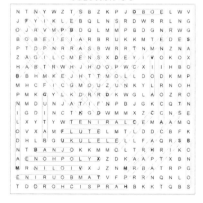

SOLUTIONS

Solution 61

Solution 62

Solution 63

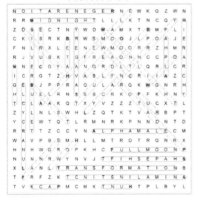

Solution 64

SOLUTIONS

Solution 65

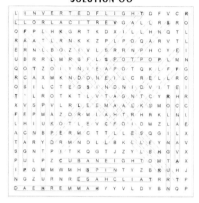

Solution 66

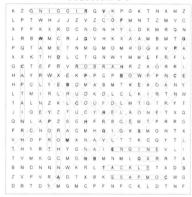

Solution 67

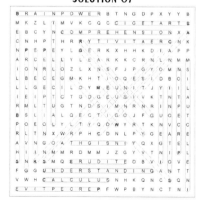

Solution 68

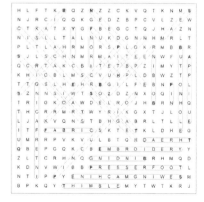

SOLUTIONS

Solution 69

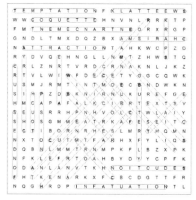

Solution 70

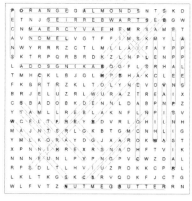

Solution 71

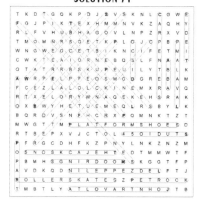

Solution 72

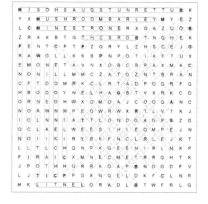

SOLUTIONS

Solution 73

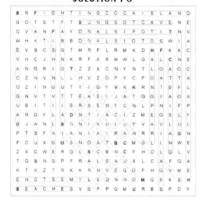

Solution 74

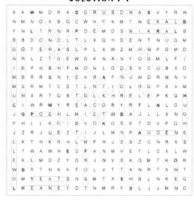

Solution 75

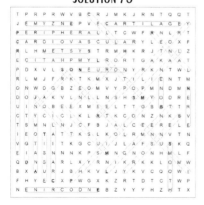

Solution 76

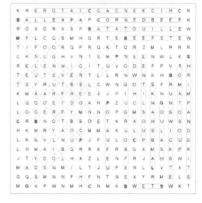

SOLUTIONS

Solution 77

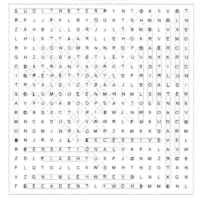

Solution 78

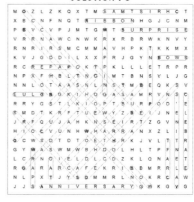

Solution 79

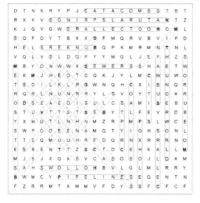

Solution 80

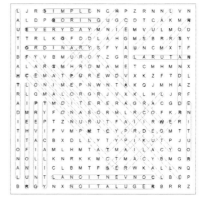

SOLUTIONS

Solution 81

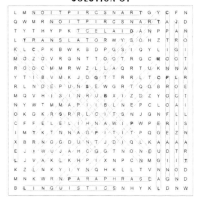

Solution 82

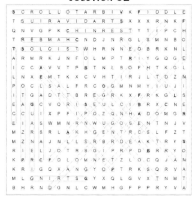

Solution 83

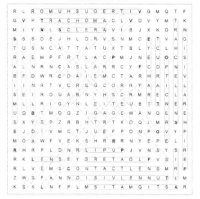

Solution 84

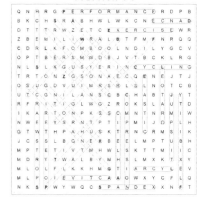

SOLUTIONS

Solution 85

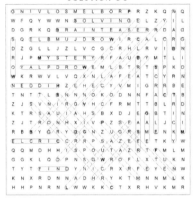

Solution 86

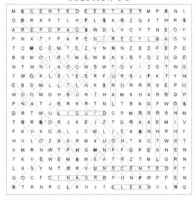

Solution 87

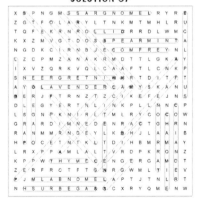

Solution 88

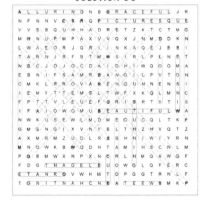

SOLUTIONS

Solution 89

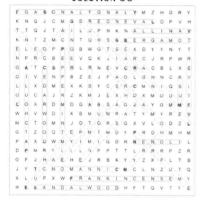

Solution 90

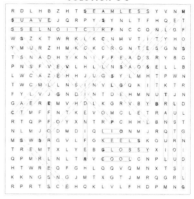

Solution 91

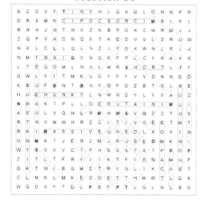

Solution 92

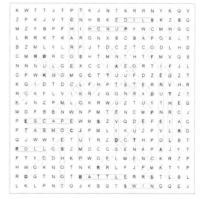

SOLUTIONS

Solution 93

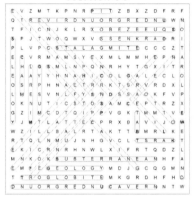

Solution 94

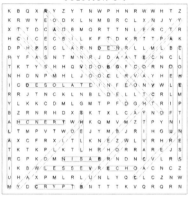

Solution 95

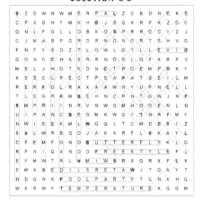

Solution 96

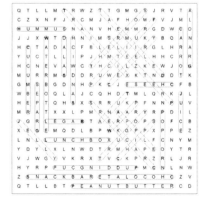

SOLUTIONS

Solution 97

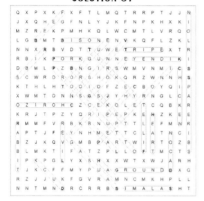

Solution 98

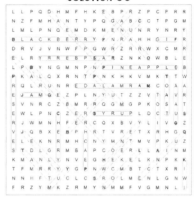

Solution 99

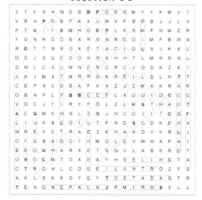

Solution 100

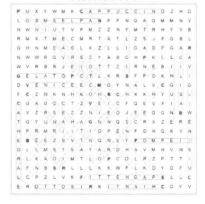

SOLUTIONS

Solution 101

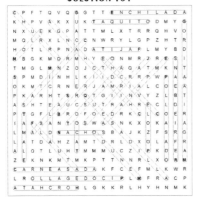

Solution 102

Solution 103

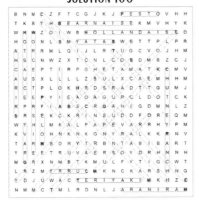

Solution 104

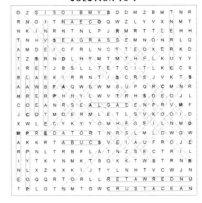

SOLUTIONS

Solution 105

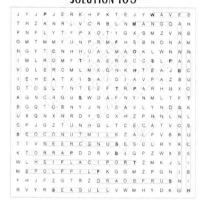

Solution 106

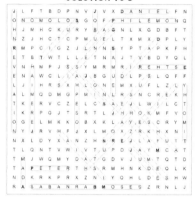

Solution 107

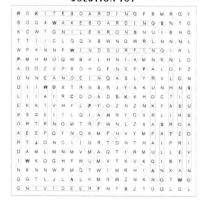

Solution 108

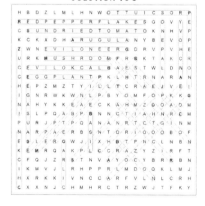

SOLUTIONS

Solution 109

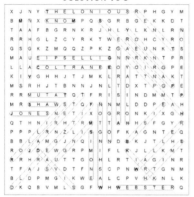

Solution 110

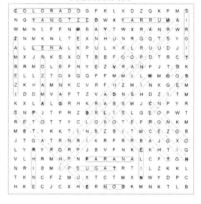

Solution 111

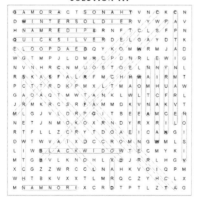

Solution 112

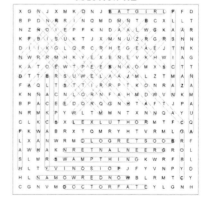

SOLUTIONS

Solution 113

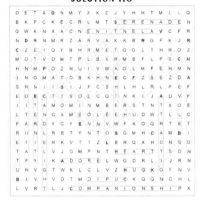

Solution 114

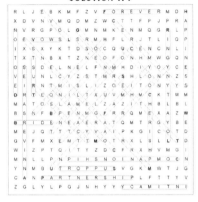

Solution 115

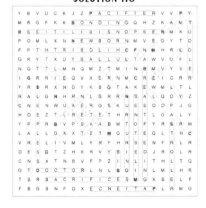

Solution 116

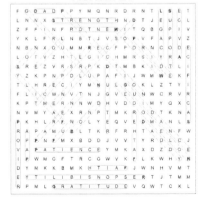

SOLUTIONS

Solution 117

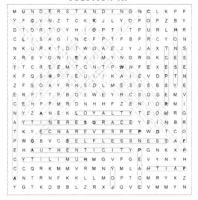

Solution 118

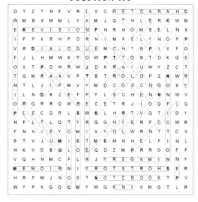

Solution 119

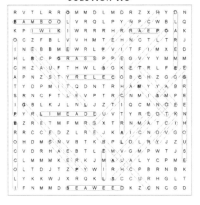

Solution 120

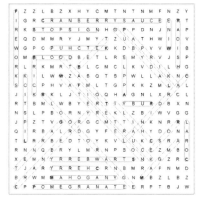

SOLUTIONS

Solution 121

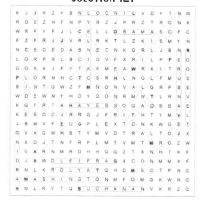

Solution 122

Solution 123

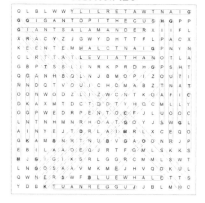

Solution 124

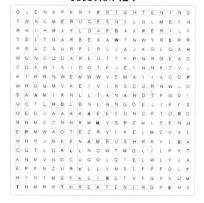

SOLUTIONS

Solution 125

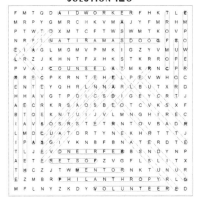

Solution 126

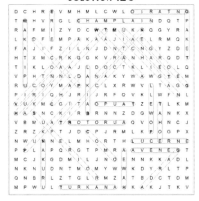

Solution 127

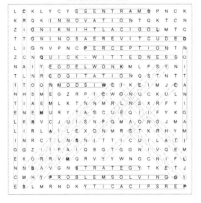

Solution 128

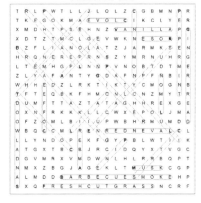

SOLUTIONS

Solution 129

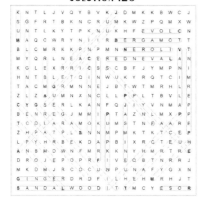

Solution 130

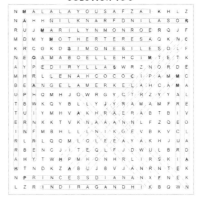

Solution 131

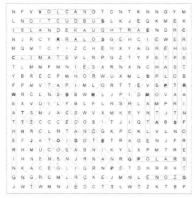

Solution 132

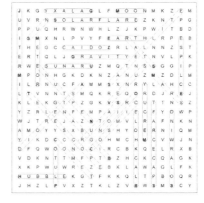

SOLUTIONS

Solution 133

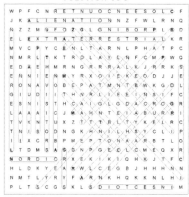

Solution 134

Solution 135

Solution 136

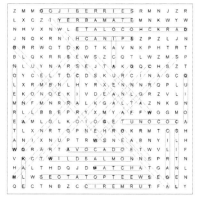

SOLUTIONS

Solution 137

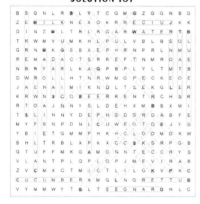

Solution 138

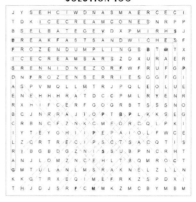

Solution 139

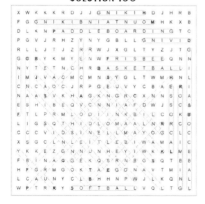

Solution 140

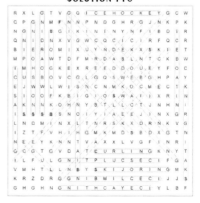

SOLUTIONS

Solution 141

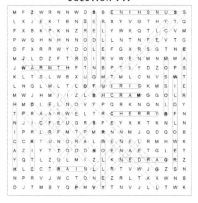

Solution 142

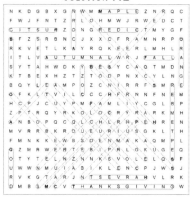

Solution 143

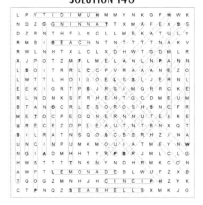

Solution 144

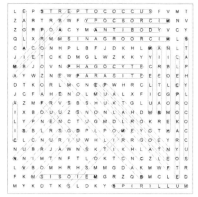

SOLUTIONS

Solution 145

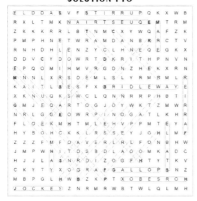

Solution 146

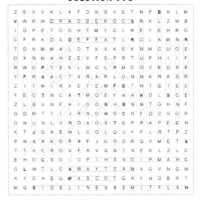

Solution 147

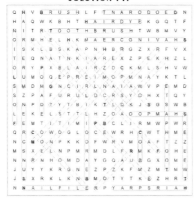

Solution 148

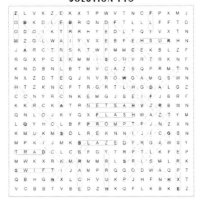

SOLUTIONS

Solution 149

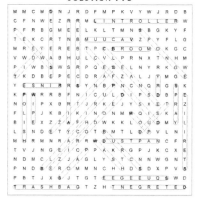

Solution 150

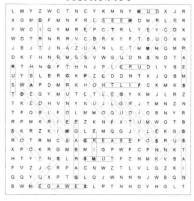

Solution 151

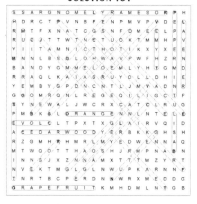

Solution 152

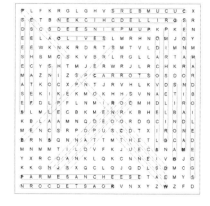

SOLUTIONS

Solution 153

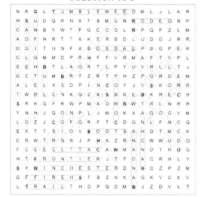

Solution 154

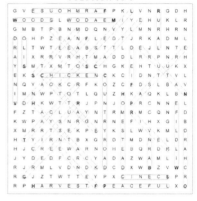

Solution 155

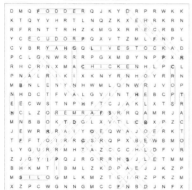

Solution 156

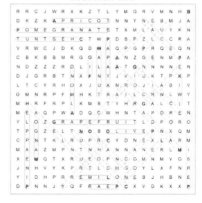

SOLUTIONS

Solution 157

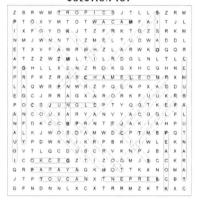

Solution 158

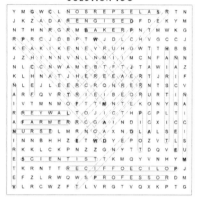

Solution 159

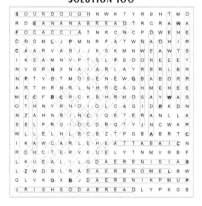

Solution 160

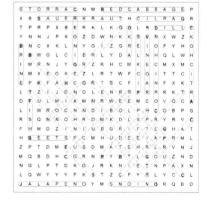

SOLUTIONS

Solution 161

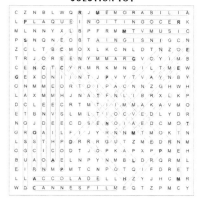

Solution 162

Solution 163

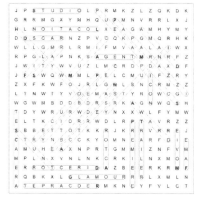

Solution 164

SOLUTIONS

Solution 165

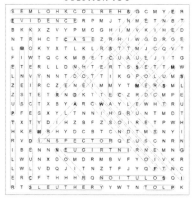

Solution 166

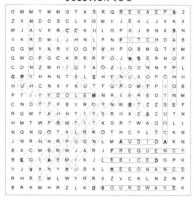

Solution 167

Solution 168

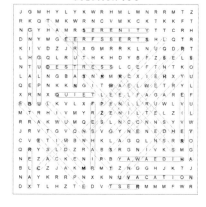

SOLUTIONS

Solution 169

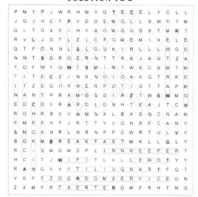

Solution 170

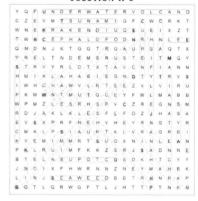

Solution 171

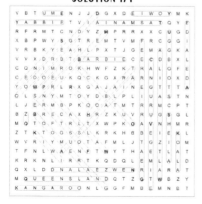

Solution 172

SOLUTIONS

Solution 173

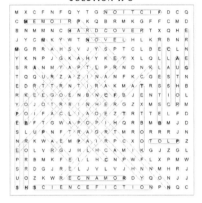

Solution 174

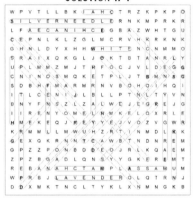

Solution 175

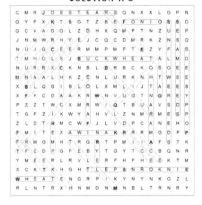

Solution 176

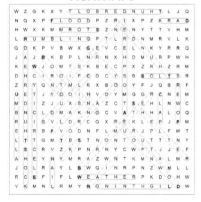

SOLUTIONS

Solution 177

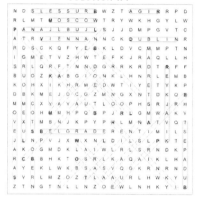

Solution 178

Solution 179

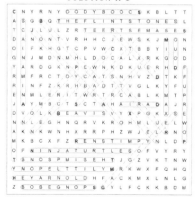

Solution 180

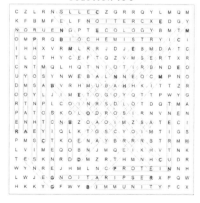

SOLUTIONS

Solution 181

Solution 182

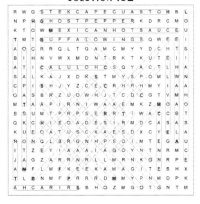

Solution 183

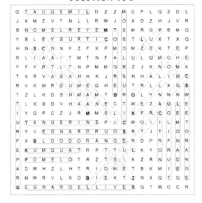

Solution 184

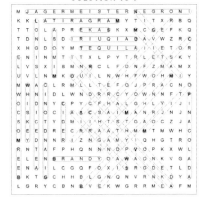

SOLUTIONS

Solution 185

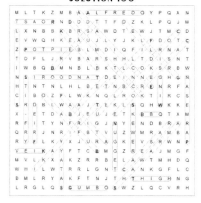

Solution 186

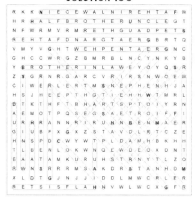

Solution 187

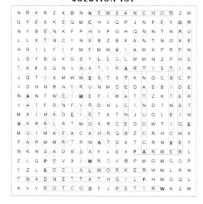

Solution 188

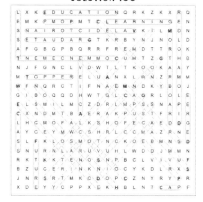

SOLUTIONS

Solution 189

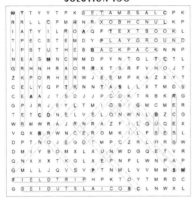

Solution 190

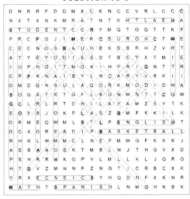

Solution 191

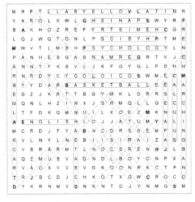

Solution 192

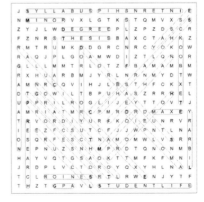

SOLUTIONS

Solution 193

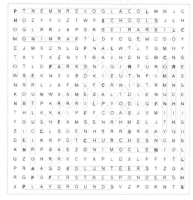

Solution 194

Solution 195

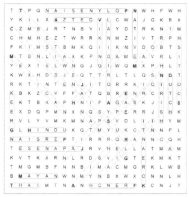

Solution 196

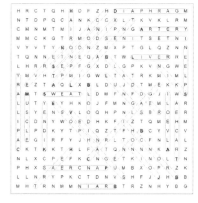

SOLUTIONS

Solution 197

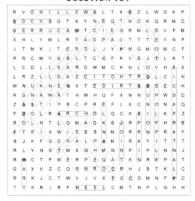

Solution 198

Solution 199

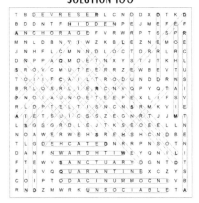

Solution 200

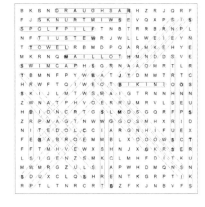

Made in United States
North Haven, CT
21 October 2023

43015914R00139